현실총서 19

茶山詩精選 상

丁若鏞 저／朴錫武·丁海廉 편역주

現代實學社

2001년

책머리에

1

위대한 실학자 다산(茶山) 정약용(丁若鏞) 선생은 우리 민족 최고의 학자였다. 그의 학문 세계는 너무 광대무변한데다 다양한 영역에 걸쳐 있어 간단하게 설명할 수도 없다. 요즘 말로 철학이라고 부르는 경학(經學), 정치경제학이라 일컫는 경세학(經世學), 역사·지리·의학·건축공학 등은 물론 여기에서 다루고자 하는 문학 분야도 참으로 높은 경지에 올라 있다.

문학의 영역인 다산의 시(詩)를 고르고 뽑아 현대 독자들이 쉽게 이해하고 공감할 수 있도록 번역해 내는 일이 쉽지만은 않다. 2천 4백여 수가 넘는 방대한 시의 양으로 볼 때, 어떤 시를 고르느냐도 문제지만, 시의 원뜻을 오늘날의 언어로 얼마나 충실하게 살려내는가는 더욱 어려운 작업이다. 더구나 다산의 해박한 지식이 총동원되었고, 그의 철학과 경세학·사학(史學) 및 문학이 응축된 격조 높은 시를 번역하기란 그리 쉬운 일이 아닌 것이다. 번역도 쉽지 않을뿐더러 고르는 일 또한 우리들의 역량만으로는 힘겨운 일이다.

2

다산 자신도 시집을 만들 때 고르는 일의 어려움을 이렇게 토로했다. "지극한 즐거움은 경전 연구에 있었기 때문에 결국 다시 유의하여 시를 퇴고(推敲)하지 못했으므로 시고(詩稿) 속의 여러 시는 마음에 들지 않는 것이 많이 있다. 나를 위해 시집을 간행할 때 껍데기는 버리고 정수만 남기는 사람이 있다면 나를 아는 사람이라 하겠다."(『유배지에서 보낸 편지』)고 했던 것이다. 따라서 다산의 학문과 인품을 제대로 알지 못하고서는 그의 좋은 시를 고를 수 없는 것이다. 뿐만 아니라, 다산은 시란 무엇이고 시는 어떻게 써야만 하며, 어떤 시가 좋은 시라는 것을 밝히는 시론(詩論)을 여러 곳에서 언급하고 있다. 그는 훌륭한 시의 이론가이기도 했다.

"무릇 시의 근본은 부자(父子)나 군신(君臣)·부부의 인륜을 밝히는 데 있으며, 더러는 그 즐거운 뜻을 펴기도 하고, 더러는 그 원망하고 사모하는 마음을 펴게 하는 데 있다. 다음은 세상을 걱정하고 백성들을 긍휼히 여기어 방황하고 안타까워 그냥 두지 못하는 그런 간절한 뜻을 항상 가져야 바야흐로 시가 되는 것이다. 자기 자신의 이해(利害)에만 연연하면 그 시는 시라고 할 수가 없을 것이다."(同上) 이는 어떤 시가 좋은 시인가를 분명히 말한 내용이다.

"시는 꼭 힘써야 할 것은 없으나 성정(性情)을 도야(陶冶)하려면 시를 읊는 것도 상당히 도움이 된다. 예스러우면서도 힘있고, 기이하면서도 우뚝하고 웅혼하며, 한가하면서 뜻이 심원하고, 밝으면서 환하고, 거리낌없이 자유로운 그런 기상에는 전혀 마음을 기울이지 않고, 가늘고 미미하고, 자질구레하고 경박하고 다급한 시에만 힘쓰고 있으니 개탄할 일이다."(『다산문학선집』)라 하여 당대의 시단을 향하여 비판한 적도 있다.

"임금을 사랑하고 나라를 근심하는 내용이 아니면 그런 시는 시가 아니며, 시대를 아파하고 세속을 분개하는 내용이 아니면 시가 될 수 없는 것이며, 아름다움을 아름답다 하고 미운 것을 밉다 하며, 선을 권장하고 악을 징계하는 그러한 뜻이 담겨 있지 않은 시는 시라고 할 수 없는 것이다. 따라서 뜻이 세워져 있지 아니하고, 학문은 설익고, 삶의 대도(大道)를 아직 배우지 못하고, 임금을 도와 민중에게 혜택을 주려는 마음가짐을 지니지 못한 사람은 시를 지을 수가 없다."(同上)는 주장에서 보이듯, 다산은 독특하고 뛰어난 시론을 지녔던 것이 분명하다. 따라서 시론과 시의 대가인 다산시의 번역과 선시(選詩)는 예사로울 수가 없는 일이다.

3

우리는 1996년 초에 『다산논설선집』과 『다산문학선집』을 편역 출간하였고, 1999년에는 『역주 흠흠신서』 3권과 『흠흠신서 원문』 1권을 교주(校註)하여 간행한 바 있다. 이 책이 출판되자 전문가들의 서평에서, 특수한 분야의 원전을 대과 없이 정리했다는 평가와 함께 한국학 고전의 번역과 교주의 전범(典範)이라는 분에 넘치는 칭찬까지 받기도 했다. 여기에 힘을 얻어 우리들의 힘만으로는 매우 어려운 일인 줄 알면서도 다산의 시론을 염두에 새기고 다산시의 세계에 접근한 것이다. 전에 박석무는 『애절양(哀絶陽)』이라는 제목으로 '다산시선'을 편역한 바 있고, 정해렴은 송재소(宋載邵) 교수의 『다산시선』 등과 임형택(林熒澤) 교수의 『이조시대 서사시』 등을 교열·교정한 경험이 있기에, 이번에도 우리 두 사람이 힘을 합쳐 다산시의 정수(精粹)만을 골라 시선집을 편집·번역하기로 마음을 굳혔던 것이다.

우리 두 사람은 다산시 전체를 하나하나 꼼꼼히 읽어 이 '정선'에 수록된 시를 골라내고, 번역 책임은 주로 박석무가 맡고 편집·교열·교정과 원문 정리는 정해렴이 담당하기로 했다. 이렇게 추려낸 200여 편을 현대의 일반 독자들이 이

해하기 쉽고 감상하기 좋도록 번역하는 한편, 『여유당전서』 시집에서 빠져 있는 시까지 발굴하여 싣게 되었다. 규장각 소장의 필사본에서 2편, 임형택 교수가 발굴 번역한 장편 서사시 1편, 이효우(李孝友) 씨가 제공한 백운동(白雲洞) 12경 시의 대부분과 기왕에 전해 오던 다산 친필의 다산사경시(茶山四景詩), 화제(畫題) 시 2편, 다산 외손자 윤정기(尹廷琦)의 문집인 『방산유고(舫山遺稿)』에 있는 시 등을 찾아 넣었다. 이렇게 『다산시정선』 두 책이 꾸며졌다.

4

우리들의 이 『다산시정선』에 앞서 다산시의 선집이 몇 가지 간행된 바 있다. 그 대표적인 것은 송재소 교수의 『다산시선』, 김상홍(金相洪) 교수의 『유형지(流刑地)의 애가(哀歌)』, 박석무의 『애절양』 등이 있다. 다산시 전편을 모두 번역한 것은 민족문화추진회의 『국역다산시문집』(전3권)이 있다. 『애절양』을 빼놓고는 모두 노작들이 분명하나 송교수와 김교수의 역본은 다산 시문학을 이해하고 감상하기에는 분량면에서 부족한 감이 있고, 민추본은 일반 독자가 읽기에는 너무 방대하다 싶어 우리는 그 중간 분량인 2책으로 묶은 것이다. 또 한편으로 일반 독자나 연구자들이 다산시에 다가가기 편하도록 「다산 정약용 시 연보」도 만들고, 인명·서명 해설을 부록으로 실어 우리 나름대로는 최선을 다한 것이다. 그리고 이만한 정도의 '정선'이 나오기까지에는 이미 나와 있던 여러 선집·시문집에서 많은 도움을 받았기에 감사하다는 뜻을 밝힌다.

5

이 정선에 실린 시의 편수는 216편 741수이다. 이는 다산시 전체 규모인 1140여 편 2400여 수에 비하면 편수로는 약 5분의 1이며 수수(首數)로는 3분의 1쯤이 된다. 이 정도면 다산의 젊은 시절부터 노년기까지의 중요한 시들은 감상할 수 있을 터이다.

잘 알려진 바와 같이 부정부패가 판을 치고 가난에 찌든 백성들이 비참하게 살던 시대에 살았던 다산은, 부패 척결 의지가 강한 사회 고발시나 개혁 의지가 강한 비판시들을 많이 썼으나, 그의 탁월한 문학 정신은 여기에만 머물지 않고 아름다운 자연과 전통이 스민 문화 유적에도 눈을 돌려 그림같이 아름다운 서경시와 서정시를 꽤나 많이 노래했다. 그러나 우리의 능력으로는 시의 내용이나 성격을 구별하여 편집할 수 없었기에 우선 시대순으로 나누어 다산시사(茶山詩史)만이라도 잘 알 수 있도록 했다.

제1부는 14세 때부터 26세까지의 32편, 제2부는 28세 때부터 34세까지의 29편, 제3부는 34세 때부터 39세까지의 29편, 제4부는 40세의 3월에서 10월까지의

34편으로 상권에 묶었다. 제5부는 40세에서 46세까지의 33편, 제6부는 47세에서 52세까지의 23편, 제7부는 58세에서 59세까지 고향에 돌아와서 쓴 8편, 제8부는 63세에서 세상을 떠난 75세까지의 28편을 묶어 하권으로 편집했다. 따라서 상권은 125편 318수, 하권은 91편 423수가 수록된 것이다.

6

우리는 아무리 시대가 바뀌고 세상이 어려워도 고전에 대한 깊은 이해 없이는 민족문화 발양(發揚)은 어렵다고 여기고 있다. 그래서 우리는 고전 번역에 대한 열정을 식히지 못하고 있다. 더구나 요즘처럼 인간이 자아를 상실하여 물신주의에 깊이 물들고, 말초신경을 자극하는 표피적인 에로티시즘에만 매료당하는 현실에서 고전문학을 통한 인간성 회복과 민족 정서의 복원은 가장 시급한 일임에 틀림없다고 생각한다. 우리들은 다산시를 통해 민족정서를 회복하고 민족사적인 역사의식을 찾아야 할 것이다.

다산은 불우한 일생을 한없이 탄식하고 비참한 시대를 끝없이 원망하면서도 언제나 긍정적이고 진취적이었다. 시대고를 앓아야 하는 현대인들에게 다산시는 어쩌면 고난 극복의 훌륭한 메시지가 되리라는 생각이 드는 한편, 다산시의 문학성, 현실 인식, 역사 의식 등이야말로 우리의 민족정서를 살찌게 할 자양분이라고 생각해 본다.

7

끝으로 꼭 해야만 할 이야기가 있다. 그 동안 우리가 편역 출판했던 『다산논설선집』 『다산문학선집』과 『역주 흠흠신서』 3권 및 『흠흠신서 원문』 등을 번역·교주하여 출판하는 데 큰 도움을 주었던 학교법인 다산학원(茶山學園) 이사장이고 삼우내외산업(三宇內外産業)의 사장이신 정규수(丁圭守) 선생이 이번에 또 이 『다산시정선』 상·하 두 책의 출간에도 큰 도움을 주었다. 요즘과 같이 고전을 외면하는 시대에 이런 고전을 번역 출판하겠다고 하는 것은 감히 엄두도 못 낼 세태인데, 우리는 정사장의 도움으로 이 '정선'을 낼 수 있는 기쁨을 누린 것이다. 정사장의 다산 선생에 대한 뜨거운 숭모와 민족 고전에 대한 깊은 애정에 감사의 말씀을 드리지 않을 수 없다.

2001년 3·1절에 편역자

차 례

책 머리에 3／일러두기 12

제1부 진주 기생의 칼춤

그리운 금강산─懷東嶽　15
배를 타고 서울로 가면서─春日陪季父 乘舟赴漢陽　16
시골집에 병들어 누워서─田廬臥病　17
정범조의 법천 집을 지나다가─過族父承旨公(範祖) 法泉山居　18
화순 금소당(琴嘯堂)─琴嘯堂 同曺進士(翊鉉)作　19
적벽강 물염정(勿染亭)─遊赤壁亭子　20
무등산에 올라서─登瑞石山　22
동림사에서 글을 읽다─讀書東林寺　24
소내 집에 돌아오다─還苕川居　26
성주암(聖住菴)에 올라서─登聖住菴　27
아내와 함께 진주로 가면서─春日領內赴晉州 將離和順 悵然有作　28
저물녘에 광양에 이르러─暮次光陽　29
진주 기생의 칼춤─舞劍篇 贈美人　30
공부에 싫증나서─倦遊　33
속뜻을 밝히다─述志　35
봄날 수종사(水鐘寺)에 노닐다─春日游水鐘寺　37
뱃사공의 탄식─篙工歎　39
옛날을 생각하며─古意　40
봉은사(奉恩寺)에 노닐다─早秋陪仲氏 遊奉恩寺　42
생원시에 합격하여 임금님을 뵙다─司馬試放榜日 詣昌德宮上謁~　43
배띄워라─放船　44
돛달아라─挂帆　46

성호 선생 옛집을 지나며—過剡村李先生舊宅 47
여름날 누산정사에서—夏日樓山雜詩 49
손자병법을 읽고—讀孫武子 52
정철조(鄭喆祚)의 용 그림—題鄭石癡畫龍小障子 55
호박 넝쿨—南瓜歎 57
봄날 담연재에서 읊다—春日澹齋雜詩 59
이벽(李檗)의 죽음—友人李德操輓詞 62
가을날 고향 생각—秋日書懷 63
흥겨운 마음—感興二首 64
광희문(光熙門)—東城吟 66

제2부 굶주린 백성

새재를 넘으며—踰鳥嶺 71
안동 영호루—登安東暎湖樓 73
단양(丹陽)에서—丹陽絶句 五首 74
신광하(申光河)의 집이 무너졌다네—破屋歎 爲白澤申佐郞作 77
임금께서 마상재를 구경하다—大駕至鍊戎臺閱武 觀馬上才有述 81
중형 정약전의 문과 급제—仲氏登第赴蔚山 奉贈一詩 83
황산대첩비를 읽다—讀荒山大捷碑 84
추풍령을 넘다—踰秋風嶺 86
네가 생각나누나—憶汝行 87
심환지와 안정현에게 보이다—試院奉示沈煥之安廷玹二丈 89
한강의 배다리—舟橋行 91
윤지범(尹持範)을 기다려도 오지 않기에—秋雨 期南皐不至 簡邀 93
헌납 한치응(韓致應)에게—鳴鳳篇 贈韓獻納致應 94
백운대에 올라—登白雲臺 96
성호 이익의 넓은 학문—博學 97
적성촌(積城村)에서—奉旨廉察 到積城村舍作 98

대장장이 노래―鍛人行 奉示都監諸公 101
굶주린 백성―飢民詩 103
왕길(王吉)의 까마귀 쏜 노래―騎省應敎 賦得王吉射烏詞一百韻 110
진양절도사 이격(李格)을 전송하다―送李護軍格 爲晉陽節度使 125
윤지범(尹持範)에게 보내다―對雨寄南皐 129
전원을 그리워하며―懷田園五首 酬南皐韻 131
강변에 살어리랏다―懷江居 二首 次杜韻 135
북악산에 올라―登北嶽 137
그림 배우는 대릉의 세 늙은이―大陵三老學畫歌 138
장마비―苦雨歎 示南皐 141
취해 볼거나―醉歌行 143
화폭에 쓰다―題畫 五首 145
시로 쓴 역사 인물론―古詩二十四首 147

제3부 농가의 여름 노래

조룡대(釣龍臺)―釣龍臺 169
공주 창곡의 부정부패―孟華堯臣(卽吳權二友) 盛言~ 171
성호 선생 유저―十一月一日 於西巖鳳谷寺~ 176
금정역(金井驛)―驛樓四面皆山也~ 178
금정 구봉산―近日習靜漸久~ 179
도동사(道東祠)―謁道東祠 181
아름다운 벗을 그리워한다―猗蘭 美友人也 182
양강의 고기잡이―楊江遇漁者 184
남고 윤지범에게―又寄南皐五絶句 188
신광하(申光河) 만사―申承旨光河 輓詞 190
죽란시 평어―竹欄小集 與者五人 各賦四詩~ 192
국화꽃 활짝 피자―竹欄菊花盛開 同數子夜飮 196
한 무제 때 역사 인물을 노래하다―重熙堂賜對論史記漢書 退述玉音爲詠史

詩 五首　198
유쾌한 노래―不亦快哉行 二十首　203
천진암(天眞菴)에서―端午日 陪二兄游天眞庵　212
천진암의 밤―寺夕　214
농가의 여름 노래―竹欄小集 與尹彛敍~　216
청석골―靑石谷行　226
붉은 천리마 노래―赤驥行 示崔生　229
홀곡 노래―笏谷行 呈遂安守　231
천용자 노래―天慵子歌　233
연안성(延安城)―過延安城　237
자하담에 배를 띄우고―八月十五日 陪李觀察義駿~　239
매사냥에 화답하다―和崔斯文游獵篇　242
송골매를 풀다―縱鷹篇　244
번암 채제공(蔡濟恭) 만사―樊巖蔡相公輓　247
확연폭포―鑊淵瀑布歌　250
중형 정약전의 귀거래―八月二日 因仲氏~　252
옛 뜻―古意　256

제4부 장기의 귀양살이

돌모루의 이별―石隅別　261
모랫들의 이별―沙坪別　263
하담의 이별―荷潭別　265
탄금대(彈琴臺)―過彈琴臺　267
새재(鳥嶺)―鳥嶺　269
장기의 귀양살이에서 본 풍속―鬐城雜詩 二十六首　271
느릅나무 숲을 거닐다―楡林晚步 二首　281
스스로를 웃다―自笑　283
외로이 앉아―獨坐 二首　289

울적함을 풀어내다—遣興 291
귀양살이 정취 여덟 가지—遷居八趣 292
장마비—苦雨歎 295
아가 노래—兒哥詞 296
솔피 노래—海狼行 298
고향 마을 소내의 상상도—戲作苕溪圖 300
약전 형님의 편지—得舍兄書 302
추록이 노래—追鹿馬行 305
단옷날—端午日述哀 307
어린 딸이 보고지고—憶幼女 309
칡을 캔다네—采葛 310
고향 생각 1—酉山 313
귀양살이 신세—東門 316
미원(薇源) 은사의 노래—薇源隱士歌 318
오징어 노래—烏鰂魚行 321
장기 농가—長鬐農歌 十章 324
큰형님 약현(若鉉)에게 화답하다—奉和伯氏 次杜韻二首 328
아들에게 부치다—寄兒 330
동해에 해가 뜨다—東門觀日出 331
홀로 서서—獨立 332
수선화 노래—水仙花歌 復次蘇韻 333
보리타작—打麥行 336
여름날 울적함을 풀려고—夏日遣興 八首 337
뜻이 꺾인 아픔의 노래—惜志賦 343
약전 형님을 생각하며—秋日憶舍兄 346

　다산 정약용 시 연보 350
　　人名・書名 해설 378

일러두기

1. 이 『다산시선집』은 다산이 1775년부터 1836년까지 62년 동안에 지은 시 1140여 편 가운데 제1권에 124편을, 제2권에 91편을 『여유당전서(與猶堂全書)』 제1책 시문집(詩文集)에서 가려 뽑아 역주 해제한 것이다.
2. 수록 순서는 『여유당전서』에 따라 시대순으로 배열했다. 다만, 『여유당전서』에 수록되지 않은 시는 편역자가 적당한 곳에 끼워 넣었다.
3. 『여유당전서』 시문집 제7권 '우세화시집(又細和詩集)'은 다산 시가 아니며 (필사본 제8책 뒤), 이 뒤에 있는 '귀전시집(歸田詩集)' '천우기행권(穿牛紀行卷)' '채화정시초(菜花亭詩草)' 3권의 시는 시대 순서에 따라 제6권 앞으로 옮겼다. 이는 『여유당전서』를 편집할 때 순서가 뒤바뀐 것이 틀림없기 때문이다.
4. 시 원문 끝에 수록 권수와 시작(詩作) 연대를 병기했다. 다만, 작품 연대가 분명치 않은 것은 '경'을 덧붙였다.
5. 수록 권수 표시는 규장각 필사본을 가지고 그 순서대로 매긴 것이다. 규장각 필사본도 제6책·제7책의 표시가 잘못되어 있다. 여기서도 잘못된 그대로 매겨 놓았다.
6. 시를 가려낼 때는 문학성과 역사성·서정성·서사성이 있는 것을 위주로 했고, 고사의 인용이 많은 것은 되도록 피했다.
7. 또 다산의 가족 관계와 생활 및 교우 관계에서 중요한 몫을 차지하고 있는 시는 될 수 있는 대로 뽑은 셈이다.
8. 편집 체제는 시를 시로써 감상 이해할 수 있도록 간명하게 했다.
9. 번역에 있어서는 시의 내용을 쉽게 이해할 수 있도록 직역함을 원칙으로 삼았다. 경우에 따라서는 시의 리듬이 손상되기도 했을 듯싶다.
10. 가려내서 수록된 시 원문은 규장각도서에 소장된 필사본과 일일이 대조해서 틀린 글자를 바로잡았다. 그러나 주(註)를 달지는 않았다. 또 다른 필사본이 있는 것에 한해서는 대조해 보았다.
11. 시에 등장하는 인명과 서명은 따로 주를 달지 않고 권말에 인명·서명 해설을 붙여 놓았다.

제 1 부
진주 기생의 칼춤

14세(1775)부터 26세(1787)까지 : 권1~권3

그리운 금강산
배를 타고 서울로 가면서
시골집에 병들어 누워서
정범조의 법천 집을 지나다가
화순 금소당(琴嘯堂)
적벽강 물염정(勿染亭)
무등산에 올라서
동림사에서 글을 읽다
소내 집에 돌아오다
성주암(聖住菴)에 올라서
아내와 함께 진주로 가면서
저물녘에 광양에 이르러
진주 기생의 칼춤
공부에 싫증나서
속뜻을 밝히다
봄날 수종사(水鐘寺)에 노닐다

뱃사공의 탄식
옛날을 생각하며
봉은사(奉恩寺)에 노닐다
생원시에 합격하여 임금님을 뵙다
배띄워라
돛달아라
성호 선생 옛집을 지나며
여름날 누산정사에서
손자병법을 읽고
정철조(鄭喆祚)의 용 그림
호박 넌두리
봄날 담연재에서 읊다
이벽(李檗)의 죽음
가을날 고향 생각
흥겨운 마음
광희문(光熙門)

제1부 해 설

제1부 '진주 기생의 칼춤'에서는 다산이 14세(1775)부터 26세(1787)까지 13년 동안 읊은 시 32편 50수를 추렸다. 이 기간 동안에 다산은 15세(1776)에 장가를 들고, 16세(1777)에 화순현감(和順縣監)이 된 아버지 정재원(丁載遠)을 모시고 가서 그 둘째형 정약전(丁若銓)과 함께 동림사(東林寺)에서 글을 읽었다. 이 무렵 다산은 적벽강 물염정(勿染亭)과 광주 무등산을 유람하는 등 호연지기(浩然之氣)를 기르기도 했다. 19세(1780)에는 예천군수(醴泉郡守)로 옮긴 아버지를 모시러 아내와 함께 화순에서 광양(光陽)을 거쳐 예천으로 가다가 경상우도 병마절도사로 진주(晉州)에 있는 장인 홍화보(洪和輔)에게 들러 「진주 기생의 칼춤」이란 시를 읊고, 또 논개(論介)의 사당을 중수(重修)한 전말을 쓴 「진주의기사기(晉州義妓祠記)」도 지었다. 22세(1783)에는 소과(小科)인 생원·진사시에 합격하여 처음으로 정조 임금을 알현하고 배를 타고 금의환향하는 영광을 누렸다. 이후 대과(大科)인 문과(文科)에 급제하기 전까지는 성균관(成均館)에 다니면서 고달프고 지루한 과거 공부에 몰두했다.

다산은 이미 7세(1768)부터 5언시를 짓기 시작했다고 한다. 그러나 어렸을 때 지은 시는 '전집'에 수록되지 않았다. 여기에는 14세(1775) 때의 작품인 「그리운 금강산」 1편, 15세(1776)에 장가를 들러 가면서 배 안에서 지은 시 「배를 타고 서울로 가면서」와 장가를 들고 나서 「시골집에 병들어 누워서」 등 2편, 16세(1777)에 지은 시 2편, 17세(1778)에 화순에서 지은 「적벽강 물염정」 「무등산에 올라서」 「동림사에서 글을 읽다」 등 3편, 18세(1779)에 지은 시 2편, 19세(1780)에 지은 시 「진주 기생의 칼춤」 등 3편, 20세(1781)에 지은 시 1편, 21세(1782)에 지은 시 「속뜻을 밝히다」 「봄날 수종사에 노닐다」 등 5편, 22세(1783)에 지은 시 「생원시에 합격하여 임금님을 뵙다」 「배띄워라」 「돛달아라」 등 5편, 23세(1784)에 지은 시 「손자병법을 읽고」 「호박 넋두리」 등 3편, 24세(1785)에 지은 시 「봄날 담연재에서 읊다」 「이벽의 죽음」 「가을날 고향 생각」 등 3편, 25세(1786)에 지은 시 1편, 26세(1787)에 지은 시 「광희문(光熙門)」 1편이 뽑혀 실려 있다.

이 시기의 다산시는 인생관 형성 시기의 면모가 보이고, 특히 「속뜻을 보이다」 등의 시에서처럼 개혁 사상가로서의 잠재력을 나타내고 있다.

그리운 금강산

금강산은 기이(奇異)함이 뛰어났으니
붉은 벼랑에 푸른 봉우리 겹겹이 있네.
새기고 깎은 결이 섬세해서
조물주의 솜씨 숨김없이 드러냈구려.
선경의 경치도 바닷가 빈 땅에 모여
그윽한 모습 유달리 아름답다네.
숨어 사는 선비도 살 수 없는 애석함이여
깨끗하고 산뜻하게 속세에서 벗어났네요.

懷東嶽[1]

東嶽絶殊異, 紫崿疊靑嶂。
雕鎪入纖微, 神匠洩機巧。
仙賞委瀛壖, 幽姿獨窈窕。
惜無棲隱客, 瀟灑脫塵表。 <권1, 1775년>

* 원주 1) 을미년(1775) 소내에서 지었다.(乙未在苕川)
 2) 당시에 부친께서 막 금강산으로부터 돌아오셨으므로 이 시를 지은 것이다. (時家大人 新自金剛山而回 故有時作.)
[해제]
 동악(東嶽)은 금강산(金剛山)이다. 산과 강의 유람을 유난히 좋아했던 다산도 일생 동안 금강산 유람을 할 기회가 없었다. 다산 14세 때 금강산과 총석정을 구경하고 돌아오신 아버님의 이야기를 듣고 쓴 이 시가 그래서 소중하다.

배를 타고 서울로 가면서

아침 햇살에 산은 맑고도 멀어
봄바람에 강물이 일렁거린다.
회전할 기슭 만나 처음으로 키를 굴리나
여울 빨라 노소리 울리지 않네.
옅푸른 물 위에 사초잎은 떠 있고
노오란 버들가지에 햇빛이 비친다.
차츰차츰 서울이 가까워지니
삼각산 높고 크게 우뚝 솟았네.

春日陪季父 乘舟赴漢陽[1)]

旭日山晴遠, 春風水動搖。
岸迴初轉柁, 湍駛不鳴橈。
淺碧浮莎葉, 微黃着柳條。
漸看京闕近, 三角鬱岧嶢。 <권1, 1776년>

* 원주 1) 영조 52년(1776) 2월 15일에 처음 관례(冠禮)를 올리고 16일에 서울로 가서 22일 혼례를 치렀다. 이 시는 그 때 서울로 갈 때 배 안에서 지었다. (丙申二月十五日始冠 十六日赴京 二十二日委禽 此其赴京時舟中之作)

[해제]
이 시는 다산이 15세에 혼인을 하려고 서울로 가면서 지은 시이다. 이 때 배행은 막내숙부(丁載進)가 했고, 혼인한 날짜는 병신년 2월 22일(음력)이다. 다산은 공교롭게도 75세가 되는 병신년(1836) 2월 22일 회혼(回婚)날에 서거했다. 맨 뒤에 돌아가기 3일 전에 쓴 「회근시(回졸詩)」를 실었다.

시골집에 병들어 누워서

애초에는 남은 책을 끝내렸더니
안타깝게 질병이 몸을 감았네.
낙엽 속에 대문을 닫고서
푸른 소나무 앞에서 약을 달인다.
헝클어진 머리 빗질 남에게 맡기고
이뤄진 시 입으로 말할 뿐이다.
일어나 서울로 가는 길 바라보니
눈바람이 겨울 하늘에 가득하구나.

田廬臥病[1]

始爲殘書至, 翻嗟一病纏。
閉門黃葉裏, 煮藥碧松前。
髮亂從人理, 詩成只口傳。
起看西去路, 風雪滿寒天。 <권1, 1776년>

* 원주 1) 그 때(1776년 초겨울) 병이 들어 누웠다가 의사 이헌길(李獻吉)의 약을 먹고 30일 만에 병이 나았다. 11월이었다.(時餌李獻吉藥 得病三旬而愈 仲冬也)

[해제]
장가 든 지 몇달 만에 다산이 병들어 누웠다가 의사 이헌길(李獻吉)의 치료를 받고 나았다. 이헌길은 당시의 유명한 유의(儒醫)로, 이후 다산의 아이들도 치료해 준다. 이런 생명의 은혜를 다산은 늘 잊지 않았고, 의서 『마과회통(麻科會通)』을 지어 그 은혜에 사회적으로 보답하는 뜻으로 여겼으며, 이헌길의 전(傳)도 지었다.(蒙叟傳) 이 「몽수전」은 『다산문학선집』에 수록되어 있다.

정범조의 법천 집을 지나다가

차가운 산속 초가집에
검은 두건 쓰고 고요히 앉아 계시네.
시 지으며 세월이나 보내고
내키는 대로 구름 연기 완상하시네.
해변 고을 원님 자리 바로 던져버리고
오래 전엔 호당에서 노니셨었지.
문장에도 자신의 문체 지니셨으니
예전 현인 사모할 필요 없어라.

過族父承旨公(範祖) 法泉山居

草屋寒山裏, 烏巾坐窅然。
以詩消日月, 隨意弄雲烟。
海郡新投綏, 湖堂舊泛船。
文章有模楷, 不必慕前賢。 <권1, 1777년>

[해제]
해좌(海左) 정범조(丁範祖)는 다산의 가까운 집안 어른으로 집안 어른 중 매우 존경하는 분이었다. 이후도 다산은 여러 차례 찾아뵙기도 하고, 정범조의 일생의 행적을 서술하는 장시도 지었다. 법천(法泉)은 해좌공이 살던 원주에 있는 지명이다.

화순 금소당(琴嘯堂)

쓸쓸하고 고요한 대숲속 집에
시골 사람 찾아오니 너무나 기뻐
쾌활한 선비 이제야 만났으니
이제부터 관가 문 열어두련다.
진진하게 육경을 토론하면서
때때로 석잔 술 기울인다오.
기쁘게 망년우(忘年友)를 맺고서
더욱 넓게 흉금 트고 지내리라.

琴嘯堂 同曺進士(翊鉉)作[1)]

蕭寥竹裏館, 頗喜野人來。
快士如今見, 官門自此開。
淋漓譚六籍, 牢落倒三杯。
好結忘年契, 襟期賴漸恢。 <권1, 1777년>

* 원주 1) 금소당(琴嘯堂) : 금소당은 곧 화순현(和順縣)의 동헌 본채에 딸린 작은 집이다.(堂是和順子舍)

[해제]
1777년 다산의 아버지 정재원(丁載遠)이 화순현감이 되어 화순현에 부임할 때 아버지를 모시고 따라갔다. 이 때 화순에 살던 진사 조익현(曺翊鉉)과 깊이 사귀고 광주 무등산을 유람했으며, 동림사(東林寺)에서 그의 중형 정약전(丁若銓)과 공부하며 청춘을 구가한다. 조진사는 다산보다 26세나 선배지만 망년우로 지냈다. 뒤에도 편지를 주고받으며 사귀었고, 1800년 조진사의 묘표(墓表)도 썼다.

적벽강 물염정(勿染亭)

1

가을 모래 위 오솔길이 또렷이 나 있는데
동구 밖엔 푸르스름히 구름이 피어날 듯.
강물엔 새벽이 잠겨 연지빛인데
비가 갠 돌벼랑은 비단무늬 흔들린다.
수령의 한가한 놀이에 그 누가 흥취 느끼랴
시골 사람 무리지어 밭갈고 낚시하네.
특별히 사랑스런 산수가 외진 곳에 있어
명성이 퍼져 세상에 알려지지 않았다오.

2

구름 계곡 여러 번 꺾어진 끝에
그윽한 곳 외딴 정자 눈에 들어와
붉은 돌엔 노을 기운 어려 있고
푸른 숲엔 새들이 날아 내리네.
옷을 건 바람 난간 훤히 트였고
뱃줄 맨 곳 물풀 꽃 향기롭기만.
돌아갈 길목을 살펴보건대
산봉우리엔 별이 이미 몇개로다.

遊赤壁亭子[1)]

歷歷秋沙細逕分, 洞門靑翠欲生雲.
溪潭曉浸臙脂色, 石壁晴搖錦繡文.

刺史燕游誰得趣, 野人耕釣自成群。
獨憐山水安孤僻, 不放名聲與世聞。

雲溪屢屈折, 窈窕見孤亭。
赤石流霞氣, 靑林落鳥翎。
掛衣風檻敞, 繫纜水花馨。
試看歸時路, 峰頭已數星。〈권1, 1778년〉

* 원주 1) 물염정은 동복현 북쪽 22리에 있다.(勿染亭 在同福縣)
[해제]
　적벽(赤壁)이란 이름이 붙은 명승(名勝)은 우리 나라에도 여러 곳이 있다. 그 가운데 가장 웅장하고 아름다운 곳이 이 화순 동복(同福)에 있는 적벽이다. 이곳에 송정순(宋庭筍:1521~1584)이 세운 물염정(勿染亭)이 있다. 다산은 이곳에 유람하여 시도 지었을 뿐 아니라 「유물염정기(遊勿染亭記)」도 썼다.

무등산에 올라서

무등산은 뭇사람 우러러 보는 곳
산꼭대기 험준한 곳엔 해묵은 눈이 있다.
태고적의 모습을 고치지 않아
본래대로 쌓여 있어 의연하구나.
산이라고는 모두 섬세하고 정교하여
깎고 새긴 듯 뼈마디 드러났다네.
오르려 할 때는 길도 없어 멀고 멀더니
멀리 걸어오니 낮게 느껴지네.
괴팍한 행실 쉽게 드러나지만
지극한 덕 깊어서 알기 어렵다.
이 산의 우람한 바탕 아깝게 여겨
고즈너기 지니고 털어내지 않는다.
천둥과 폭우에도 깎이지 않아
조물주 만든 대로 보전을 했네.
자연스레 구름 안개 피어 일어나
이따금 대지 열기 식혀 준다오.

登瑞石山[1]

瑞石衆所仰, 厜㕒有古雪。
不改渾沌形, 眞積致峻巖。
諸山騁纖巧, 刻削露骨節。
將登邈無階, 及遠知卑列。
僻行瞥易顯, 至德闇難別。
愛茲磅礴質, 涵蓄靳一洩。

雷雨不受鑱, 謹保天所設。

自然有雲霧, 時瀋下土熱。 <권1, 1778년>

[해제]

　서석산(瑞石山)은 광주(光州) 무등산(無等山)의 옛이름이다. 다산은 1777년 화순현감이 된 아버지를 따라가서 과거 공부를 하는 한편 1778년 호연지기를 기르려고 지인들과 함께 무등산에 올라 젊음을 만끽했다. 이때 이 시도 지었을 뿐만 아니라 「서석산에 노닐다(遊瑞石山記)」는 글도 지었다. 그 글은 『다산문학선집』에 수록되어 있다.

동림사에서 글을 읽다

무등산 남쪽엔 절이 많은데
그 중에 동림사가 가장 그윽하고 아담해.
산골짜기 이 흥취 사랑스러워
잠시나마 조석 문안 멈춰 두었네.
비낀 징검다리로 시내 건너서
나막신 신고 푸른 봉우리 오른다.
옅은 눈싸라기 응달 비탈에 깔리고
상수리나무 위엔 차가운 잎새 대롱대롱.
좌우로 둘러보니 세상 번뇌 사라지고
절문에 들자 맑은 생각 일어나네.
부지런히 애써 『서경(書經)』을 읽어야
어버이 바램 넉넉히 채워 드리지.
차마 새벽까지 잠들지 못하고
중형과 함께 풍경 소리 들었노라.
꼭 세간의 영달만 바래서가 아니라
방탕한 생활보다는 나아서라오.
젊은 시절 재주만 믿고 있다간
나이 들면 대부분 바보스럽지.
이를 경계해 느리거나 소홀히 말자꾸나
가는 세월 참으로 허무하거니.

讀書東林寺[1)]

瑞陽多修院, 東林特幽爽。

愛茲林壑趣, 暫辭晨昏養。
橫槎渡碧澗, 躡履躋靑嶂。
淺雪糝陰坂, 冷葉棲高橡。
顧眄散塵煩, 入門發淸想。
黽勉讀書傳, 庶足慰親望。
未敢眠到曉, 同聽木魚響。
非必慕榮達, 猶賢任放浪。
英年恃才氣, 及老多鹵莽。
戒之勿虛徐, 逝景眞一妄。 <권1, 1778년>

* 원주 1) 11월인데 그때 둘째형 약전(若銓)과 함께 있었다.(仲冬也 時與仲氏偕)

[해제]

화순현감이 된 아버지를 따라간 다산이 그 중형 정약전(丁若銓)과 함께 화순 북쪽 5리에 있는 동림사에서 독서하며 그 정경을 읊은 시이다. 이 때 그 형님은 『상서(尙書)』를 읽고 다산은 『맹자(孟子)』를 읽었다. 이 때 쓴 「동림사 독서기」가 『다산문학선집』에 번역 수록되어 있으며, 현재 동림사터 입구에 다산의 「동림사 독서기비」가 세워져 있다. 이 비는 화순 출신 강동원(姜東遠) 씨가 세웠고, 「독서기」는 박석무가 번역했다.

소내 집에 돌아오다

갑자기 고향 마을에 이르고 보니
문앞에선 봄물이 흘러가누나.
기쁜 듯 약초밭 다다라 보니
예전처럼 고깃배 눈에 보이네.
꽃들이 어우러져 산집은 고요하고
솔가지 늘어진 들길은 그윽하다.
남녘 땅 수천 리를 노닐었으나
어디메서 이런 언덕 찾아보리요.

還苕川居

忽已到鄕里, 門前春水流。
欣然臨藥塢, 依舊見漁舟。
花煖林廬靜, 松垂野徑幽。
南遊數千里, 何處得茲丘。 <권1, 1779년>

[해제]
1777년 화순현감이 된 아버지를 따라갔던 다산이 아버지의 명령으로 1779년 봄 소내 본집으로 돌아와 공령문(功令文:科文)을 본격적으로 공부하게 된다. 이 해 겨울에 성균관에서 시행하는 승보시(陞補試)에 뽑혔다. 18세 때이다.

성주암(聖住菴)에 올라서

비탈진 푸른 돌길 타고 오르니
푸른 산등성이에 절간이 있구나.
나뭇가지에 쓴 갓이 스쳐지고
뱉은 침 구름 끝에 떨어지도다.
냇물의 꽃 선명하게 하늘거리고
땅줄기 얼기설기 서려 있구나.
끓인 찻물 목마름 풀지 못하여
옹달샘 거푸 마시니 차기도 하다.

登聖住菴[1]

側徑綠蒼磴, 禪樓寄碧巒。
衣巾行樹杪, 咳唾落雲端。
的歷川華動, 縈廻地脈蟠。
茶湯未解渴, 重試石泉寒。 <권1, 1779년>

* 원주 1) 성주암(聖住菴) : 성주암은 나한산(羅漢山) 꼭대기에 있으며 만연사(萬淵寺)에 딸린 암자이다.(在羅漢山絶頂 屬萬淵寺)

[해제]
1779년 봄 소내로 돌아왔던 다산은 감시(監試)에 떨어지고 9월에 아내를 거느리고 소내를 떠나 다시 화순에 이르렀다. 이 때 지은 시가 이 시이다. 여기에 주(註)로 나온 만연사는 화순 북쪽 2리에 있으며 나한산 아래 있다. 나한산은 무등산 남쪽 기슭에 있으며 화순으로 뻗은 주맥이다.

아내와 함께 진주로 가면서

나그네로 호남에 오래 있다가
이제는 대숲속 금소당(琴嘯堂)을 떠나누나.
문을 나서니 봄 들판이 새파랗고
고개 돌리니 새벽 연기 푸르르구나.
늘어선 산들은 길을 막는 듯해도
홀로 선 소나무는 뜨락에 잘도 있네.
조진사(曺進士)를 어떻게 잊으리
말 멈추고 산집의 문 두드려야지.

春日領內赴晉州 將離和順 悵然有作[1)]

久作湖南客, 今辭竹裏亭。
出門春野綠, 回首曉烟靑。
列岫如遮路, 孤松好在庭。
曹公那可忘, 駐馬叩山扃。 <권1, 1780년>

* 원주 1) 이른 봄에 백씨(伯氏:丁若鉉)께서 내 아내를 데리고 진주로 갔는데, 2월에 홍일보(洪日輔)가 모시고 돌아왔다. 이 때 부친께서 예천군수(醴泉郡守)로 전임되었으므로 나는 곧 아내를 데리고 먼저 진주에 이르렀다. 장인 홍화보(洪和輔)공이 이 때 영남우도절도사(嶺南右道節度使)가 되어 진주에 계셨다.(早春 伯氏 領余室人 往晉州 二月 洪日輔陪還 時家君移守醴泉 余遂領內 先至晉州 外舅洪公 時爲嶺右節度 在晉州)

[해제]
아내와 함께 1779년 다시 화순으로 왔던 다산이 그 아버지가 예천군수(醴泉郡守)로 승진하여 전임되자 정들었던 화순을 떠나면서 지은 시이다. 조진사는 앞서 「화순 금소당」 시에 나왔던 조익현(曺翊鉉)이다.

저물녘에 광양에 이르러

산비탈에 작은 마을 옹기종기
무너진 성자락이 바닷물에 다가서 있네.
안개 짙어 관청길 가로수는 어둑하고
비 머금은 섬엔 구름이 짙다.
빈 장터엔 까막 까치 요란스럽고
작은 다리에 고막 소라 껍데기 쌓였구나.
요즈음 고기잡이 세금 너무 무거워
살림살이 나날이 쓸쓸해지네.

暮次光陽

小聚依山坂, 荒城逼海潮。
漲霾官樹暗, 含雨島雲驕。
烏鵲爭虛市, 䗩螺疊小橋。
邇來漁稅重, 生理日蕭條。 〈권1, 1780년〉

[해제]
　다산이 아내를 데리고 화순에서 진주(晉州)로 가다가 저물녘에 광양(光陽)에 당도하여 보고 느낀 것을 쓴 시다. 이 광양은 오늘날 광양제철소가 세워진 그곳이다. 다산에게 사회 의식의 단서가 싹트고 있음을 엿볼 수 있는 작품이다.

진주 기생의 칼춤

계루고(雞婁鼓) 울리자 풍악이 시작되니
둘러싼 좌중이 가을물처럼 고요하다.
진주성 딸린 기생 꽃같은 얼굴에
군복으로 치장하자 남자 모습이로다.
보랏빛 쾌자에다 푸른 털모자 쓰고
좌중 향해 절한 뒤에 발꿈치를 드는구나.
느린 박자에 따라 사뿐사뿐 종종걸음
처연히 가다가는 기쁜 듯 돌아오네.
날으는 선녀처럼 살짝 내려앉으니
발밑에선 번쩍번쩍 가을 연꽃 피어난다.
몸 굽혀 거꾸로 서서 한참 동안 춤추는데
열 손가락 번뜩이니 연기처럼 뜨는구나.
한 칼은 땅에 짚고 한 칼로 휘두르니
푸른 뱀이 백 번이나 가슴을 휘감는 듯
갑자기 쌍칼 잡자 사람 모습 사라지고
일어서자 구름 안개 허공에 피어났네.
전후 좌우 휘둘러도 칼끝 서로 닿지 않고
치고 찌르고 뛰어올라 소름이 쫙 끼치누나.
휘몰아치는 소나기가 차가운 산에 몰아치고
붉은 번개 푸른 서리 빈 골짝서 싸우는구나.
놀란 기러기 멀리 날며 돌아오지 않을 듯
성난 새매 내리덮쳐도 쫓아가지 못할레라.
쨍그렁 칼 던지고 사뿐히 돌아서니

애초의 모습대로 가냘픈 허리로세.
서라벌의 여악(女樂)은 우리 나라 으뜸인데
황창무(黃昌舞)라 옛 곡조 예부터 전해 오네.
백 사람이 칼춤 배워 겨우 하나 이룩할 뿐
살진 몸매로는 둔해서 못 춘다네.
너 이제 젊은 나이로 그 기예 절묘하니
옛날 일컫던 여중 호걸 이제야 보았노라.
몇사람이나 너 때문에 애간장 녹였을까
미칠 것 같은 분위기 벌써 장막 안에 차누나.

舞劍篇 贈美人

鷄婁一聲絲管起, 四筵空闊如秋水.
矗城女兒顏如花, 裝捒戎裝作男子.
紫紗褂子靑氈帽, 當筵納拜旋擧趾.
纖纖細步應疏節, 去如怊悵來如喜.
翩然下坐若飛仙, 脚底閃閃生秋蓮.
側身倒挿蹲蹲久, 十指翻轉如浮烟.
一龍在地一龍躍, 繞臂百回靑蛇纏.
倏忽雙提人不見, 立時雲霧迷中天.
左鋋右鋋無相觸, 擊刺跳躍紛駭矚.
颷風驟雨滿寒山, 紫電靑霜鬪空谷.
驚鴻遠擧疑不反, 怒鶻回搏愁莫逐.
鏗然擲地颯然歸, 依舊腰支纖似束.
斯羅女樂冠東土, 黃昌舞譜傳自古.
百人學劍僅一成, 豐肌厚頰多鈍魯.
汝今靑年技絶妙, 古稱女俠今乃覩.
幾人由汝枉斷腸, 已道狂風吹幕府. <권1, 1780년>

제1부 진주 기생의 칼춤

[해제]

다산이 그 아내 홍부인(洪夫人)과 함께 화순을 거쳐 진주로 갔는데, 이 때(1780) 장인 홍화보(洪和輔)가 경상우도 병마절도사로 진주에 있었다. 그는 논개(論介)의 사당을 중수(重修)하고 연회를 베풀어 검무(劍舞)를 추게 하는 한편 다산으로 하여금 중수기를 짓게 했다. 이 때 지은 「진주의 기사기(晉州義妓祠記)」가 『다산문학선집』에 수록되어 있다. 이 「진주 기생의 칼춤」은 1999년 경기문화재단의 후원으로 이애주 교수가 복원하여 남양주시에 있는 다산문화관에서 발표했다.

공부에 싫증나서

고향에 숨어 처자와 살 만도 한데
서울에서 또 다시 싫증난 공부.
문장은 속된 안목에 거슬리고
꽃과 버들은 나그네 시름 자아낸다.
여러 번 응시했으나 막혀 떨어지고
산골로 올라가는 배를 노상 그리네.
사마상여(司馬相如) 그 또한 미천한 사람
제주(題柱)[1]한 일 무엇을 구하려 했지.

倦遊[1]

鄕里堪攜隱, 京城又倦遊。
文章違俗眼, 花柳入羈愁。
屢擧遮塵扇, 長懷上峽舟。
馬卿亦賤子, 題柱欲何求。 <권1, 1781년>

* 원주 1) 이 때 세 번째 치른 성균관 시험에 떨어지고 회현방에 머물러 있었다.(時三屈泮宮之課 留會賢坊)
* 역주 1) 제주(題柱) : 한(漢)나라 사마상여가 벼슬하기 위해 장안(長安)으로 들어갈 때 승선교(昇仙橋)를 지나가다가 다리 기둥에 "네 필의 말이 끄는 높은 수레를 타지 않고서는 이 다리를 지나지 않으리라."고 썼다. 곧 반드시 고관대작이 되어 금의환향하겠다는 각오를 드러낸 것이다.

[해제]
1780년 겨울 예천군수로 있던 아버지가 어사(御史)의 모함을 받아 벼슬을 그만두고 고신(告身)도 빼앗긴 채 고향에 돌아왔다.(1781년) 1781년 2월에는 장인도 숙천(肅川)으로 유배당하고 다산은 서울 회현방(會賢坊)

에 머물며 과시(科詩)를 공부했다. 여러 가지로 집안에 환난이 일어났을 때이다.

속뜻을 밝히다

1

소년 시절 서울에 노닐 때
교제하는 수준이 낮지 않았다.
속기 벗은 운치가 있기만 하면
충분히 속마음을 통하였었지.
힘껏 공맹(孔孟)의 학문으로 돌아와
두번 다시 시속에 맞음은 묻지 않았네.
예의는 잠시나마 새로웠으나
탓 듣고 후회할 일 이로부터 나왔네.
지닌 뜻 확고하지 않다면
가는 이 길 그 어찌 순탄하리요.
중도에 가는 길 바꿔버려
길이 뭇사람의 비웃음 받을까 걱정이네.

2

슬프다, 우리 나라 사람들
주머니 속에 갇혀서 사는 듯.
삼면은 바다로 에워싸였고
북방은 높고 큰 산이 굽이쳐 있네.
사지 삭신 언제나 움츠려서
기상과 뜻 어떻게 채워 보리.
성현은 만리 밖에 있는데
누가 능히 이 몽매함 열어 줄까.

머리 들어 인간 세상 바라보아도
보이는 사람 없고 정신들만 흐리멍덩.
남의 것 모방하기에 급급해
정밀하게 숙달함을 가릴 겨를 없구나.
뭇 바보들이 한 천치 받들고
와자지껄 다 함께 숭배케 하네.
순박한 옛 풍속을 지녔던
단군의 세상만도 못한 것 같네.

述志

弱歲游王京, 結交不自卑。
但有拔俗韻, 斯足通心期。
戮力返洙泗, 不復問時宜。
禮義雖暫新, 尤悔亦由茲。
秉志不堅確, 此路寧坦夷。
常恐中途改, 永爲衆所嗤。

嗟哉我邦人, 辟如處囊中。
三方繞圓海, 北方繚高崧。
四體常拳曲, 氣志何由充。
聖賢在萬里, 誰能豁此蒙。
擧頭望人間, 見鮮情瞳矓。
汲汲爲慕倣, 未暇揀精工。
衆愚捧一癡, 嗜哈令共崇。
未若檀君世, 質朴有古風。 <권2, 1782년>

[해제]
이 때 다산은 처음으로 창동(倉洞:북창동)에 처음으로 집을 사서 살았다. 1782년에는 첫딸을 낳았다 5일 만에 잃기도 하는 슬픔을 겪었다.

봄날 수종사(水鐘寺)에 노닐다

고운 햇살 옷깃에 비쳐 밝은데
옅은 그림자 먼 밭에 떠 있다.
배에서 내리니 자유로워 기분 좋고
골짝에 들어서니 그윽하여 즐겁구나.
바위 풀 교묘하게 단장하였고
산 버섯 둥글게 불끈 솟아나왔네.
아스라한 강변에 어촌이 보이고
위태로운 산머리엔 절간이 붙어 있다.
생각이 맑아지니 사물이 경쾌하게 여겨지고
몸이 높아지니 신선이 멀지 않구나.
안타까움은 뜻 같은 길손이 없어
현묘한 도 찾는 토론 못함이로다.

春日游水鐘寺

麗景明衣袖, 輕陰汎遠田。
舍舟欣散漫, 入谷愛幽娟。
巖卉施妝巧, 山茸發怒專。
漁村生逈渚, 僧院寄危巓。
慮澹須輕物, 身高未遠仙。
惜無同志客, 談討溯微玄。 <권2, 1782년>

[해제]
  수종사(水鐘寺)는 다산 고향에서 가까운 운길산(雲吉山) 꼭대기쯤에 있는 신라 때 창건된 절로, 이곳에선 남한강·북한강이 합수하는 두물머리

가 내려다보인다. 이곳엔 뒤에도 여러 차례 유람한다. 바로 이듬해 생원시에 합격하고 나서 또 수종사에 유람하여 「수종사에서 노닐다(遊水鐘寺記)」란 글을 지었다. 이 글은 『다산문학선집』에 수록되어 있다.

뱃사공의 탄식

나는 본디 산중에서 약초 캐는 늙은인데
우연히 강에 나와 뱃사공이 되었네.
서풍이 불어와서 서쪽 길 끊어놓기에
동쪽으로 가려 하니 동풍이 마주치네.
바람이야 일부러 나에게만 그러리요
내 스스로 바람 따라 가지 못함이로다.
그냥 두자꾸나
네 그르니 내 옳으니 따져서 무엇하랴
산중으로 돌아가서 약을 캠만 못하리라.

 篙工歎

 我本山中採藥翁, 偶來江上爲篙工.
 西風吹斷西江路, 却向東江遇東風.
 豈其風吹故違我, 我自不與風西東.
 已焉哉.
 莫問風非與我是, 不如採藥還山中. <권2, 1782년>

[해제]
 다산은 강마을에서 태어나 자란 때문인지 뱃사공과 고기 잡아 생활하는 어부들에 대한 시선이 유난히 따뜻하다. 벼슬살이에 시달릴 때도 물 위에 떠다니며 자유롭게 생활하는 그들을 동경하기도 한다.

옛날을 생각하며

1

어진 아내 취하길 바라지 않았고
넓은 집에 사는 것도 바라지 않았노라.
아내 어질면 사랑에만 빠지고
사는 집이 좋으면 안일해지지.
대장부의 몸이 얽어매지면
원대한 생각일랑 미처 못하지.
잠시도 곁을 떠나고 싶지 않을 텐데
하물며 여름 겨울 넘길까보냐.
예로부터 어질고 통달한 선비란
사는 집의 즐거움 생각지 않았다네.
바랄 것 하나 없는 쓸쓸한 신세
한밤중에 탄식이 이래서 일어나네.

2

펄펄 나는 남쪽의 새들은
고운 날개 왜 그리 반짝거리는가.
저 혼자 사랑하고 어여삐 여겨
푸른 물가에서 그 모습 비춰 보는군.
가을 하늘 가득한 독수리와 물수리는
멋대로 치고 받고 기세가 당당하다.
사다새는 또 무엇을 생각하길래
종일토록 턱밑살 처뜨리고 있나.

기이한 깃털이야 있지만
쑥대밭을 나는 게 고작이지요.
등과 배 솜털이나 잘 길러서
애오라지 눈 서리 막아볼거나.

古意

　　取妻不願賢, 室屋不願寬。
　　妻賢戀好合, 美屋情依安。
　　縶維丈夫身, 未遑慮遐觀。
　　莫肯晷刻離, 況敢經燠寒。
　　自古賢達士, 不念居室懽。
　　蕭條無可欲, 乃發中夜歎。

　　翩翩南方鳥, 彩翼何煒煌。
　　自愛復自憐, 顧影綠水傍。
　　鵬鶚滿秋天, 搏擊恣軒昂。
　　鵜鶘亦何意, 終日垂胡囊。
　　雖有羽毛奇, 蓬蒿甘翶翔。
　　善養腹背毳, 聊以禦雪霜。 <권2, 1782년>

[해제]
　고향을 떠나 과거 공부에 몰두하다 지치고 외로운 심경을 다잡아 추스르는 시이다. 이듬해 생원시에 합격하면서 활달한 시풍이 피어난다.

봉은사(奉恩寺)에 노닐다

시끄러움 벗어나려 교외로 나갔다가
흥겨움에 겨워 다시금 배를 옮겼네.
돛을 내리자 삼산은 저물고
모래밭에 둘러 있는 길 그윽하도다.
지치고 피곤해 경의(經義) 공부 저버리자
낯선 곳에는 맑은 가을이네.
세상에 아부하는 공손자(公孫子)는
세상 풍조 따르면서 부끄러운 줄 몰라.

早秋陪仲氏 遊奉恩寺[1]

避喧思出郭, 乘興復移舟。
帆落三山暮, 沙廻一徑幽。
倦游欺素學, 初地見淸秋。
阿世公孫子, 滔滔未解羞。 <권2, 1782년>

* 원주 1) 이 때 경전의 뜻을 공부했다.(時習經義)
[해제]
　이 시는 다산이 그의 중형 정약전과 함께 봉은사에 공부하러 갔던 것을 노래했다. 이 때 정약전은 서울 야곡(冶谷:지금의 청파동)에 살았고 중부(仲父) 정재운(丁載運)은 선릉(宣陵) 참봉이었다. 선릉은 봉은사에 가까이 있다.

생원시에 합격하여 임금님을 뵙다

남색 도포 단정히 입고 대궐로 들어가자
통례(通禮)들이 안내하여 섬돌 아래 늘어섰네.
옥피리 소리 바람에 날리며 신선 의장대 옮기자
빛나는 일산 깊은 곳에 임금님 앉으셨네.
연회에선 은술잔 은총 두루 받았고
백패(白牌)와 붉은 모자 가슴에 안고 머리에 쓰네.
임금 말씀에 대답하고 뒷걸음쳐 물러나니
궁중엔 버들 도성의 꽃 정말로 늦봄일세.

司馬試放榜日 詣昌德宮上謁 退而有作[1]

齊綴藍袍入紫宸, 鴻臚引接到階陳。
玉簫風轉移仙杖, 華蓋雲深坐聖人。
法酒銀桮沾渥遍, 賜牌紅帕挿懷新。
恩言對罷委蛇退, 宮柳城花正暮春。 <권2, 1783년>

* 원주 1) 이 때 나는 형제 샘거리의 집을 팔고 회현방(會賢坊)으로 옮겨 머무르다가 생원시에 합격했다는 기쁜 소식을 듣고 야곡(冶谷) 중형의 집으로 나가서 손님을 접대하였는데, 부친께서 야곡에 머물러 있었다. 장인 홍화보도 지난 겨울 사면되어 돌아오셨다. 3월이었다.(時余賣棣泉舍 移住會賢坊 聞喜出冶谷應客 家君留冶谷 洪公已於前冬宥還 三月也.)

[해제]
1783년 4월에 다산이 비로소 생원시에 합격하고 이 때 처음으로 정조 임금을 뵈었다. 이른바 성군(聖君)과 현신(賢臣)의 최초의 상면이 이루어졌다. 역사적인 날이었다.

배띠워라

1

새벽 노을 잔잔하게 일어나는데
강물 가의 새벽 기운 맑기도 하다.
절벽은 묵은 빛깔 그대로인데
울려 퍼지는 뱃소리 새롭게 들리네.
비스듬히 나는 제비 물결을 차고
물속의 물고기 해를 향해 솟구치네.
사립문에 기대 선 시골 늙은이
골똘히 관찰하는 모습이라오.

2

배꼬리 강물 따라 돌아가는데
정자의 나무빛 파랗구나.
꽃피는 강둑에는 송아지 편히 누웠고
흐르는 여울에선 물고기 바삐 헤엄치누나.
문단의 어른 따라 담소를 나누고
나아가고 쉼은 사공에게 물어 본다.
어촌에서 가져온 한 병의 술로
취하여 천진스러움 그냥 드러내야지.

放船

片片初霞起, 汀洲曉氣淸。
懸厓猶宿色, 鳴版更新聲。
側燕依波掠, 潛魚向日擎。

倚扉村叟立, 如有玩人情。

船尾逶迤轉, 園亭樹色新。
芳堤安臥犢, 泂渚敏游鱗。
談笑從詞伯, 行休問榜人。
一壺江市酒, 重肯露天眞。<권2, 1783년>

[해제]
　다산이 1783년 생원시에 합격하고 나서 여러 어른들의 축복을 받으며 고향으로 가는 배를 띄워 타고 만물이 새로워진 듯 흥겨워하는 모습을 읊었다. 이 때 부친을 모시고 마포에서 배를 타고 압구정을 거쳐 봉은사에서 묵고 광진(廣津)을 거쳐 가서 나루터에서 자고 운길산에 올라 수종사에서 자기도 한다. 이 때 「수종사에 노닐다」란 글도 지었다. 한편 훗날 다산을 궁지로 빠뜨린 목만중(睦萬中)도 함께 배를 타고 가다가 압구정에 올라 시를 지어 주고받았고, 광주부윤도 관현(管絃) 1부(部)를 보내 축하했다.

돛달아라

바람 탄 빠른 돛배 물을 뒤로 뿜어대니
하늘빛 잠긴 물에 물결 무늬 일렁이네.
숲속의 누대 빛은 숨바꼭질하는데
물결 저쪽에선 놀라는 제비와 참새떼들.
긴 노는 젓기 싫어 힘을 온통 쓰지 않고
새로 지은 피리 곡조 귀기울여 들을 만해.
인생살이 활달한 뜻 얼마나 될거나
반쯤 취하여 푸른 구름만 바라보네.

挂帆

快帆乘風放水濆, 天光上下見靴紋。
林中遞隱樓臺色, 波際遙驚燕雀群。
懶動長橈全不力, 新翻豪竹別宜聞。
人生豁意知何限, 注目蒼雲倚半醺。 <권2, 1783년>

[해제]
1783년 다산이 생원시에 합격하고 환희 작약하며 배를 타고 금의 환향하는 모습을 읊은 시이다. 22세 때이다. 오늘날의 하남시와 구리시 사이를 흐르는 한강을 거슬러 팔당 쪽으로 올라가고 있었던 듯하다.

성호 선생 옛집을 지나며

유학(儒學)도 뒤늦게 우리 나라에 시작되니
설총(薛聰)이 그 시초를 열어놓았네.
그 계통이 정몽주·이색에게 미치어
충의를 지켜 외롭게 치우친 나라 건져냈다오.
이황은 주자 진수 찾아내시어
천년 뒤에 으뜸 선비 지위를 얻었네.
육경(六經)에 대한 다른 이론 내지 못하고
많은 학자들이 함께 현인으로 추앙하였네.
맑은 기운 벽동(碧潼)으로 모여들어서
밝은 문장 섬천(剡川)에 빛났다오.
지향하는 뜻은 공자·맹자에 가깝고
주석은 마융(馬融)·정현(鄭玄) 뒤를 이었다.
한 줄기 빛으로 몽매함 열어주고
굳게 잠긴 자물통 열어젖혔다.
어리석어 지극한 뜻 헤아리지 못하나
미묘하고 깊게 움직이고 있구나.

過剡村李先生舊宅[1]

道脈晩始東, 薛聰啓其先。
傳流逮圃牧, 忠義濟孤偏。
退翁發閩奧, 千載得宗傳。
六經無異訓, 百家共推賢。
淑氣聚潼關, 昭文耀剡川。
指趣近耶阜, 箋釋接融玄。

蒙蔀豁一線, 扃鐍抽深堅。
至意愚莫測, 運動微且淵。<권2, 1783년>

* 원주 1) 이 때 안산(安山)의 선영에 참배했다.(時省安山丘墓)
2) 성호 선생(星湖先生) 이익(李瀷)은 평안도 벽동군(碧潼郡)에서 태어났다.(星湖先生 生於碧潼郡)
[해제]
다산은 1783년 생원에 급제하고 고향에 갔다가 충주(忠州) 하담(荷潭)에 있는 선영에 참배하고 나서 진천(鎭川)으로 돌아 안산 선영(彦璧・時潤・道泰)에 성묘하고, 또 안산 섬촌(剡村)의 성호 이익(李瀷) 선생 옛집을 거쳐 능내로 돌아온다. 다산은 16세 때(1777년) 성호의 유고(遺稿)를 보고 사숙(私淑)하며 그 학문 세계에 감동하다가 이 때 그 옛집을 찾아본 것이다. 「성호화상찬(星湖畫像贊)」이 『다산산문선』(창작과 비평사)에 번역 수록되어 있다.

여름날 누산정사에서

1

하얀 판자 사립문이 산속이라 쓸쓸한데
비 내린 시냇가엔 푸른 풀이 살랑이네.
앉아서 한조각 석양빛을 보노라니
엷게 물든 푸른 이끼 옷깃에 비춘다.

2

맑은 대낮 누산정사 끝에 손님이 가득 차
따순 햇살 산들바람에 푸른 과녁에 활을 쏘네.
잔디 마당은 삼청동 활터에 뒤지지 않고
솔바람은 도리어 백호정(白虎亭)보다 낫구나.

3

시냇가에 비단 짜는 마을이 새로 열려
층층의 꽃동산에 온갖 꽃이 향기롭다.
차와 술 주거니받거니 별다른 일이 없어
당장에 솔평상 얽어 저녁 바람 쏘이네.

4

동산 속에 단장 끌고 한가롭게 거닐다가
석양 무렵에는 노송에 기대 섰네.
푸른 그늘 차츰차츰 누산정사 언덕 지나갈 때
붉은 노을 외로이 자각봉에 걸리는구나.

5

옹기마을 맛좋은 술 석 잔을 들이켜
달은 밝고 바람 맑아 취하지도 않는구나.
뚝배기에 담근 참외 차갑기가 옥 같은데
아내 몸소 하나를 갈라서 가지고 오네.

6

검은 구름 비를 쏟고 높은 성곽 지나가니
남산 골짝 폭포수 차츰 소리를 내네.
갑자기 책상 머리 책장이 일어나고
서늘한 바람 불어 평상이 맑아진다.

7

창가에서 석양까지 붓대 잡고 앉아서
글자의 뜻 들은 대로 애쓰며 적고 있다.
한가닥 벼슬길 생각 오히려 남아 있어
양형(楊泂)과 노조린(盧照隣)의 사륙문을 이따금 뒤적인다.

夏日樓山雜詩[1]

山裏蕭然白板扉, 小溪新雨草菲菲.
坐看一片斜陽色, 輕染蒼苔照客衣.

淸晝山樓客滿庭, 輕風煖日射帳靑.
莎場不讓三淸洞, 松籟還勝白虎亭.

溪上新開織錦坊, 層層花塢百花香.
茶來酒去渾無事, 徑造松棚納晚涼.

園裏逍遙曳短筇, 偏於落日倚長松.
蒼陰漸度樓山阪, 紅照孤懸紫閣峰.

甕村紅露倒三杯, 月白風淸醉不開。
磁椀沈瓜寒似玉, 細君親剝一條來。

烏雲拖雨過高城, 南谷飛泉漸有聲。
忽見案頭書葉起, 凉颸吹作一牀淸。

握管當窓到日曛, 蟲魚辛苦述前聞。
猶存一段名途想, 時閱楊盧四六文。<권2, 1783년>

* 원주 1) 이 때 나는 회현방(會賢坊) 재산루(在山樓) 밑으로 집을 옮기고 그 이름을 누산정사라 했다. 집은 북향이고 문은 서쪽으로 났는데 개울 동쪽에 위치했다.(時余徙宅于會賢坊之在山樓下 名之曰樓山精舍 舍蓋北向門西向 在澗水之東)
  [해제]
  1783년 다산은 북창동에서 남산 밑 회현방(會賢坊) 재산루(在山樓) 아래로 집을 옮기고 누산정사(樓山亭舍)란 당호를 붙였다. 이 해에 큰아들 학연을 낳았다. 다산으로선 경사가 쌍으로 온 셈이다. 일본 서지학자 전간공작(前間恭作:마에마 교오사꾸)의 장서 이름이 '재산루(在山樓)' 장서인데 그가 회현방에 살았던 점으로 보아 '누산정사' 위에 있던 '재산루'에서 딴 것이 아닌가 싶다.

손자병법을 읽고

1

인생이란 먼길 가는 나그네
평생을 갈랫길서 헤매는 신세.
육경(六經)[1]은 본디 즐겨 해야지만
구류(九流)[2]까지 두루 엿보고 싶었다.
강개한 마음으로 병서(兵書)를 읽어
만고토록 이름 한번 날리려 했네.
이 생각은 참으로 참람하여
책 덮고 길이 한번 탄식을 하네.
호방한 협객 가까이할 수 없거니
내 재주 이용당할까 두렵다오.
용렬한 사람도 가까이할 수 없거니
나를 스승삼을까 두렵다네.
초연히 외롭게 가노라면
그런 대로 먹은 마음 위로되겠지.

2

세상엔 항상 그대로 있는 게 없고
도덕 또한 언제나 높지만은 않다네.
조화는 미묘하고 더디기만 하니
누가 그 근원을 잘 살피리오.
신룡이 머리 들고 용솟음치면
못속의 잔 고기들 시름에 젖고

온갖 귀신 밤거리에 날뛰더라도
동해에선 아침 해 떠오른다네.
세상 이치 때로는 억울할 수도 있으니
모진 환난 만날까 두렵긴 하네.
편안한 마음으로 유교의 가르침 실천하면
이 즐거움 어찌 말로 다하랴.

讀孫武子

人生如遠客, 終歲在路歧。
六經本可樂, 九流思徧窺。
慷慨讀兵書, 萬古期一馳。
此意良已淫, 掩卷一長噫。
豪士不可近, 恐以我爲資。
庸人不可近, 恐以我爲師。
超然得孤邁, 庶慰我所思。

天地無常設, 道德無常尊。
運化微且徐, 誰能察其源。
神龍奮其首, 泇澤愁鰤鯤。
百鬼騁中馗, 溟渤生朝暾。
理然時有詘, 恐汝離蹇屯。
安心履名敎, 此樂何可言。 <권2, 1784년>

* 역주 1) 육경(六經) : 『역경(易經)』『서경(書經)』『시경(詩經)』『춘추(春秋)』『예기(禮記)』『악기(樂記)』 등 유가의 여섯 가지 경서이다.
  2) 구류(九流) : 전국시대의 아홉 가지 학술 유파로, 유가(儒家)·도가(道家)·음양가(陰陽家)·법가(法家)·명가(名家)·묵가(墨家)·종횡가(縱橫家)·잡가(雜家)·농가(農家) 등이다.

[해제]

다산은 1783년 생원시에 합격한 이후 한때 무과(武科)를 보려고 이 병서(兵書)를 공부한 듯도 싶다. 그러나 문과 공부를 계속하게 되고, 1785년에는 『대전통편(大典通編)』 1질을 정조 임금에게서 상으로 받아 법률 공부도 하게 된다. 이 공부와 곡산부사와 형조참의를 지낸 경험을 바탕으로 훗날 『흠흠신서(欽欽新書)』 30권을 편찬 저술한다.

정철조(鄭喆祚)의 용 그림

요즘 화가 용 그림은 귀신 모양으로 그려
제멋대로 머리에 뱀 꼬리 그렸다오.
용 본 사람 드문지라 그러려니 믿고는
구름 속에 들어간 듯 흐릿하게 현혹되네.
정공은 분발하여 실물처럼 그리고자
비늘 하나 눈 하나라도 살아 있듯 그렸다.
꿈틀거리며 천장으로 솟구칠까 걱정되고
떨쳐 일어나 사람을 떠받을까 두렵구나.
이 그림을 얻어 보기 주옥보다 어려운 건
남의 눈을 피하여 밀실에 숨어 그리기 때문.
내게 누설 말란 다짐 이를 어기고 드러내는 건
솜씨 작은 그림으로 장난치는 풍속 바로잡고자.

題鄭石癡畫龍小障子[1]

時師畫龍如畫鬼, 任作魁頭與蛇尾。
人稀見龍信其然, 茫洋眩惑雲氣靉。
鄭公發憤思逼眞, 一鱗一睛皆傳神。
夭蟜直愁仰衝屋, 奮發常疑橫觸人。
此畫難得如珠玉, 密室潛描避人目。
戒我勿洩我發之, 丹青小數耍矯俗。 <권2, 1784년>

* 원주 1) 이름은 철조이며 벼슬은 정언에 이르렀다.(名喆祚 官正言)

[해제]
다산은 그림에 시를 쓰거나 발문을 쓴 것이 많이 있다. 그 가운데 초

기에 쓴 것이 이 시다. 다산의 젊은 시절 그림을 감상하는 예술관이 드러난다. 정철조는 다산보다 32년이나 연장이다.

호박 넋두리

장마비 열흘에 길이 끊기고
서울에도 시골에도 밥짓는 연기 끊겼네.
태학에서 글 읽다가 집으로 돌아와 보니
대문에 들어서자 시끌시끌 야단났네.
들어보니 며칠 전에 끼니거리 떨어져
호박으로 죽을 쑤어 허기진 배 채웠다네.
어린 호박 다 땄으니 이젠 어찌할까
늦은 호박꽃 피었으나 열매 아직 안 맺었네.
항아리만큼 커다란 옆집 밭의 호박 보고
계집종이 남몰래 엿보고 훔쳐왔다네.
돌아와 충성하려다 도리어 야단을 맞으니
누가 네게 훔치랬냐 회초리 꾸중 호되구나.
어허 죄없는 아이에겐 이제 그만 화를 풀고
이 호박 나 먹을 테니 다시는 말하지 마소.
밭 주인에겐 떳떳이 사실대로 말하구려
오릉중자(於陵仲子) 작은 청렴 내 아니 달갑네.
나도 장차 때 만나면 청운에 오르겠지만
그리 못되면 금광이나 캐러 가야지.
만권 서적 읽었다고 아내까지 배부르랴
두 뙈기 밭만 있어도 계집종 깨끗했을걸.

南瓜歎

苦雨一旬徑路滅, 城中僻巷烟火絶。

我從太學歸視家, 入門譁然有饒舌。
聞說罌空已數日, 南瓜鬻取充哺歠。
早瓜摘盡當奈何, 晚花未落子未結。
鄰圃瓜肥大如瓨, 小婢潛窺行鼠竊。
歸來效忠反逢怒, 孰敎汝竊箠罵切。
嗚呼無罪且莫嗔, 我喫此瓜休再說。
爲我磊落告圃翁, 於陵小廉吾不屑。
會有長風吹羽翮, 不然去鑿生金穴。
破書萬卷妻何飽, 有田二頃婢乃潔。 <권2, 1784년>

[해제]
우리는 이 작품에서 가난한 태학생(太學生) 시절의 다산을 보는 듯하다. 가난한 주인을 위한 여종의 그 살뜰한 마음 씀과 홍부인의 부도(婦道)가 자연스레 드러나며, 잘못 저지른 죄를 뒷수습하는 다산의 인품이 그대로 진솔하게 드러나 있다.

봄날 담연재에서 읊다

1

굽이지고 깊숙한 뜰에 팥배꽃이 피었는데
맑은 창가 검은 탁자에서 물고기와 새 바라본다.
이상할사 엷은 구름 고르게 깔린 빛이
봄날 도성이 한나절 그늘져 있었네.

2

비 개인 높은 동산 막대 끌고 거니니
시내 저쪽에선 이따금 꽃 파는 소리 들린다.
돈도 있으니 솔술을 사서 마셔볼거나
봄바람에 꽃 또한 온 성 안에 널리었다.

3

엷은 연기 엷은 안개 숲 사이에 덮였으니
이는 온통 서희(徐熙)의 산속 그림이로다.
소동파(蘇東坡) 시 한 권을 다 보고 나니
석양이 뉘엿뉘엿 서산으로 넘어가네.

4

미나리 푸성귀로 안주거리 만들었고
새로 거른 맑은 술 술잔에 넘치누나.
곱게 만든 송편에 물고기 모양 떡살인데
정오 무렵마다 산가 아내 바쁘다네.

5

강세황(姜世晃)의 산속 정자 냇가에 서 있는데
그림 구하러 온 손님들 지짓거리 같구려.
난초 대 단숨에 그려 아는 분에게 주고
고요할 때 바야흐로 도원(桃源)을 그린다오.

6

금년 봄 내내 뜰 아래 내리지 않았는데
꽃을 보러 우연히 칠송정(七松亭)에 올랐다네.
솔숲에서 비를 만나 일찌감치 돌아와
초산(焦山)의 예학명(瘞鶴銘)[1]을 본떠 거듭 써본다.

7

평상 붙든 아이 외모가 비범해서
성을 묻자 능히 알아 또 나이를 물어본다.
푸르고 붉은 쌍륙 그놈에게 던져주고
군진 형용 배열함을 구경하고 있노라.

春日澹齋雜詩[1]

楊榿花開曲院深, 晴窓烏几注魚禽。
怪來一桁微雲色, 留作春城半日陰。

雨歇高園曳杖行, 隔溪時聽賣花聲。
有錢須買松醪飲, 花也春風自滿城。

澹烟輕靄冪林間, 全是徐熙畫裏山。
看了東坡詩一卷, 夕陽初下詔門關。

芹菜青調作乳黃, 新篘少麯湛盈觴。
松餌尖尖魚作餡, 山妻每到午時忙。

豹翁山閣接溪園, 求畫人來若市門。
蘭竹一揮酬熱客, 靜時方許寫桃源。

衣履全春不下庭, 看花偶上七松亭。
松間值雨歸來早, 重揚焦山瘞鶴銘。

扶牀穉子若鸞停, 問姓能知又問齡。
投與藍紅雙陸子, 看他排列作軍形。<권2, 1785년>

　　* 원주　1) 이 때 누산정사(樓山亭舍)에서 회현방(會賢坊)으로 옮겨 살았는데 장인 홍공(洪公)께서 그 집을 담연재(澹然齋)라 이름했다.(時自樓山 移住會賢坊 洪公名其齋曰澹然)
　　* 역주　1) 초산 예학명(焦山瘞鶴銘) : 초산은 중국 강소성 진강시(鎭江市)에 있는 산, 예학명은 중국 남조 때 양(梁)나라 도홍경(陶弘景)이 글을 짓고 상황산초(上皇山樵)가 글씨를 쓴 비각으로, 필법이 순수하여 서예의 진수로 평가되고 있다.
　　[해제]
　　1785년 다산이 회현방 남산 아래 살고, 다산의 장인 홍화보는 1784년 강계도호부사가 되어 떠났는데, 이 때 화가 표암(豹菴) 강세황(姜世晃)도 그 이웃에 살았던 듯싶다. 강세황이 그 때 누린 대중적인 인기를 알 수 있는 자료로도 매우 중요하다. 단란한 가정을 이룩하고 살던 이 무렵은 성균관에서 공부하느라고 시를 별로 짓지 않았다.

이벽(李蘗)의 죽음

신선 같은 학이 인간에 내려왔나
높고 우뚝한 풍채 절로 드러났네.
날개깃 새하얗기 눈과 같아서
닭이며 따오기들 꺼리고 성냈겠지.
울음소리 높은 하늘에 일렁였고
맑고 고와 속세를 벗어났노라.
가을 바람 타고 문득 날아가버리니
괜스리 바둥거리는 사람들 슬프게 한다.

友人李德操輓詞

仙鶴下人間, 軒然見風神。
羽翮皎如雪, 鷄鶩生嫌嗔
鳴聲動九霄, 嘹亮出風塵。
乘秋忽飛去, 怊悵空勞人。〈권2, 1785년〉

[해제]
이벽(李蘗)은 자가 덕조(德操)로서 다산 큰형 정약현(丁若鉉)의 처남이다. 다산에게 천주교 서적을 읽게 한 천주교 신자였는데, 그 아버지 이보만(李溥萬)이 아들의 천주교 신앙에 반대하여 목을 매어 죽자 배교하고 병들어 죽었다. 다산 시에 따르면, 1781년 4월 15일 같이 배를 타고 서울로 갔는데 이 때도 인상이 신선 같다고 했다. 다산은 만시를 지었을 뿐 아니라 다른 글에서도 계제가 닿을 때마다 그를 회상하고 있다.

가을날 고향 생각

우리 집 동녘에 있는 물과 구름 마을인데
가만히 생각하니 가을이면 즐거운 일 많았었지.
밤밭에 바람 불면 붉은 알밤 떨어지고
어촌에 달이 뜰 때 자줏빛 게맛 향긋했지.
마을길 잠시 걸어도 모두가 시(詩)의 소재
돈 들이지 않아도 주안상은 있다네.
객지 생활 여러 해에 돌아가지 못하니
고향 편지 볼 때마다 남몰래 마음 다치네.

秋日書懷

吾家東指水雲鄕, 細憶秋來樂事長。
風度栗園朱果落, 月臨漁港紫螯香。
乍行籬塢皆詩料, 不費銀錢有酒觴。
旅泊經年歸未得, 每逢書札暗魂傷。 〈권2, 1785년〉

[해제]
다산은 이 때 성균관 유생으로 성균관 시험과 문과 초시(初試)에 여러 차례 합격했으나 결국 급제하지 못하고 계속 과거 공부에 몰두하고 있을 때이다.

흥겨운 마음

1

전국 시대조차도 옛 제도에 가까워
어진 인재들 뽑았었다오.
말솜씨 뛰어난 선비를 정승으로 뽑았고
먼 지방 나그네도 윗자리에서 일했네.
과거 제도로 경쟁하는 일 열리자
속빈 글솜씨만 갈수록 시끄럽도다.
한 글자로 영욕이 결판나자
한평생이 하늘과 땅 차이로 갈리었네.
의기 높은 선비는 머리 굽히기 부끄러워
산야에 버려짐을 달게 여겼네.

2

세상살이는 술타령과 같거니
애초에 마실 때는 한두 잔이지.
마시고 나면 문득 쉽게 취하고
취한 뒤엔 본디 마음 혼미해져라.
몽롱한 정신으로 100잔을 기울이고
씨근거리며 언제나 마시고 또 마셔.
저 넓은 산림에는 살 곳이 많아
슬기로운 자 일찍이 찾아가노라.
생각만 간절할 뿐 가지 못하고
헛되이 남산 기슭 지키고 있네.

感興二首[1]

戰國猶近古, 選士唯其賢。
游談取卿相, 客旅多居前。
鴻都啓爭門, 詞藻日紛然。
榮悴判一字, 畢世分天淵。
伉厲恥屈首, 山澤甘棄捐。

涉世如飮酒, 始飮宜細斟。
旣飮便易醉, 旣醉迷素心。
沈冥倒百壺, 豕息常淫淫。
山林多曠居, 智者能早尋。
長懷不能邁, 空守南山陰。 <권2, 1786년>

* 원주 1) 이 때 문과 초시에는 합격했으나 급제하지 못했다.(時下第)
[해제]
　이 시를 지을 때(1786) 다산은 회현동 담연재(澹然齋)에서 과거 공부를 하면서 지내고 있다가 급제하지 못하고 봄에 고향에 돌아갔다가 초여름에는 아내를 데리고 다시 고향으로 돌아간다. 이 해에 둘째아들 학유(學游)가 태어난다.

광희문(光熙門)

도성의 모든 하수 모여 빠져나가는
조그만 바위 구멍이 광희문이네.
살결과 혈맥 같은 개천들이
밤낮으로 이곳으로 빠져나가네.
똥오줌이 바다로 흘러들어가니
똥오줌 실은 우마차 꼬리를 잇네.
애초에는 본디가 평지로 둘러싸였으나
어찌하여 주름지게 패이고 작은 언덕이 졌나.
겹쌓여 옴딱지처럼 피어나오고
덩이덩이 무덤이 벌려 있구나.
시체도 더러 나무에 걸려 있어
고약한 비린내가 물씬 풍기네.
그대들이여 어디 한번 물어보세
모두 다 살아 생전 이룬 게 뭔가?
주막에 가 코가 삐뚤어지도록 함께 마시며
길에서 주먹 쥐고 싸움질했지.
기생이며 첩에게 정을 쏟느라
상자 속의 비단을 바닥냈겠지.
달밤에는 고기 음식 배불리 먹고
대낮에는 제기차기 쌍륙놀이 했겠지.
이로써 서로들 뽐내다가
허둥지둥 서둘러 쓰러졌다네.
칠귀(七鬼)[1]로써 단전(丹田)을 지켜야 하니

납가새와 가시뿌리 누가 능히 뽑을까.
세월은 전광석화 갑자기 한순간이라
오래 산들 장수라 할 수 있겠나.
밤이 지나 새벽종 울려퍼져도
청사 초롱 촛불만 가물거리네.
어느새 틀림없이 종말이 되리니
다시는 영광과 근심걱정 물을 수 없네.

東城吟

國城有尾閭, 光熙小石竇。
溝瀆如胰絡, 日夜此中漏。
玉粒輸海航, 糞馬連尾走。
天作本園衍, 培塿胡圽縐。
壘壘發癬疥, 顆顆列釘皯。
或挂在樹間, 陣陣鮑魚嗅。
借問諸君子, 共有底成就。
彎鼻入肆飮, 血拳當街鬪。
房膩譪牽憐, 籯錦艱成富。
骰羞飫良宵, 簾鞠消淸晝。
以玆胥夸矜, 汲汲有顚仆。
七鬼守丹田, 茨棘疇能耨。
石火倏一閃, 高齡未爲壽。
漏盡曙鐘鳴, 紗燭靑熒纔。
於焉隱稅駕, 不復問榮疢。 <권3, 1787년>

* 역주 1) 칠귀(七鬼) : 미상. 칠백(七魄)을 일컫는 듯하다. 칠백은 도가에서 말하는 일곱 가지 탁귀(濁鬼)로 곧 시구(尸狗)·복시(伏矢)·작음(雀陰)·탄적(呑賊)·비독(非毒)·제예(除穢)·취폐(臭肺)이다.

[해제]

인간이 배설한 똥오줌이 흘러나가고, 또 죽어서도 시체가 나가 묻히는 광희문 밖 공동묘지의 풍경을 읊은 노래로, 이 때(1787) 다산은 문과에 급제하지는 못했으나 정조 임금이 알아 주어 『팔자백선(八子百選)』과 『국조보감(國朝寶鑑)』『병학통(兵學通)』을 하사받고, 문암(門巖)에다 농장을 샀다. 이 문암은 벽계(檗溪)의 남쪽에 있고 벽계는 미원(薇源)의 남쪽에 있다. 가을에는 추수하러 갔다가 초겨울에 돌아온다. 이 때 지은 시가 몇편 있다.

제 2 부
굶주린 백성

28세(1789)부터 34세(1795)까지 : 권3~권5

새재를 넘으며
안동 영호루
단양(丹陽)에서
신광하(申光河)의 집이 무너졌다네
임금께서 마상재를 구경하다
중형 정약전의 문과 급제
황산대첩비를 읽다
추풍령을 넘다
네가 생각나누나
심환지와 안정현에게 보이다
한강의 배다리
윤지범(尹持範)을 기다려도 오지 않기에
헌납 한치응(韓致應)에게
백운대에 올라
성호 이익의 넓은 학문

적성촌(積城村)에서
대장장이 노래
굶주린 백성
왕길(王吉)의 까마귀 쫓은 노래
진양절도사 이격(李格)을 전송하다
윤지범(尹持範)에게 보내다
전원을 그리워하며
강변에 살어리랏다
북악산에 올라
그림 배우는 대릉의 세 늙은이
장마비
취해 볼거나
화폭에 쓰다
시로 쓴 역사 인물론

제 2 부 해 설

제2부 '굶주린 백성'에는 다산이 28세(1789)부터 34세(1795)까지 7년 동안 읊은 시 29편 79수를 골랐다. 이 동안에 다산은 28세가 되는 정조 13년 1월에 전시문과(殿試文科)에 수석으로 급제하여 7품인 희릉직장(禧陵直長)에 임명되고, 또 각과문신(閣課文臣)이 되어 울산부사(蔚山府使)로 있는 아버지에게 근친을 다녀온다. 이 때 왕복길에 지은 시가「새재를 넘으며」「안동 영호루」,「단양(丹陽)에서」 등이다. 울산에 다녀와서는 관료로서 두각을 나타내는 배다리(舟橋)에 대한 규제(規制)를 만든다. 29세(1790)에는 예문관 검열로 벼슬살이의 첫 시련인 해미현(海美縣)으로 귀양을 갔다가 12일 만에 풀려 돌아와 정언과 지평에 임명되며, 그 둘째형 정약전도 문과에 급제하여 축하시를 바치고「신광하(申光河)의 집이 무너졌다네」란 시를 지어 채제공(蔡濟恭)에게 크게 인정을 받았다.

30세(1791)에는 아버지가 진주목사로 승진하여 근친하러 다시 진주에 다녀온다. 이 왕복길에 쓴 시가「황산대첩비를 읽다」,「추풍령을 넘다」이다. 그리고 29세 때 설계한 배다리가 한강에 놓여 정조 임금이 이를 건너 사도세자의 능에 행차하기도 했다. 31세(1792)에는 홍문관 수찬에 임명되었으나 진주목사인 아버지가 돌아가자 또 진주로 가서 충주(忠州) 하담(荷潭)으로 반장(返葬)했다. 상중임에도 임금의 명령으로 수원성(水原城)의 성곽제도를 지어 바쳐 이에 따라 근대적인 과학기술로 수원성이 축조되었다. 이 때 연구해 지어낸 글이「성설(城說)」「기중도설(起重圖說)」 등이다. 1892~1893년에는 상중이라 시작을 하지 않은 듯하다.

33세(1794)에는 6월에 3년상을 마치고 7월에 성균관 직강, 10월에 홍문관 교리와 수찬이 되었다가 10월 29일 경기도 암행어사가 되어 11월 15일 복명했다. 암행어사로 산골 농가 현실을 목격하고 지은 시가 저「적성촌(積城村)에서」인데, 이는 다산 사회시의 출발점을 이룬 시다. 34세(1795)에는 사간원 정언과 승정원 동부승지·좌부승지를 지냈다. 이 무렵 사회시의 대표적인「굶주린 백성」과 관각문학(館閣文學)의 찬란한 장시「왕길(王吉)의 까마귀 쏜 노래」를 짓고,「시로 쓴 역사 인물론」 등 다산 시의 주옥편들이 나온다.

이 시기는 다산의 시재(詩才)가 꽃피운 시기라 할 수 있다. 핍박받는 백성의 참상을 그려낸 그의 시에서 그의 참다운 문학 정신을 살펴볼 수 있다.

새재를 넘으며

주흘산(主屹山)[1]은 나라의 튼튼한 요새라서
신라가 차지하자 세력이 커졌지.
반공에 솟은 바위 빛이 푸르고
높디높은 나무는 단풍이 한창이네.
달물(澾水)[2]과 무교(蕪橋)의 북쪽이요
오산(烏山)[3]과 약목현(若木縣)[4] 동쪽이로다.
어찌하여 이 천험의 요새 버리고
배수진(背水陣) 치고 요행을 바랐는가.

踰鳥嶺

主屹關防固, 斯羅割據雄。
半天猶石翠, 高樹已霜紅。
澾水蕪橋北, 烏山若木東。
如何棄天險, 徼幸古人功。 <권3, 1789년>

* 역주 1) 주흘산(主屹山) : 경상북도 문경(聞慶)의 북쪽에 있으며 문경의 진산이다. 문경현 서쪽 27리에 있으며 여기에 새재(鳥嶺)가 있다.
2) 달물(澾水) : 충주 달내강 상류를 일컫는 듯하다.
3) 오산(烏山) : 미상. 선산(善山)의 금오산(金烏山)을 가리키는 듯하다.
4) 약목현(若木縣) : 경상도 인동(仁同)의 옛 현명이다.
[해제]
다산은 정조 13년(1789) 1월 26일 성균시에서 수석으로 합격하고 곧 전시문과에 수석으로 급제하여 봄에 초계문신(抄啓文臣)으로 뽑혔다. 이해 8월에 각과문신(閣課文臣)이 되어 울산부사(蔚山府使)로 있는 아버지를 찾아뵈려고 이 새재를 넘으면서 이 시를 지었다. 다산은 이런 험준한

고개를 넘으면서도 늘 국가 방어책을 생각하고 있다. 여기서도 임진왜란 때 신립(申砬) 장군이 이런 요새를 두고 탄금대(彈琴臺)에서 배수진을 치고 왜적과 싸우다 패망한 사실을 아쉬워하고 있다.

안동 영호루

태백산 꼭대기에 맑은 기운 서렸더니
이 누대 앞에까지 달려와서 펼쳐졌네.
바닷물과 산맥이 삼천리를 에워싼 곳
흥성한 예악 문물 400년을 이어왔네.
푸른 물 맑은 모래 요란하게 빛나고
드높은 성 거대한 집 빽빽하게 이어졌다.
하회 마을 유성룡의 옛집은 알 만도 한데
쓸쓸하게 세월 변하여 슬퍼만지네.

登安東暎湖樓[1]

淑氣亭留太白顚, 飛騰布寫此樓前。
周遭海嶽三千里, 洋溢絃歌四百年。
綠水明沙紛照耀, 層城大屋鬱連綿。
河回故宅知何處, 異代蕭條一悵然。 <권3, 1789년>

* 원주 1) 울산에서 돌아오는 길에 의흥·의성을 지나서 안동에 왔다.(路由義興義城)

[해제]
다산은 울산부사로 있던 아버지를 찾아뵙고, 곧 문과에 급제하여 근친한 것이다. 돌아오는 길에 안동 영호루(暎湖樓)에 올라 이 시를 읊었다. 이 영호루는 안동부 남쪽 5리에 있으며, 고려 공민왕이 이 누정에 노닐었다. 여기서 유성룡(柳成龍)이 살았던 하회 마을은 먼 거리가 아닌데 가보지 못하는 아쉬움을 나타냈다.

단양(丹陽)에서

1. 사인암(舍人巖)

옥을 깎은 붉은 기둥 만길 높이 솟았고
푸른 물 깊숙이 바위가 거꾸로 꽂히었다.
오참판(吳參判)이 학을 탔던 소나무 아직 남았고
유정승(柳政丞)이 거문고 타던 바위 잠기지 않았네.

2. 운암(雲巖)

봉우리에 싸인 굽잇길에 일만 솔 푸르른데
꺾여 흐르는 시냇물 가다가 다시 머무른다.
매끄럽고 꼿꼿한 필치 마모되지 않았는데
나무꾼들 너나없이 수운정(水雲亭)을 가리킨다.

3. 삼선암(三仙巖)

세 겹의 기묘한 봉우리 반공에 꽂혔는데
옛날에는 고관의 깃발과 일산이 훨훨 날았으렷다.
신선 한번 떠난 뒤 소식이 없는데
푸른 절벽 붉은 벼랑 저문 연기뿐이다.

4. 구담(龜潭)

신녀가 갈아 놓은 비단돌이 많고
백옥루에서 던지고 놀던 북이 날아온 것 같구나.
새벽녘에 신령스런 거북이가 하늘 정기 마실 적에
한가닥 붉은 빛이 푸른 물결에 비친다네.

5. 도담(島潭)

봉래도가 날아와 푸른 못에 떨어진 곳
돌문을 뚫고 낚싯배는 더디게 가는구나.
어느 누가 솔방울 하나 가져다 심어서
물 위의 나뭇가지로 바람소리 보태려나.

丹陽絶句 五首

玉削霞標萬仞森, 雲根倒揷綠波深。
侍郞騎鶴松猶在, 丞相彈琴石不沈。[1·2]

峯回路轉萬松靑, 屈折溪流往復停。
鐵索銀鉤磨不得, 樵蘇皆指水雲亭。[3]

三疊奇峯揷半天, 雲旗雨蓋昔翩翩。
仙人一去無消息, 翠壁丹崖只暮烟。

玄女磨礱錦石多, 玉樓投弄似飛梭。
靈龜曉吸流霞氣, 一道紅光照碧波。

蓬島飛來落翠池, 石門穿出釣船遲。
誰將一顆雲松子, 添得颼飀到水枝。 <권3, 1789년>

* 원주 1) 승지 오대익(吳大益)이 옥순봉 꼭대기에서 목학(木鶴)을 타고 내려왔다.(吳承旨大益 於峰頭騎木鶴下)
2) 승상(丞相) : 서애(西厓) 유성룡(柳成龍)이다.(西厓柳丞相)
3) 수운정(水雲亭) : '수운정' 3자는 곧 서애 유성룡의 친필이다.(水雲亭三字 則西厓手筆)

[해제]
오늘날의 이른바 단양팔경(丹陽八景)을 읊은 시로, 사인암(舍人巖)은

옥순봉(玉筍峰)을 일컫는 듯하고, 운암(雲巖)은 운선구곡(雲仙九曲)을 일컫는 듯하고, 삼선암(三仙巖)은 상선암·중선암·하선암을 일컫고, 구담(龜潭)은 구담봉을 일컫고, 도담(島潭)은 도담삼봉을 일컫는다. 다산은 울산에서 아버지에게 근친을 하고 돌아오는 길에 죽령(竹嶺)을 넘어 단양에 이르러 승지 오대익(吳大益)과 단양 팔경을 유람하고 청풍(淸風)으로 돌아 상경한다.

신광하(申光河)의 집이 무너졌다네

서울에 허물어진 집 모두 몇채나 되나
선생의 집 허물어진 건 축하할 만도 해.
선생은 주린 듯 목마른 듯 시짓기를 좋아해
가난과 궁함도 모두가 시 소재였네.
시상이 더러 막힐 땐 광기가 나서
온 사방의 산천을 헤매었다네.
지난 해엔 묘향산에서 돌아와서는
쓸쓸한 오두막에 곤궁하게 살았었다오.
우주를 둘러보며 한번 껄껄 웃어대니
불우함을 시름한다 시쳇사람 착각했네.
양웅(揚雄)과 한유(韓愈)의 가난 속의 시와 문장
예로부터 문장가란 춥고 굶주렸다오.
정건(鄭虔)은 북두칠성 비치는 구멍도 막지 못하고
두어 간의 집에서 의젓하게 살았다오.
저녁엔 들어와 쉬고 아침이면 나가 놀며
집안의 잡다한 일 모두 내버려두었지.
터진 담도 수리하지 않고 서까래는 들쭉날쭉
굶주려 곤히 잠든 종 그 누가 다그치랴.
방안의 거문고 서책 갑자기 비에 젖어
낙숫물과 고인 물에 소리 울려 퍼지더라.
일만 섬의 은하수 곧바로 내리쏟더니
밤새도록 위세를 떨치다가 갑자기 뚝 끊겼네.
처음에는 이 빠지듯 주춧돌이 밀리더니

아뿔싸 기둥 부러져 기우뚱 쓰러졌네.
언제 전에 해마다 이엉으로 지붕 이은 적 있나
날마다 장시 짓는 일엔 게으르지 않았다네.
요강이며 세숫대로 새는 빗물 받다보니
가래침 뱉을 그릇도 남는 게 없어라.
떨어지는 온갖 빗소리 들을 만하고
큰 구슬 작은 구슬 옥밭에 뿌려지네.
거문고 젓대 아니어도 음률에 들어맞아
기묘한 흥취 세속 사람에겐 알리기 어렵도다.
함께 앉은 늙은 아내 억지로 웃음 짓고
쌀독 비었으니 절구질 키질하라 귀찮게 재촉 않네.
처마물에 씻은 그릇 어찌나 깨끗한지
작은 텃밭 어린 아욱 손가는 대로 베어다가
서문 장터 파는 나무 귀하기가 계수나무라
문빗장을 부러뜨려 마른 풀로 불을 지펴
즐겁게 한번 배불리고 누워서 하늘 보니
온갖 별들이 맷돌 위의 개미처럼 돌아가네.
붉고 푸른 이끼를 좌우로 둘러보며
물로 둘러싸인 중간에서 누웠다네.
벽돌로 된 가리개로 붉은 비단 찾을쏘냐
지지고 구운 고기로 쌀 바꾸길 원치 않네.
우화(虞龢)가 이불 펴서 책을 덮은 건 비록 기쁘게 받들 만하나
사마상여(司馬相如)의 텅 빈 방안 본래 무슨 죄인가.
고루할사 용문의 태사 지낸 사마천(司馬遷)은
무슨 괴로움으로 붓을 적셔 화식전(貨殖傳)을 지었는가.
대부 깃발 털장막은 참으로 얻기 어렵고
안일하면 정교한 구상 게을러질까 두렵네.

도를 넉넉히 씹어 삼키면 모든 혈맥 되살아나니
흙바닥에 살아가도 미친 병에 걸릴 걱정 없구나.
올곧은 큰 선비 진가를 발휘하여
읊조리는 그대로 갈고 새긴 흔적 없다네.

破屋歎 爲白澤申佐郞作

城中破屋凡幾箇, 先生破屋而可賀。
先生嗜詩如饑渴, 家貧道窮皆詩佐。
詩或鬱轖欲發狂, 雲山處處天荒破。
去年身自妙香歸, 茅棟蕭然自困坷。
俯昂宇宙一大笑, 時人錯料愁轗軻。
揚雄逐貧愈送窮, 自古文章有寒餓。
廣文七星竅未塞, 有屋數間寄阿那。
暮入而息朝出游, 室中百務皆延拕。
垣缺不補椽如牙, 飢僕長眠誰督過。
忽驚屋裏琴書濕, 簷溜葉滴鳴相和。
直瀉銀河萬斛水, 終夜震淩勢頓挫。
初來潰礎觖如齬, 不虞折柱屈如夎。
何曾束茨年年覆, 無賴長篇日日課。
溲杯盥桮勤承漏, 更無餘物供咳唾。
嘈嘈晰晰聲可聽, 大珠小珠瑤田播。
非絲非竹似中律, 妙趣難從熱客譸。
老妻倂坐强解顔, 罌空不煩催春簸。
盆溜滌器何淨潔, 小圃新葵隨手刴。
白門市上薪如桂, 剡移折爨兼枯莝。
歡然一飽臥看天, 二十八宿旋蟻磨。
紫蘚蒼苔左右看, 三江七澤中間臥。
休將甌甋問紫絲, 不願胜瞭換黃稞。

虞龢舒被雖自欣, 相如壁立原何坐。
陋哉龍門太史遷, 何苦濡毫傳殖貨。
曲旃紋罽誠難得, 却恐安佚匠心惰。
道腴咀嚼蘇六脈, 不愁土處成癲癉。
渢渢大雅發眞機, 一唱天然去彫磋。[1] <권3, 1790년>

* 원주 1) 번암 채제공(蔡濟恭)이 이 시를 평론하기를 "내가 듣건대 백택의 부서진 집은 한푼어치도 안 된다고 했는데, 웬일로 이와 같이 수많은 구슬을 얻었는가. 백택은 장사를 잘했다고 할 만하다."라고 했다.(樊巖評曰 吾聞白澤破屋不直一錢 緣何博得此許多琅琳 白澤可謂善賈)
[해제]
다산은 1790년 내각학사로 봉직하다가 탄핵을 받아 3월 8일 해미현(海美縣)에 유배시키라는 명령을 받고 10일에 서울을 떠나 동작나루를 건너 13일에 배소에 이르고 19일에 사면되었다. 돌아오는 길에 온양 행궁에 사도세자가 심었던 괴(槐)나무 보호 축대가 황폐해진 것을 고치고 왔으며, 6월 18일에는 아버지의 회갑을 맞았다. 이 무렵 장마에 좌랑(佐郞) 신광하의 오두막집이 무너졌다는 소식을 듣고 이를 풍자하는 시를 지었다. 다산은 신광하가 죽었을 때 만사를 짓기도 했다. 신광하는 석북(石北) 신광수(申光洙)의 아우로 형제가 뛰어난 시인이었다. 임형택(林熒澤) 교수의 『이조시대 서사시』에 신광하의 서사시「모녀편(毛女篇)」등 5편이 실려 있다.

임금께서 마상재를 구경하다

드센 말 갈기 드날리고 폭풍을 무릅쓰고 내닫는 건
가을 새매 차가운 하늘 날아가는 기세 같다.
길가에서 말 지나길 기다리던 한 병사가
번개같이 가로채어 덥석 뛰어오르네.
두 팔을 활짝 펴고 말등 위에 우뚝 서니
신선이 황학루(黃鶴樓) 까마득 높은 난간에 기대 선 듯하고
갑자기 몸을 뒤집어 말 허리에 내려 숨은 건
청둥 물오리가 출렁이는 물결 따라 유궁으로 잠겨버린 듯하고,
갑자기 일어나 안장 위에 등을 대고 활개 펴는 건
취객에게 차여 넘어진 바둑판 다리가 허공 향해 뻗은 듯하고,
갑자기 허리를 펴고 팔을 들어 젓는 건
바람에 펄럭이는 깃발이 비스듬히 숲 사이로 지나가는 듯하고,
갑자기 쓰러져 죽은 체하니 비장(飛將) 이광(李廣)과 같고
갑자기 뛰어올라 세차게 치는 건 원공(猿公) 같다.
척계광(戚繼光)이 만들어낸 십팔반 무예[1)]
이 무예가 우리 나라 들어왔다 흔히들 말하나
기마전을 잘하는 건 말을 잘 다루기에 있으니
말과 한몸 되어야만 유능한 기수이지.
세상에는 사물 익히면 못 이룰 것이 없으니
장대놀이 줄타기 모두 잘들 한다오.
그러나 전투에선 기묘한 무기가 있어야지
맨몸으로 부딪쳐선 그 재주 궁지에 쉽게 몰린다.
아무쪼록 갑옷 입고 긴 창을 사용해야

그래야만 너희들 재주가 정말로 큰 것이지.

大駕至鍊戎臺閱武 觀馬上才有述

悍馬奮鬣凌長風, 勢如秋隼流寒空.
路旁側睨候馬過, 橫飛躍上奔籔同.
張臂直立肩峰上, 譬如仙人羽客飄飆迥倚黃鶴飛樓中.
忽翻身藏骻骼裏, 譬如綠鳧花鴨隨波容滀芍沒沈幽宮.
忽起挿嘴鞍韀脊, 疑是醉客蹴倒棋盤脚向穹.
忽展腰肢翼偏擧, 疑是風旗獵獵偃過林木叢.
忽僵佯死如飛將, 忽躍奮搏如猿公.
戚家武藝十八技, 世稱此技輸我東.
騎戰之能在善馭, 與馬爲一斯良工.
世間無物習不就, 竿盆蹋索皆成功.
邇來格鬪仗奇器, 赤身衝突技易窮.
須穿冷端使長戟, 然後汝曹才果雄. <권3, 1790년>

* 역주 1) 십팔반 무예 : 조선 왕조 때 중국에서 우리 나라에 전수된 무예 18기(技)로, 장창·당파·낭선·쌍수도·등패·곤봉·죽장창·기창·예도·왜검·교전·월도·협도·쌍검·제독검·본국검·권법·편곤 등의 무예 기능을 말한다.

[해제]

정조(正祖) 14년(1790) 9월 19일 임금이 북한산성(北漢山城)에 거둥하여 군사를 사열했다. 이 때 마상재(馬上才)도 베풀어졌는데, 마상재는 말을 타고 달리면서 하는 기예이다. 정조는 『무예도보통지(武藝圖譜通志)』를 편찬하고 이를 언해하여 간행하고, 이에 따라 군사를 훈련시키도록 했다.

중형 정약전의 문과 급제

남궁에서 대책으로 급제해 이름 멀리 퍼지고
부친 뵈러 울산으로 가니 세상이 모두 영광이라네.
여론은 재상감으로 크게 천거했는데
머나먼 오래된 고을에 나그네로 계시네.
한 점 붉은 말로 가을 풀길 헤쳐 가면
꽃 같은 기생 쌍으로 부축해 단청 누대에 오르려니.
나라의 직책 오늘에는 사헌부를 기대하면서
동문에서 서글프게 홀로 정을 보냅니다.

仲氏登第赴蔚山 奉贈一詩

南宮射策遠馳名, 東郡趨庭世共榮。
物論盛推公輔器, 客游遙歷故都城。
棗騮一點衝寒草, 花妓雙扶上畫楹。
衰職如今須柏府, 靑門怊悵獨馳情。 <권3, 1790년>

[해제]
중형 정약전은 다산과 같은 해 다산보다 5개월 뒤인 9월에 생원시에 합격하고, 또 다산보다 1년 뒤인 1790년 별시문과에 대책으로 급제했다. 이 시는 중형이 급제하여 울산부사로 있는 아버지께 근친하러 갈 때 축시로 써서 바친 시이다.

황산대첩비를 읽다

시냇가 팥배나무 가지에 말을 매고
단장 짚고 올라가 황산대첩비 읽어 본다.
삼엄하고 굳센 필치에 호랑이가 엎드리고
번쩍번쩍 현란한 빛 도깨비가 달아나겠네.
빛나는 신기한 위력 엄숙하기 어제와도 같은데
그 당시에 몸소 만난 자들이야 어쨌으랴.
버마재비도 존경할 만 개구리도 대견하듯
아기발도(阿只拔都) 그 또한 기특한 남아로다.
사람 나이 열다섯은 왜소하여 약할 테고
풀피리나 불어대고 죽마 탈 나이인데
감히 규염객(虯髥客) 자부하고 힐리(頡利)가 되어서
만리 바다 건너 대장기를 휘둘렀네.
붉은 활로 100보에서 항아리 끈 떨구었고
나무 등지고 화살 쏘며 국가 안위를 다투었네.
요망한 장수 떨어지자 뭇 군사도 넘어져
시냇돌에 천년토록 검붉은 피 배어 있다.
정공(鄭公)은 무모했고 화상(和尙)은 경솔 오만했으니
하늘 뜻 사람 마음 마땅히 누구에게 돌아갈까.
이 행동으로 밤중에 골짝 배 이미 자리 옮겼으니
위화도(威化島) 회군할 때 기다릴 것 없었어라.

讀荒山大捷碑

溪邊繫馬杜棠枝, 杖策上讀荒山碑。

鐵畫巉巖伏虎豹, 璘霴煜霅遁魑魎。
赫赫神威凜如昨, 何況當年身值之。
螳螂可敬蛙可式, 阿只拔都奇男兒。
人年十五眇小耳, 葱笛堪吹竹堪騎。
敢與虮髥作頡利, 越海萬里專旌麾。
彤弓百步落罌葺, 負樹發箭爭安危。[1)]
妖星旣隕衆彗倒, 澗石千年殷血滋。
鄭公無謀和尙媒, 天意人心當屬誰。
此擧夜壓舟已徙, 不待威化回軍時。 <권4, 1791년>

* 원주 1) 단궁(彤弓) : 조선 태조는 늘 붉은 활(彤弓)을 지니고 있었는데, 일찍이 퉁두란(佟豆蘭:李之蘭)과 활쏘기를 겨룰 때 항아리 끈을 쏘아 떨어뜨렸다 한다.(太祖常御彤弓 嘗與佟豆蘭較藝射落罌葺)

[해제]

1791년 다산의 아버지 정재원(丁載遠)이 진주목사(晉州牧使)로 승진하여 근친하러 가던 길에 남원을 지나 운봉(雲峰)에 이르러 이 황산대첩비를 읽고 쓴 역사시이다. 이 비는 태조 이성계(李成桂)가 고려 우왕 6년(1380) 남원에 쳐들어 온 왜구를 황산 골짜기에서 쳐서 왜장 아기발도(阿只拔都)를 죽이고 승리하여 그 공적을 기록한 비이다. 다산은 시를 지었을 뿐만 아니라 발문도 썼다. 이 발문은 『다산문학선집』에 수록되어 있다.

추풍령을 넘다

태백산·소백산이 날아오를 듯 산맥 형세 힘있고
신령스런 용의 머리 여기서 땅속에 감췄네.
북쪽으로 통한 시내 황간(黃澗)으로 달려가고
서쪽으로 뻗은 산은 적상산(赤裳山)을 에워쌌네.
봉마다 우뚝우뚝 참호와 보루를 높이 쌓아 더했건만
이 재가 평탄한 육지의 요새인 걸 어느 누가 알리오.
청주 고을 큰 들판 천리에 트였으니
추풍령 빼앗기면 멱살을 잡히리라.

踰秋風嶺

二白飛騰育勢强, 神龍於此地中藏。
溪通北地趨黃澗, 山出西枝繞赤裳。
每向高峰增塹壘, 誰知平陸是關防。
淸州大野開千里, 一據秋風便搤吭。〈권4, 1791년〉

[해제]

다산은 큰 고개를 넘을 때마다 이를 둘러 살펴보고 늘 외적의 방비책을 생각해 보고 이를 시로 남겼다. 곧 새재·죽령·팔량령(八良嶺) 등을 넘을 때 남긴 시가 다 이런 따위다. 다산의 나라를 걱정하는 마음인 것이다.

네가 생각나누나

네가 나 떠나보낼 때를 생각해 보니
옷자락 부여잡고 놓지 않았지.
돌아오자 네 얼굴에 기쁜 빛 없고
원망하는 생각을 품은 듯했다.
마마로 죽는 것이야 어찌하랴만
종기로 죽었으니 어찌 억울하지 않으랴.
악성 종기 낫는덴 웅황이 이롭지만
나쁜 균이 어찌하여 자랐겠는가.
인삼 녹용 이제 막 먹일 판인데
냉약이 어찌 그리도 황당한지.
지난번에 네가 고통 겪을 때
나는 한창 즐겁게 놀고 있었지.
푸른 물결 속에서 장구를 치고
붉은 누각 위에서 기생 끼고 놀았느니.
주색에 빠지면 재앙을 받게 마련
어찌 능히 징계를 모면하리요.
내 너를 소내 마을로 떠나보내서
서쪽 언덕 기슭에다 묻어주리라.
내 장차 그 속에서 늙어가면서
너에게 의지할 곳 있게 하련다.

憶汝行[1)]

憶汝送我時, 牽衣不相放.

及歸無歡顔, 似有怨慕想。
死痘不奈何, 死癰豈不枉。
雄黃利去惡, 陰蝕何由長。
方將灌蔘茸, 冷藥一何妄。
曩汝苦痛楚, 我方愉佚宕。
搥鼓綠波中, 攜妓紅樓上。
志荒宜受殃, 惡能免懲刱。
送汝苕川去, 且就西丘葬。
吾將老此中, 使汝有依仰。 <권4, 1791년>

* 원주 1) 어린 아들 구장(懼牂)의 죽음을 슬퍼하여 지었다. 4월 초에 종기를 앓다 죽었는데 기유년(1789) 12월생이다.(哭幼子懼牂而作也 四月初以痛癰折 己酉十二月生)

[해제]
다산은 두번째로 자식을 잃은 슬픔을 겪었다. 이 무렵 다산 집안에는 경사가 연달아 일어났을 때이다. 곧 중형이 문과에 급제하고 아버지가 진주목사로 승진했던 것이다. 다산도 정조 임금에게 크게 아낌을 받고 있었을 때이다. 이런 때 자식을 잃는 슬픔을 겪어 자신을 뒤돌아볼 계기가 되었다.

심환지와 안정현에게 보이다

인재를 뽑으려면 지극한 총명이요
공정한 마음가짐이 가장 큰 요체입니다.
총명하고 어리석음은 정해진 분수로되
공정함과 사사로움 내 마음에 달려 있지.
시험장에 가득찬 훌륭한 유생들
기대하는 마음 한량 있으리요.
털끝만큼이라도 가려짐이 있다면
유능한 인재가 떠돌아다니게 되지요.
영화와 욕됨이 내 손에서 판가름나고
옳다 그르다로 본디 능력 속이게 돼.
몰래 조물주의 권한을 농락하다간
신이 형벌 내리니 사악함 뉘우치지 않으리요.
이렇다면 차마 함부로 못하리니
이게 어찌 사소한 충성심이랴.

試院奉示沈煥之安廷玹二丈[1]

鑑物要至明, 秉心要至公。
明昏有定分, 公私由我衷。
品冠滿中庭, 想望寧有窮。
毫芒有所蔽, 蘭茞成飛蓬。
榮悴判吾手, 美惡欺天工。
竊弄造化枋, 冥譴賊怙終。
懷茲不敢慢, 豈但區區忠。〈권4, 1791년〉

* 원주 1) 이 때 시관들이 함께 문을 잠그고 10일 동안 연금되어 있었다.(時共鎖院十日)

[해제]

과시(科試)를 치르느라고 주시관들을 보좌해 같이 시원(試院)에 연금되어 있을 때 시험의 공정성에 대해 생각해 본 시이다. 이 때 심환지(沈煥之)가 주시관이었던 듯하다. 이 시를 본 시관들의 심경이 어땠을까를 음미해 보며 다산의 모습을 그려 볼 수 있는 시이다.

한강의 배다리

한강물 너무도 넓어
그 깊이 어림도 못하네.
때때로 사나운 물결 일어나는데
그 가운데 교룡이 숨어 있다네.
천 척의 베를 짜서 마전하듯 이어놓으니
어느 누가 다리 없는 강이라 하랴.
우리 임금 효심은 순임금 효성 같아
해마다 선친 묘소 찾아가 참배하신다.
한 문제 험한 언덕 달리려 할 때
원앙(袁盎)이 수당(垂堂)으로 경계했으니[1]
한 나라의 임금님으로 조각배 따위로
강물을 건너서는 안 되는 걸 삼가 알겠다.
푸른 물결 하늘에 모여 아스라하고
흐르는 물결 땅줄기 갈라놓은 곳에
그림자도 현란한 임금님 행차 깃발이
일정한 방향없이 나부끼누나.
바라건대 오작교 만들어
강물 메워 너희들을 편안케 했으면……

舟橋行

漢水何其廣, 其深不可量。
有時起駭波, 中有蛟龍藏。
千艘織如練, 孰謂川無梁。

聖孝結舜慕, 每歲覲隋岡。
漢文馳峻坂, 袁盎戒垂堂。[1]
恭知千乘主, 不用一葦航。
綠浪迷天委, 流波截地綱。
旌旗絢光影, 搖蕩無定方。
願爲烏與鵲, 塡河俾爾康。 <권4, 1791년>

* 역주 1) 원앙(袁盎)이 수당(垂堂)으로 경계했으니 : '수당'은 마루 끝에 앉아 있는 것. 한 문제가 장안(長安) 동쪽 패릉(覇陵) 위에서 수레를 몰아 험난한 언덕을 내달려 내려가려 하자, 원앙(袁盎)이 말고삐를 잡고 간하기를 "신은 듣건대 천금을 가진 집 자식은 마루 끝에 앉지 않고, 백금을 지닌 집 자식은 난간에 몸을 기대지 않으며, 성군은 위험한 것을 타지 않고 요행을 바라지 않는다 했습니다. 그런데 폐하께서는 험한 산길을 고려치 않고 말을 달리려 하시니 만일 말이 놀라 수레가 넘어지는 날이면, 폐하 자신의 몸이야 하찮게 보신다 하더라도 고조(高祖)의 사당과 태후(太后)를 장차 어찌 하시겠습니까."라고 했다고 한다.

[해제]

정조 때 처음으로 한강에 배다리를 놓고 그 다리를 타고 건너 수원에 행차한 것은 유명한 이야기다. 이 배다리를 설계 고안한 이가 다산이라는 것은 잘 알려져 있다. 정조 임금이 배다리를 건너는 모습을 그린 「주교도(舟橋圖)」가 규장각에 보관되어 있으며, 능내 다산교육관에는 이를 사진판으로 복사해 병풍을 만들어서 전시하고 있다.

윤지범(尹持範)을 기다려도 오지 않기에

비바람 불 때 만나자는 오래된 약속
간절히 당부하건대 어기지 마오.
자주 못 만나는 걸 당신 또한 아는데
이제 또 비 뿌리니 어찌하리까.
못가의 집엔 국화꽃이 고즈넉하고
시내 위 다리엔 낙엽이 흩날리누나.
때마침 찾아온 손님도 없어
작은 서재에 단정히 앉아 있다오.

秋雨 期南皐不至 簡邀[1)]

夙昔期風雨, 殷勤戒莫違。
亦知無數數, 其奈又霏霏。
池館寒花靜, 溪橋落葉飛。
幸稀車馬客, 端坐小書幃。 <권4, 1794년>

* 원주 1) 이전에는 비가 내리는 날 반드시 서로 그윽한 곳에 모여 지냈다. (前此値雨 必相會取幽寂也)

[해제]

남고(南皐) 윤지범(尹持範)은 고친 이름이 윤규범(尹奎範)인데 다산과 일생 동안 시를 주고받은 외가 6촌 형님이었다. 뒤에 죽란시사(竹欄詩社)를 결성하여 살구꽃이나 복사꽃이 피면 모여 놀며 시를 짓자는 약속을 하는데, 이 시로 보면 이 때는 비가 오면 모였다는 것을 알 수 있다. 다산과는 많은 시편을 주고받았다.

헌납 한치응(韓致應)에게

봉황새 울음[1]일랑 울지를 말게
그냥 울기만 해도 모두가 놀라겠지.
구슬발 호화론 집에 앵무잔 잡고 둘러앉아
생황 같은 혀를 진종일 놀리겠지.
벼슬해도 대사간(大司諫) 직책은 맡지 마오
충고해도 듣지 않고 오활하다고만 한다오.
말단의 신진 관료 샘솟듯 기운 솟아
은안장에 백마 타고 떠들썩 호위 받으며
회오리바람 몰아치듯 싹쓸어 지나가면
에라 쉬, 외치는 길 누런 먼지처럼 날려보내지.[2]

鳴鳳篇 贈韓獻納致應

鳴莫作朝陽鳳, 偶來一鳴驚者衆。
珠簾繡閣坐鸚鵡, 巧舌如簧終日弄。
官莫作諫大夫, 縱言無補徒爲迂。
末僚新進氣泉涌, 銀鞍白馬紛驕擁。
倐若回颷捲地來, 辟易一路飛黃埃。 <권4, 1794년>

* 역주 1) 봉황새 울음 : 임금께 상소하여 큰 사건을 터뜨려 온 천하에 크게 이름을 떨치는 훌륭한 상소문의 비유. 간쟁 기관인 사간원의 헌납이 된 친구에게 상소를 신중하게 하라는 충고의 시이다.
2) 고관대작이 되면 이 눈치 저 눈치 보느라 제대로 상소하지 못하니 헌납 같은 말단 관료 때 제대로 상소하라는 뜻이다.

[해제]

다산보다 두 살 위인 한치응은 다산과 평생 교의로, 뒤에 죽란시사(竹欄詩社)를 결성해 서로 시를 주고받는다. 1799년에는 진하 겸 사은사의 서장관(書狀官)으로 북경에 가는 그에게 「한치응을 북경에 떠나보내며(韓致應使燕序)」란 글을 지어 주었다. 이 글은 『다산문학선집』에 수록되어 있다.

백운대에 올라

어느 누가 세모꼴로 교묘히 깎아
우뚝하게 이 대를 세워 놓았나.
흰구름 바다처럼 깔려 있는데
가을빛 온 하늘에 충만하구나.
천지 사방은 둥글어 기울어짐 없건만
천년 세월은 넓고 멀어 아니 돌아오네.
바람을 쏘이면서 휘파람 불며
하늘 땅 둘러보니 유유하다오.

登白雲臺[1]

誰斲觚稜巧, 超然有此臺。
白雲橫海斷, 秋色滿天來。
六合團無缺, 千年漭不回。
臨風忽舒嘯, 頫仰一悠哉。<권4, 1794년>

* 원주 1) 백운대는 곧 삼각산의 가운데 봉우리다.(卽三角中峰)
[해제]
 1794년 9월 18일 다산은 그의 중형 정약전과 윤지눌·윤규범(尹奎範: 尹持範)·이중련(李重蓮) 등과 북한산성에 노닐어 중흥사(中興寺)에서 하룻밤 자고 백운대에 올라 호연지기를 기른 것이다.

성호 이익의 넓은 학문

학문이 넓고 깊은 성호(星湖) 선생님
나는 백대의 스승으로 모시련다.
신선 세계 숲이라야 과일 열매 많이 맺고
큰 나무라야 뻗은 가지 울창하다네.
강론의 자리에선 풍도 준엄하시고
연회하고 노실 때도 예법이 밝기도 해.
고결한 인품 세속 안목을 놀라게 했는데
어이해 끝내는 그렇게 불우했을까.

博學

博學星湖老, 吾從百世師。
鄧林繁結子, 喬木鬱生枝。
講席風儀峻, 投壺禮法熙。
孤標驚俗眼, 歷落竟何爲。 <권4, 1794년>

[해제]
성호(星湖) 이익(李瀷) 선생의 학문 세계를 찬미한 시이다. 다산은 1783년 진사에 합격하고, 충주 하담과 안산 선영에 참배하면서 성호 선생 옛집에 들러 선현을 존모하는 예의를 차린 적이 있다. 성호 선생의 넓고 큰 학문 세계를 넘겨다보려면 『성호사설정선』(전3권)을 읽어야 할 것이다.

적성촌(積城村)에서

시냇가 허물어진 집 뚝배기처럼 누웠는데
겨울 바람에 이엉 걷혀 서까래만 들쭉날쭉
묵은 재에 눈 덮여 아궁이는 썰렁하고
어레미처럼 뚫린 벽에 별빛이 비쳐든다.
집안에 있는 물건 몹시도 쓸쓸하니
몽땅 팔아도 칠팔 푼이 안 되겠네.
개꼬리 같은 조이삭 세 줄기 걸려 있고
닭창자 같은 마른 고추 한 꿰미 놓여 있다.
깨진 항아리 뚫려 새는 곳 헝겊으로 발라 막고
떨어져나갈 시렁대는 새끼줄로 얽어맸다.
놋수저는 지난번에 이장에게 빼앗기고
무쇠솥은 엊그제 옆집 부자 앗아갔다.
검푸르고 해어진 무명이불 한 채뿐이라서
부부유별(夫婦有別) 따지는 건 마땅치도 않구나.
어린 것들 입힌 적삼 어깨 팔뚝 나왔으니
태어나서 바지 버선 입어 보지 못했으리.
큰아이는 다섯 살에 기병으로 올라 있고
작은애도 세 살에 군적에 묶여 있다.
두 아이 군포세로 500푼을 바치고 나니
빨리 죽기나 바랄 판에 옷이 다 무엇이랴.
갓난 강아지 세 마리 애들과 함께 잠자는데
호랑이는 밤마다 울 밖에서 으르렁거린다.
남편은 산에 가 나무하고 아내는 방아품 팔러 가니

대낮에도 사립 닫혀 분위기 비통하구나.
아침 점심 다 굶다가 밤에 돌아와 밥을 짓고
여름에는 늘 솜 누더기 겨울엔 삼베 적삼 걸친다.
들냉이 싹도 깊이 박여 땅 녹기를 기다리고
이웃집 술 익어야만 지게미나마 얻어먹지.
지난 봄에 꾸어 먹은 환자가 닷 말이라
이로 인해 금년은 정말 못살겠구나.
나졸들 문밖에 들이닥칠까 겁날 뿐
관가 곤장 맞을 일일랑 걱정도 하지 않네.
아아, 이런 집들이 온 천지에 가득한데
구중 궁궐 깊고 깊어 어찌 모두 살펴보랴.
직지사자(直指使者) 그 벼슬은 한(漢)나라 때 벼슬로서
고을 수령도 마음대로 처벌했지.
폐단의 근원 본디 어지러워 바로잡히지 않고
공수(龔遂)·황패(黃霸) 다시 일어나도 뿌리뽑기 어려우리.
먼 옛날 정협(鄭俠)의 유민도(流民圖)를 본받아
애오라지 시 한편 베껴가지고 임금님께 돌아갈까.

奉旨廉察 到積城村舍作

臨溪破屋如甕盆, 北風捲茅榱鬖鬖。
舊灰和雪竈口冷, 壞壁透星篩眼谽。
室中所有太蕭條, 變賣不抵錢七八。
尨尾三條山粟穎, 鷄心一串番椒辣。
破甖布糊敝穿漏, 庋架索縛防墜脫。
銅匙舊遭里正攘, 鐵鍋新被鄰豪奪。
靑綿敝衾只一領, 夫婦有別論非達。
兒穉穿襦露肩肘, 生來不著袴與襪。

大兒五歲騎兵簽, 小兒三歲軍官括。
兩兒歲貢錢五百, 願渠速死況衣褐。
狗生三子兒共宿, 豹虎夜夜籬邊喝。
郎去山樵婦傭舂, 白晝掩門氣慘怛。
晝闕再食夜還炊, 夏每一裘冬必葛。
野薺苗沈待地融, 村篘糟出須酒醱。
餉米前春食五斗, 此事今年定未活。
只怕邏卒到門扉, 不愁縣閣受笞撻。
嗚呼此屋滿天地, 九重如海那盡察。
直指使者漢時官, 吏二千石專黜殺。
弊源亂本棼未正, 龔黃復起難自拔。
遠摹鄭俠流民圖, 聊寫新詩歸紫闥。 <권4, 1794년>

[해제]

1792년 4월에 아버지 정재원(丁載遠)이 진주목사로 임소 진주에서 돌아가자 다산은 벼슬에서 벗어났다. 다만 상중에도 정조의 명령으로 수원성(水原城)의 규제를 연구해 바쳤다. 이 때 써서 올린 「성설(城說)」「기중총설(起重總說)」「기중도설(起重圖說)」 등이 근대적인 과학 기술을 적용하여 수원성을 쌓는 기술적 밑받침이 되어 성공적으로 완공할 수 있었다. 이 때 이런 과학 기술을 동원하여 3분의 1이나 국가 경비를 절감할 수 있었다. 다산은 아버지의 상을 마치고 7월에 복귀하고 10월 28일에 홍문관 수찬이 되고, 29일에 경기암행어사에 임명되어 11월 15일 복명했다. 이 때 암행한 곳이 경기 북부였는데, 이 시는 연천 적성에서 목격한 현실이다. 암행하며 서용보(徐龍輔)와 얽힌 비리를 파헤친 때문에 일생을 시달리게 된다. 이 시가 현실을 고발한 다산 사회시의 출발이다. 적성은 현재 파주시에 딸려 있다. 끝부분에서 한(漢)나라의 유명한 원님들이던 공수·황패 등의 능력으로도 어떻게 할 수 없으리라는 탄식이 너무 절실하고, 유랑하는 백성들의 모습을 그림으로 그려 궁핍한 백성들의 참상을 임금께 그림으로 그려 바친 정협의 고사를 인용한 대목이 시의 전체를 살려내고 있다.

대장장이 노래

대장장이야 풀무질하여 쇳조각 단근질 마라
붉은 불똥 튀기어 머리털 다 타버린다.
옥장이야 모래알 부여잡고 옥덩이를 갈지 마라
추운 날씨 손등 트고 살갗에 소름 끼친다.
상의원(尙衣院) 어린 기녀 향수 몸에 뿌리고서
붉은 털 짧은 갖옷 푸른 비단치마 입고
구석방에서 바느질하다가 따뜻하여 졸립기만 하니
하루 종일 바느질에 주머니 하나 만들었네.
검은 보 붉은 쟁반에 진수성찬 바쳐도
고기만두 꿩구이는 맛보기 싫어하네.
태농(太農)의 무명베가 300필이 들어오면
기녀 차지 둘이요 공인 차지 하나인데
공인 집은 베 팔려고 쌀가게로 달려가고
기녀 집은 그 베 찢어 춤출 자리 꾸민다오.
그 베 멀리 가난한 아낙집서 나왔건만
북에 넣을 한가닥 실도 남은 것이 없다네.

鍛人行 奉示都監諸公[1]

鍛人爾莫吹鞴鍛鐵條, 紅燼黏髮髮盡焦。
玉人爾莫搏沙磋璞玉, 天寒手龜肌生粟。
尙方小妓艾蒳香, 紫貂短裘青綃裳。
曲房線毯溫欲睡, 終日縫成一珮囊。
鴉帕朱槃競致餓, 魚饅雉炙憪不嘗。
太農棉布三百匹, 妓獲其二工得一。

工家賣布走米廛, 妓家裂布裝舞筵.[2)]

布來遠自寒女屋, 再無一絲充杼柚.<권4, 1794년>

* 원주 1) 이 때 나는 경모궁(景慕宮)에 존호를 추존해 올리는 도감(都監)의 도청랑(都廳郞)이었다.(時余爲都廳郞)
2) 미전(米廛) : 우리 나라 사람들은 시장을 가게라 일컬었다.(東人謂市爲廛)
[해제]
공장(工匠)과 생산자들의 고통을 노래한 시이다. 생산자들은 헐벗고 굶주리나 궁녀나 기생은 하는 일 없이 놀면서도 호의호식하는 사회 체제를 비판하고 있다. 경기암행어사로 산골 농촌의 비참한 현실을 목도하고 난 뒤라 유민(遊民) 계층의 나태가 더욱 미웠던 것이다.

굶주린 백성

1

인생이 풀이라냐 나무라냐
물이랑 흙으로만 살아갈거나.
힘껏 일해도 초목만 먹고 살라니
콩과 조 그걸 먹어야 하는데
콩과 조 귀하기 보배 같으니
혈액과 생기가 어떻게 기름질쏘냐.
야윈 목은 구부러져 따오기 모습
병든 살결 주름져 닭껍질이네.
우물 있어도 새벽물 긷지도 않고
땔감 있어도 저녁밥 짓지를 않네.
팔다리는 그런 대로 움직이지만
걸음걸이 맘대로 못하는구려.
너른 들판 찬 바람이 많은데
기러기 슬피 우는 저녁에 어디로 가나.
고을 사또 어진 정사 행한다고
사재 털어 구제해 준다는 말에
엉금엉금 고을 문에 다다라
입 쳐들고 죽가마 앞으로 간다.
개돼지도 내버리고 돌아보지 않을 걸
사람으로 엿처럼 달게 먹으리요.
어진 정사 행하기는 바라지 않았지만

재물 덜어 구제함도 어림없구나.
관가 재물 남이 엿볼까 꺼리리니
우리가 굶주리지 않을 수 있으리요.
관가의 마굿간에 살지고 아끼는 말은
진실로 우리들의 살갗이라네.
슬피 울며 고을 문을 나서니
아찔하고 핑 돌아 갈길이 까마득하다.
누런 잔디 언덕에 잠깐 나아가
무릎 펴고 보채는 아기 달랜다.
고개 숙여 서캐를 잡고 있자니
두 눈에선 눈물이 왈칵 쏟아지네요.

2

까마득한 하늘 땅의 만물 기르는 이치
고금에 어느 누가 알 수 있으랴.
저 많은 백성들 태어났건만
야윈 몸에 재해까지 겸쳐
메마른 산 송장이 쓰러져 있고
거리마다 만나느니 유랑민들이네.
이고 지고 다니나 오라는 데 없어
어디로 가야 할지 아득하기만.
부모 자식 사이에 부양도 못하고
재앙이 닥치니 천륜도 해치고
상농군도 거지가 되어
서투른 말솜씨로 구걸하노라.
가난한 집에서는 도리어 하소연
부잣집에서는 일부러 늑장 피우지.

새 아니라서 벌레도 쪼지 못하고
고기 아니라서 물에 살지도 못하네.
얼굴빛은 누렇게 떠서 야위고
머리털 뒤얽힌 실타래 같다.
옛날 성현들이 어진 정치 베풀 때는
늘 홀아비 과부 불쌍히 여기라고 말했으니
이젠 그들이 진실로 부러울 줄이야
굶어도 자기 한몸 굶을 테고
매인 가족 돌아볼 걱정 없으니
그 어찌 온갖 근심 맞이하리요.
봄바람이 단비를 이끌어오면
온갖 초목 꽃 피고 잎이 돋아나
생기가 천지를 뒤덮으리니
빈민을 구제하기 좋은 때라오.
엄숙하고 점잖은 조정의 고관들이여
경제에 나라 안위 달려 있다오.
도탄에 빠져 있는 백성들을
구제할 자는 그대들 아니면 누구일까.

3

누렇게 수척한 얼굴 생기도 없고
가을 오기 전에 시든 버들가지네.
구부러진 허리에 걸음조차 못 걸어
담장을 부여잡고 억지로 일어나네.
부모 자식 사이도 보전하지 못하는데
길 가는 남을 어떻게 동정하리요.
어려운 삶에 착한 본성을 잃어버려

굶주리고 병든 자를 웃으며 보네.
이리 저리 앞뒷집에 돌아다니나
마을 풍속 본디가 이러했으랴.
부러워라 저 들판 참새떼들은
잎 떨어진 가지 앉아 벌레를 쪼네.
고관집엔 술과 고기 많기도 하여
이름난 기생 맞아 풍악 울린다.
태평 세월 만난 듯 한껏 즐기고
대감님네 풍도라고 거드름피운다.
간사한 백성은 거짓말을 쉽게 하고
오활한 샌님은 시절을 걱정함이 많아서
오곡이 풍성하여 지천인데도
농사에 게으르니 굶을 게 당연하고
총총히 수풀같이 많은 백성은
요순도 널리 베풀지 못하니
하늘에서 곡식비나 내린다면 모를까
무슨 수로 이 흉년 구할 수 있겠나.
두어라, 한병 술이나 마시고
펄럭이는 깃발에 봄꿈이나 꾸자꾸나.
골짝엔 묻힐 땅 남아 있거니
한번 죽음 사람이면 기약한 것이니
비록 오매초(烏昧草)¹⁾가 있다더라도
대궐에 이걸 바쳐 무엇을 하랴.
형제간에도 서로 안타까워 않는데
부모인들 자애를 베풀겠느냐.

　　飢民詩

人生若草木，水土延其支。
俛焉食地毛，菽粟乃其宜。
菽粟如珠玉，榮衛何由滋。
槁項頻鵠形，病肉縐鷄皮。
有井不晨汲，有薪不夜炊。
四肢雖得運，行步不自持。
曠野多悲風，哀鴻暮何之。
縣官行仁政，賑恤云捐私。
行行至縣門，喁喁就湯糜。
狗彘棄不顧，乃人甘如飴。
亦不願行仁，亦不願損貲。
官篋惡人窺，豈非我所贏。
官廐愛馬肥，實爲我膚肌。
哀號出縣門，眩旋迷路岐。
暫就黃莎岸，舒膝挽啼兒。
低頭捕蟣蝨，汪然雙淚垂。[1]

悠悠大化理，今古有誰知。
林林生蒸民，憔悴含瘡痍。
槁莩弱不振，道塗逢流離。
負戴靡所聘，不知竟何之。
骨肉且莫保，迫厄傷天彝。
上農爲丐子，叩門拙言辭。
貧家反訴哀，富家故自遲。
非鳥莫啄蟲，非魚莫泳池。
顏色慘浮黃，鬢髮如亂絲。
聖賢施仁政，常言鰥寡悲。
鰥寡眞足羨，飢亦是己飢。

令無家室累, 豈有逢百罹。
春風引好雨, 草木發榮滋。
生意藹天地, 賑貸此其時。
肅肅廊廟賢, 經濟仗安危。
生靈在塗炭, 拯拔非公誰。[2)]

黃馘索無光, 枯柳先秋萎。
傴僂不成步, 循墻强扶持。
骨肉不相保, 行路那足悲。
生理梏天仁, 談笑見厄羸。
宛轉之四鄰, 里俗本如斯。
羨彼野田雀, 啄蟲坐枯枝。
朱門多酒肉, 絲管邀名姬。
熙熙太平象, 儼儼廊廟姿。
奸民好詐言, 迂儒多憂時。
五穀且如土, 惰農自乏貲。
林蔥何其繁, 堯舜病博施。
不有天雨粟, 何以救歲飢。
且復倒一壺, 曲旃春迷離。
溝壑有餘地, 一死人所期。
雖有烏昧草, 不必獻丹墀。
兄長不相憐, 父母安施慈。 <권4, 1795년>

* 원주 1) 소릉(少陵) 이가환(李家煥)이 평론하기를 "찬란할사 당(唐)나라 때 원결(元結)처럼 문장 기운 드넓고 거침이 없도다." 했다.(少陵評曰 粲粲元道州 詞氣浩縱橫)

  2) 소릉 이가환이 평론하기를 "어조가 결렬하다가 갑자기 가라앉았다 하며 종횡으로 리듬이 오르락내리락했으나 맺는 말은 완곡하면서 엄숙하다. 몽둥이로 때리고 욕설로 꾸짖는 것보다 아프고 쓰라리다. 말하는 자에게 죄가 없고 듣는 자

는 경계삼아야 할 것이다." 했다. ○ 남고(南皐) 윤규범(尹奎範)은 평론하기를 "정협(鄭俠)이 그려 바친 유민도(流民圖)와 견줄 수 있다."고 했다.(少陵評曰 激昂頓挫 縱橫抑揚 結語婉而嚴 勝打勝罵 言者無罪 聞者以戒 ○南皐評曰 可抵鄭俠流民圖)

  * 역주 1) 오매초(烏昧草) : 들보리의 일종으로 흉년에 채취해 목숨을 연명하는 야생 열매. 중국 송(宋)나라 때 범중엄(范仲淹)이 강회(江淮) 지방을 안무(安撫)하고 조정에 돌아와 가난한 백성들이 흉년에 먹고 사는 이 열매를 천자에게 올리고, 그것을 귀족들에게 보여 주고 사치와 낭비를 억제할 것을 요청했다고 한다.

[해제]
다산이 정조 임금의 측근에서 관료로서 그 역량을 한창 발휘할 때 이 시를 지었다. 다산의 우국 애민 정신이 유감없이 드러난 작품이다. 다산 사회시의 대표작의 하나라 할 수 있겠다. 현대 관료도 이런 정신 자세를 갖추기 힘들 터이다.

왕길(王吉)의 까마귀 쏜 노래

1

한(漢)나라 왕실은 착한 행실 전해 그 복록이 끊임없이 이어져
하늘의 명령으로 임금이 되어 규범으로 백성 다스렸네.
의장대는 애초부터 대신들을 우러러보고
임금님 대궐에는 노인성이 길이 에워쌌네.
조정 뜰의 공경대신들 서열을 사양 않고
신령스런 나무처럼 만년 동안 누리시길 제일 먼저 비는구나.
태평성대 임금 신하 누리는 복 크고도 많으며
무관들의 충성과 사랑 우직하고 오롯하다네.

2

부끄럽구나 여섯 고을 양가집 자식으로
일찍이 삼공의 대열에 낄 자질 갖추어
위청(衛靑)·곽거병(霍去病) 같은 공명을 모두 다 좋아하고
금일제(金日磾)·장탕(張湯) 같은 부귀를 신선처럼 바라보네.
봉록이 적어 자공(子貢)이 쌓은 천금에 못 미치고
재주 없어 가의(賈誼)의 빠른 출세보다 부끄럽다.
다만당 일편단심 대궐문 밖에 임금님 명령이 걸리기만
감히 연연산(燕然山)[1] 큰 비석에 공 새기길 바라리요.
요행히 병조의 오른쪽 차비(伙飛)[2]에 소속되어
의장대 곁을 따르며 임금님 시위한다오.
복숭아·오얏처럼 조상의 유업을 잇지 못하고
하물며 새삼덩굴이 의지할 곳조차 끊어져 없도다.

장양부(長楊賦)를 지어 바친 양웅(揚雄)에게 부끄럽고
세류영(細柳營) 문 열었던 옛적 주아부(周亞夫)가 부럽고녀.
주(周)나라 병사 전상에 창을 잡고 시위하고
위(衛)나라 악관 임금님 앞에 꿩깃 들고 춤추네.
별궁에서 달 기다릴 때 시퍼런 창 늘어서고
상원에서 꽃 구경할 때 비단 언치 호위한다.
눈에 가득 금초(金貂)[3]는 나와 관계 없으니
몸에 걸친 철갑옷 어느 누가 동정하나.
쓸모 없는 재목은 비록 천년 동안 버려진다 말했지만
버들잎은 오히려 100보에서 꿰뚫었다.
곰 그린 과녁판 활터에 설치한 게 늘 즐겁고
시위소리 울리자 날던 새가 떨어진다.
훌륭한 오호궁(烏號弓)을 쏘면서 원숭이 팔뚝 뽐내고
화살이 날아와서 멧돼지 어깨 꿰뚫는다.
바람 불어도 화살 하나 유실하지 않으니
임금님 가끔 웃으시며 천금을 내리신다.
무늬 새긴 활 손에 있으면 정신이 통일되고
범가죽 활집 허리에 비껴 차면 의기가 날렵하다네.
확상포(矍相圃)[4]는 묵었으나 그 재주 폐하지 않고
장군석(將軍石)[5]은 낡았으나 그 뜻 오히려 한결이라네.

3

동쪽으로 태산을 봉해 산신에 제사하고 떠나
큰 산에서 순행하여 바닷가에 다다르고
말 달리는 칠교(七校)[6]들은 모두 다 화살 짊어지고
호종하는 육군(六軍)은 모두 다 큰 활 메웠도다.
감로·영지 출현하는 상서로운 때를 만나

금니(金泥)로 공을 쓰고 구슬 뚜껑에 새겨 덮는 게 예에 맞아
일관봉(日觀峰) 높은 곳에 말 모습을 분간하고
동방의 넓은 바다에 말채찍을 던지고 싶다.
포벽(蒲璧) 올리는 4악(岳) 12목(牧)을 넌지시 살펴보고
예천(醴泉) 상서 노래하는 한림(翰林) 또한 치하하네.
동방삭(東方朔) 같은 익살꾼 아닌 것은 부끄러우나
타고난 솜씨 교묘해도 기예를 익힌다네.
날던 까마귀 떨어뜨린 후예(后羿) 솜씨 보이고자
홍산(鴻山) 위로 지나가는 기러기를 맞추련다.
과녁 맞추는 화살만 처음부터 살펴볼 따름이고
용깃발을 맞추는 건 헤아리지 않는다오.
밤중에 타는 거문고 한없이 애달프나
바람 가르며 떠난 화살 어김없이 명중하니
감승(甘蠅)이 능히 이(蝨)를 꿰뚫은 걸 믿지 않고
숲속 참새가 뜻밖에 새매 만났다 의심할 뿐
바람에 새깃 하나 떨어지자 시위병들 깜짝 놀라
떨어진 새깃 두손으로 떠받들어 임금님께 바치니
잠잠하던 임금님 기쁜 빛이 많아지고
군사들 빙 둘러서니 빛깔 한결 산뜻하다.
한 그루 나무 에워싸고 칼과 화살촉을 울리며
오옥단(五玉壇) 높은 곳에 풍악을 연주하니
상서로운 햇살 떠오르듯 영광 이미 빛나고
환호의 천둥이 진동하며 미친 듯이 기뻐하네.

4

높은 성에서 빈흥(賓興)의 기예를 배웠을 뿐
산등성이 언덕으로 임금님께 축복하는 시편 지을 줄 어찌 알리요만

나름대로 거칠게나마 정성을 보이나니
천진하고 솔직하여 예모 부족 상관 없네.
아홉 개의 같을 여 자 주송(周頌)의 말도 오히려 보잘것없고
기자 홍범구주의 오복에선 장수가 으뜸이었네.
늙지 않는 세월은 만년으로써 기약하고
태평 세상 세월은 천년을 헤아리리.
요임금은 꼭 화(華) 지방을 살필 것이 없었으나
천자를 어찌 헛되게 우리의 팽조(彭祖)에게 견주겠느냐.
소목공(召穆公)의 절하는 정성 깊어 봄술 받들어 올리고
만세소리 진동하여 조종 뜰에 퍼지누나.
남산이랑 북두 수명 천년 만년 이어가고
따스한 해 상서로운 구름 팔방의 끝까지 덮어
장락원(長樂園) 깊숙한 곳엔 영지초(靈芝草)가 빛나고
곤명지(昆明池) 따뜻한 물가엔 온갖 꽃이 찬란하리.
안기생(安期生)의 해조(海棗)는 향기 짙게 머금었고
서왕모(西王母)의 선도(仙桃)는 둥글게 열매 맺었다.
해와 달의 찬란한 빛 붉은 대궐에 머무르고
풍운의 경사스런 모임 역사책에 넘치어
천년토록 장안(長安)의 왕성함이 바뀌지 않고
만년토록 임금님 길이 우러러 보리.
단비와 단이슬처럼 만물을 다스려 성장시키면
마침내 기르시는 은혜가 곤충에까지 미치오리다.

5

소신의 하찮은 기예 무슨 도움 되랴마는
밝은 시대 높은 벼슬 본디 바라던 바인데
10년 동안 활과 칼로 무관으로만 있다가

이제 와서 일시에 문관이 되었다네.
석분(石奮)의 온 집안 봉록 누릴 줄을 알게 되고
100묘를 농사짓는 주나라의 백성보다는 나은 듯하지.
길일에는 인끈을 비껴 차고 조정 반열에 오르며
봄에는 창을 진열한 산하 부서 순행하네.
못가 언덕 좋은 밭도랑에 보습을 벌려놓고
가무 즐기는 화려한 집 깃발 높이 꽂았는데
높은 벼슬 뛰어오를 세월이 한정 없어도
도회지의 풍진 속에 늙어감도 흐뭇하다.
좌상에는 공경들이 찾아와 서로 인사하고
문앞에는 거마들이 갔다가 다시 들어차
잔치할 땐 활과 화살 늘어놓고
묽은 죽과 된 죽에 온 가족이 다 배부르네.
벼슬에서 물러나면 그땐 이미 늙을 테고
봉록 대신 농사지을 땐 가게도 받지 않아
언제나 크고 넓은 임금님 은혜 감격할 뿐
어찌 처음에 지지부진하다고 벼슬살이 싫어하랴.

6

밝은 임금이 어진 신하 만났으니 보기 드문 영광이요
위아래가 다 경사라 대대로 상이 뻗어가리.
극노인이 되신 뒤에 해옥첨주[7] 더욱 바라고
매우 작게나마 보답 못해 시위소찬[8] 끝내 부끄럽다.
인정(仁政) 베푸는 임금님 동산 기화(琪花)가 활짝 피고
풍악 울리는 동산에 온갖 나무 에워쌌다.
오래오래 사시는 온전한 행복과 복록 받으시고
생육의 지극한 은택 도야함을 받았으니

창을 들고 있는 꿈 경비 초소에서 다시는 꾸지 않고
꿈속에선 길이 임금님 베개 모시고 잠을 자네.
그 옛날의 무관 벼슬 냇물처럼 흘러가고
이제부턴 대궐의 복이 강물처럼 끝없으리.
열후와 견줄 품계 네 마리 끄는 수레 올라타고
명사들과 나라 경영 털방석에 앉아 있다.
푸른 인끈 누런 인끈 줄줄이 드리우고
아름다운 얼굴 흰머리를 다소곳이 우러르네.
앉아서 쌀을 받아 곳간으로 운반하고
장수풀 금광초(金光草) 캐기 바래 악전(偓佺)을 찾아가네.
시위하던 소관 이제는 붉은 인끈 드리우고
소제(昭帝)의 이룬 법률 깊은 덕을 닦았네.
성심으로 하사하신 붉은 화살 간직할 제
덕으로 나라 교화시키니 퍼진 햇살이 붉은 궁궐 둘러쌌다.
능력도 없는데 수레 높이 타고 은총과 복록 뽐내며
곤룡포에 수놓은 산과 용의 꿈틀거림 바라보네.

7

화폐 지녀 화락하니 은택은 끝이 없고
부부가 화락하니 그 덕이 온전하다.
삼로오경(三老五更)은 때때로 천일주에 취하고
삼공삼고(三公三孤)를 대궐 뜰에서 자주 불러보네.
해·달·별의 운행 궤도 어긋남이 원래 없고
천하의 병든 상처 오래 전에 치유되었네.
자연스레 자손 대대로 강녕을 기약하니
오활하고 괴상한 비결을 들어볼 게 뭐 있으리.
대궐 담장엔 검정 활과 화살 많이 쌓였고

조정 뜰엔 상서로운 풀 쌍쌍으로 잎 돋았네.
병길(丙吉)·위상(魏相) 같은 명재상의 뒤잇기를 모름지기 바라거니
동쪽 나라 방사(方士)에게 장생술을 왜 수고롭게 물으리오.
즐거운 얼굴 온화한 기운 대궐에 넘쳐오르고
상서로운 기운 푸르고 무성하게 시내에 넘쳐흐르네.
임금님 수명 오래 누려 칠팔십 세 넘어가고
어진 이름 저 멀리 대완(大宛)·우전(于闐)까지 이르르니
원년(元年)이라 통치 연대 아름다운 운을 받고
천하 판도 정권을 거머쥐었네.
조정에 늘어선 기·용(夔龍)은 정사를 보좌하고
중천에 뜬 희어(羲馭:해)가 한가로이 배회하듯
만조백관 옥 울리며 공손히 달려가고
선기옥형(璿璣玉衡)으로 칠정 조절 빠르게 돌아가네.
거북이나 학과 다름없이 생물을 귀하게 보고
인재를 양성하고 나선 마땅히 물고기며 새도 생육하리.

8

임금의 측근에서 다행히 은택 받아
시종 무신이 되고 죄짓는 허물도 모면하였네.
씩씩하기 맹수 같아 항상 절로 보호하고
벌레처럼 미천해도 또한 버려지지 않았네.
대궐 섬돌 해 비치자 칙명이 내려오고
과거급제 창방하자 임명장이 제수됐네.
뽕나무 활 갈대 화살 어린 나이에 마음 이미 씩씩했고
먼 지방의 활과 화살에 뜻이 항상 이끌렸네.
날던 새 보자마자 활을 당겨 겨드랑이 꿰뚫으며
오랑캐 땅에 주먹 휘두를 걸 항상 준비했는데

활솜씨는 깍지와 팔찌를 지치고 수고롭게 아니하며
황제 위엄 의지하고 대처하여 적군을 소탕하리.
활 세우고 살 매기는 법 이제 신묘해졌으니
가죽 갑옷과 투구 가죽 언치 어찌 굳게 믿으랴.
곧바로 북쪽 변방 공격해 그 소굴 소탕하고
돌아오면 기린각(麒麟閣)의 서까래가 틀림없이 늘어나네.
새로운 은전 조정의 쌀 다달이 하사받고
태액지(太液池) 연꽃 필 때 임금님 잔치 모시리라.
북소리 나면 임금님도 오히려 칼자루 잡으시거늘
고기를 잡는 신하가 감히 통발을 잊으리까.

9

사대부들 요행으로 황하수 맑아지는 운수 만나
여기저기서 공물을 위수(渭水) 배로 보내고
북두성처럼 높은 임금 장수를 누리시고
천연(天淵)처럼 벌여 있는 군사들도 늠름한데
해를 향한 해바라기 정성도 두텁고
임금님께 우러러 미나리 바치는 예절도 정성스럽네.
노인성(老人星)의 상서로운 빛살 구슬나무에 비치고
봄 누대의 맑은 경치 오색 꽃 예쁘도다.
만방의 백성들은 기쁨이 넘치고
온 누리 자연스레 태평세월 되었네.
애들부터 노인까지 춤을 추고
남쪽 북쪽 밭두렁엔 풍년이 들고
붉은 바퀴 푸른 양산의 임금님 항상 가깝고
황금 궁궐 요지(瑤池) 땅이 본디 잇닿았네.
성스러운 몸 봄가을로 절기 맞춰 잘 따르고

신통한 위엄 삽시간에 하늘을 돌릴 수 있다.
자하주 넘치는 술잔에 뭇 늙은이가 취하고
임금이 베푼 잔치 자리엔 북소리 둥둥 울리는데
무사들 머리 조아리며 일제히 축수를 드리니
궁중 숲엔 상서로운 풀 녹음이 짙푸르다오.

騎省應敎 賦得王吉射烏詞一百韻[1]

漢家流慶福綿綿, 皇極敷民自上天。
羽衛初瞻卿月位, 玉宸長繞壽星纏。
不辭槐棘班千石, 先祝春櫨享萬年。
盛世君臣多吉戩, 武夫忠愛若愚顓。[2]

顧慚六郡良家子, 早備三階列宿員。
衛霍勳名他自好, 金張富貴望如仙。
祿非端木千鍾養, 才愧長沙一歲遷。
祇有寸丹懸象魏, 敢希穹石勒燕然。
伙飛幸處期門右, 呵衛常隨彩仗邊。
桃李未曾繩祖武, 絲蘿況復絶攀緣。
長楊獻賦羞詞客, 細柳開營羨昔賢。
周士執殳猶殿上, 衛伶操翟在王前。
離宮候月排霜戟, 上苑看花扈錦韉。
滿眼金貂非我事, 摜身鐵甲有誰憐。
樗材縱道千年棄, 楊葉還能百步穿。
每喜畫熊張射垺, 却看飛鳥應鳴弦。
烏號弓發夸猿臂, 金僕姑來貫鳶肩。
不許風吹遺一箭, 有時天笑賜千錢。
雕弧在手精神壹, 虎韔橫腰意氣嫣。
罞相圃荒工不廢, 將軍石老志猶專。[3]

東封縟典徵山旅，大嶽巡游薄海壖。
七校馳騰都負矢，六軍陪扈盡張弮。
時當甘露靈芝出，禮合金泥玉檢鐫。
日觀峰高思辨馬，箕墟海闊欲投鞭。
須看岳牧陳蒲璧，復道詞臣頌醴泉。
慚愧詼諧非曼倩，生來手巧擧輪扁。⁴⁾
爲觀羿彀飛鳥墜，欲試鴻山過鴈翩。
結耦初看分鵠矢，釋弸不數中龍鱣。
琴中伴夜啼何苦，弦外生風射不偏。
未信甘蠅能貫蝨，直疑叢雀忽逢鸇。
風毛一墮驚輿衛，落羽雙擎進御筵。
黼扆穆臨多喜色，靺韋環立倍光鮮。
一枝樹匝鳴金鏑，五玉壇高奏管絃。
瑞日昭回榮已耀，歡雷初動喜如顚。⁵⁾

高埠但學賓興藝，岡阜何知祝聖篇。
自是蠡疎誠意見，不妨眞率禮容鐍。
九如周頌言猶淺，五福箕疇壽在先。
難老光陰期以萬，太平烟月度於千。
聖人不必觀于華，天子奚徒比我籛。
虎拜誠深春酒獻，嵩呼聲動大庭宣。
南山北斗彌千祀，化日祥雲覆八埏。
長樂園深三秀煒，昆明池煖百花燃。
安期海棗含香厚，王母仙桃結子圓。
日月光華留紫禁，風雲慶會溢青編。
千春不改西京勝，萬古長瞻北極懸。
定使陶鎔如雨露，遂令涵育及蜎蠕。⁶⁾

小臣薄技將何補, 昭代高官夙所涎。
十載弓刀惟虎旅, 一時簪組得蟬聯。
從知石氏全家祿, 勝似周民百畝田。
吉日登班橫印綬, 方春行部列戈鋋。
池臺好時排金埒, 歌舞華堂樹曲旃。
峻秩超遷無歲月, 康衢生老足風烟。
公卿座上來相揖, 車馬門前去復塡。
讌會時陳弧與矢, 闔家皆飽粥兼饘。
官應休處仍垂老, 祿代耕時不受廛。
只感君恩常曠蕩, 寧嫌宦業始屯邅。[7]

明良際遇榮希見, 上下同休賞世延。
黃耉益祈添海屋, 素餐終愧報埃涓。
衢樽法苑琪花發, 鐘鼓名園雜樹纏。
壽考純禧膺茀祿, 生成至澤荷陶甄。
周廬不復彫戈夢, 華胥長陪御枕眠。
伊昔龍驤官似水, 自今鷲闕福如川。
列侯比秩乘車駟, 群哲經邦坐廈氈。
綠綬黃縞垂累累, 韶顔皓髮仰娟娟。
坐收玉粒傳倉庾, 願採金光訪偓佺。
郎吏小官今拕紫, 始元成憲本修玄。
中心舊眖藏彤矢, 化國舒陽繞紫璇。
軒鶴乘高夸寵祿, 山龍垂拱望蜿蜒。[8]

金刀愷悌流何極, 玉燭調和德自全。
更老時沾千日釀, 公孤頻接五花甎。
三光軌躅元無忒, 四海瘡痍久已痊。
自爾康寧期永世, 不煩迂怪聽神詮。

旂弓晝埒篝初積，朱草彤庭葉正駢。
竊願名卿承丙魏，豈勞方士問齊燕。
歡容藹蔚騰軒陛，瑞氣葱蘢溢潤瀍。
聖壽高躋踰耄耋，仁聲旁達及宛闐。
元年寶曆膺休運，全幅瑤圖攬化權。
列位夔龍成輔翼，中天羲馭若個偏。
百僚珂珮恭趨走，七政璿璣劇斡旋。
覽物惟堪比龜鶴，作人應復化魚鳶。[9]

幸從肘腋承恩澤，得備爪牙免罪愆。
健若犰狳常自護，賤如螻蟻亦無捐。
螭頭日照頒泥誥，臚唱風傳拜紫箋。
弱歲桑蓬心已壯，遠方楛砮志常牽。
即看飛羽通雙腋，常擬胡沙奮一拳。
射藝不勞勤決拾，皇威應仗掃腥羶。
靡弰入筈今臻妙，革笴皮轤豈恃堅。
直擣龍庭如蕩窟，歸來麟閣定增椽。
新恩月索長安米，法宴時陪太液蓮。
聽鼓君方猶按劍，得魚臣敢遂忘筌。[10]

衣冠幸值清河運，琛賮交輸入渭船。
鮐背定看臨斗極，虎賁今視若天淵。
葵忱愛日誠情厚，芹獻瞻天禮數虔。
壽曜祥芒瑤樹映，春臺淑景綵花妍。
萬方黎獻歡如也，八域昇平固有焉。
鼓舞黃童兼白叟，豐登北陌與南阡。
朱輪翠蓋天常近，金闕瑤池地舊連。
聖體春秋皆順節，神威頃刻可旋乾。

紫霞觴溢群髦醉, 湛露筵開畫鼓鼞。
武士叩頭齊獻祝, 宮林瑞草綠芊芊。[11] <권5, 1795년>

정조 임금께서 논평했다.

"어젯밤 군호(軍號)의 일로 말미암아 시험삼아 백운 배율(百韻排律)을 지어 올리도록 했는데, 그 때는 2고(鼓)가 지났고 제목도 분명치 않았다. 승지를 통해 더 자세한 것을 물어왔기에 '인물은 한(漢)나라 장안(長安) 시대이고 내용은 활쏘기이다.'라고만 적어 주고 그에 관한 고사를 널리 찾아 지어 새벽 대궐문을 열 때까지 그 시축(詩軸)을 바치게 했다. 대궐문을 열자마자 시축이 먼저 올라왔는데, 문장이 원만하고 구절이 매끄러운데다 경구(警句)도 꽤 많았다. 이서구(李書九)·신기(申耆)·한만유(韓晚裕) 같은 이가 지은「장안 저자의 술집에서 잠들었네(長安市上酒家眠)」라는 제목의 백구 고시(百句古詩) 같은 것은 기한이 충분했으므로 특별히 말할 것도 없고, 황기천(黃基天)이 1경(更) 사이에 지은 백구부(百句賦)는 사람들의 입에 널리 오르내렸으며, 윤행임(尹行恁)이 지은 백구(百句)의 표(表)와 세 편의 책(策)은 더운 여름 한밤중 8각(刻) 동안에 일필휘지함으로써 문원(文院)이 크게 빛났다. 오늘 이 사람의 작품은 신속한 점은 시부(詩賦)보다 낫고 법도에 맞는 점은 표책(表策)보다 못하지 않으니, 이와 같은 사람은 참으로 알찬 재주꾼으로서 보기 드문 경우라 할 만하다. 문임(文任)으로 조정 반열에 있는 자들은 평론하여 올리도록 하라. 대내(大內)에서 대록비(大鹿皮) 한벌을 내려주도록 하라."

제신(諸臣)의 논평은 다음과 같다.

"꾸불꾸불 뻗어나간 것은 구름이 퍼지고 강물이 흐르는 듯하며, 깔끔하고 치밀하기는 옥을 다듬고 비단을 짜는 듯하니, 이것이 곧 이른바 문원(文苑)의 기재(奇才)란 것이 아니겠습니까."(沈煥之이다. 이 때 규장각 제학으로 있었다.—원주)

"한밤중 짧은 시간에 지어낸 100구의 배율이 구상면에서 깊은 맛이 있고 운자를 단 것도 구차하지 않으니, 어려운 일이라 하겠습니다."(李秉鼎이다. 이 때 예문관 제학으로 있었다.―원주)

"아름다움이 넘쳐 흐르고 어감이 맑고 깨끗하니, 진정 온 종일 애써 생각해 지었더라도 훌륭한 작품이라 할 것인데, 더구나 두세 경(更) 동안에 지은 것이겠습니까."(閔鍾顯이다. 이 때 홍문관 제학으로 있었다.―원주)

* 원주 1) 제목은 '폐하의 만수무강을 축원하는 신의 몸은 2천석 봉록을 받는 관리가 되었습니다.(陛下壽萬年 臣爲二千石)'였다. ○ 이 때 군호(軍號)의 일로 말미암아 준엄한 분부가 내려지고 시를 지어 속죄하도록 했다. 밤 11시에 제목을 받고 새벽 5시에 이르러 시축(詩軸)에 쓰기를 끝냈다.(題曰 陛下壽萬年 臣爲二千石 ○時因軍號事 被嚴敎令 賦詩贖罪 三更一點受題 至五更三點 寫卷得畢)

2) 이상은 사실의 대략을 들추어 말했다.(已上揭事略)

3) 이상은 왕길(王吉)이 우림랑(羽林郎)이 되어 활쏘기 기예를 익힌 것을 말했다.(已上 言王吉羽林郎 習於射藝)

4) '편(扁)'자는 평성과 통한다. 황정견(黃庭堅)의 시에 "작은 재목 그놈이 나를 괴롭혀 연장 들고 윤편(輪扁)에 물어본다"와 같다.(扁叶平聲 黃庭堅詩曰 小材渠困我 持斲問輪扁)

5) 이상은 황제가 태산(泰山)에 순행하고 왕길이 그 순행길을 따라가 까마귀를 쏘아 잡은 것을 말했다.(已上 言帝幸泰山 王吉從而射烏)

6) 이상은 왕길이 폐하가 만년토록 장수하기를 축원하는 내용이다.(已上 吉祝陛下 壽萬年)

7) 이상은 왕길이 2천석이 된 것을 스스로 축하하는 말이다.(已上 言吉自祝爲二千石)

8) 이상은 황제와 왕길을 합해서 말했다.(已上合言之)

9) 이상은 황제의 장수를 축원하는 뜻을 거듭 서술한 것이다.(已上重敍祝壽義)

10) 이상은 왕길이 2천석이 된 것을 거듭 서술했다.(已上重敍二千石)

11) 이상은 위아래 군신이 황제의 장수와 복을 누리기를 기원하는 뜻을 통틀어 끝맺은 것이다.(已上通結上下壽福之意願)

* 역주 1) 연연산(燕然山) : 몽고의 항애산(杭愛山).

2) 차비(佽飛) : 중국 한(漢)나라 때 사냥을 담당한 관청이다. 춘추 시대 초(楚)

나라 용사의 이름도 있다.

3) 금초(金貂) : 중국 한(漢)나라 때 품계가 높은 무관이 쓰던 모자.

4) 확상포(矍相圃) : 공자가 제자들과 활쏘기를 익힌 곳으로 산동 곡부현(曲阜縣) 궐리(闕里) 서쪽에 있다.

5) 장군석(將軍石) : 한(漢)나라 때 장군 이광(李廣)이 우북평태수(右北平太守)로 있을 당시 사냥을 나갔다가 우거진 풀속에 있는 바위를 호랑이로 잘못 알고 활을 쏘아 명중시켜 화살촉이 끝까지 다 박혔다는 데서 나온 말이다.

6) 칠교(七校) : 한나라 때 일곱 종류의 무관의 교위(校尉). 곧 중루(中壘)·둔기(屯騎)·보병(步兵)·월기(越騎)·장수(長水)·석성(射聲)·호분(虎賁) 등이다.

7) 해옥첨주(海屋添籌) : 남의 장수를 축하하는 말. 옛날 세 노인이 함께 만난 자리에 어떤 자가 나이를 물으니, 모두 이루 셀 수 없을 정도로 많이 먹었다고 대답했는데, 그 가운데 한 노인이 말하기를, 자기는 바다가 뽕밭으로 변하면 그 때마다 산가지 1개를 놓았는데 지금까지 산가지가 10간 집에 가득찼다고 했다 한다.

8) 시위소찬(尸位素餐) : 벼슬자리에 있으며 봉록만 받아 먹고 제구실을 못한다는 말이다.

[해제]

정조 임금이 다산의 시재(詩才)를 시험해 본 작품이다. 밤 11시에 시제를 받고 이튿날 새벽 5시에 정서를 끝냈으니 6시간 만에 7언 100운 즉 1400자를 지어낸 것이다. 장편 역사시를 6시간 만에 짓고 또 쓴 것이다. 임금의 논평과 세 대제학의 논평이 음미할 만하다. 이는 관각문학(館閣文學)에 속하는 것이다.

진양절도사 이격(李格)을 전송하다

글 배워도 쓸데없다 하지만
검술 배움도 진실로 삼갈 일이네.
대장부로 태어나 깊이 묻혀 살다니
입신 양명 생각해 부지런히 힘썼네.
방패 창 거둔 지 오래고
요순 같은 임금이 대를 이었으니
약간의 공이 있지 않아도
맨손으로 큰 벼슬 얻을 수 있네.
남쪽 변방 수많은 진영(鎭營) 가운데
웅장하긴 진주(晉州)가 으뜸이라오.
깃발은 티끌 속에 펄럭이고
무기는 푸른 날이 삼엄하다오.
송별 자리 가까운 손님들 모여
술과 고기 어지러이 다시 올릴 때
나도 와서 앞에서 노래 이루니
가는 이에겐 반드시 전별금 있네.
삼가 듣자하니 진주 삼장사(三壯士)[1]
의로운 명성 천지를 진동했다오.
범가죽을 천년 뒤에 남기겠다면
목숨도 가볍게 한순간에 내던졌다오.
강산에는 불길한 기운 걷히고
성곽에 불탄 재를 거두니
피어린 땅 즐거운 장소로 변해

높이 솟은 누각들 신기루 같다.
곱게 단장한 미인들 북적거리고
호탕한 풍류객들 진을 쳤구나.
안개 경치 정말로 즐길 수 있으니
바람과 추위에 그 누가 다시 엄중히 지킬까.
묵은 칼 녹슬어도 갈지를 않고
버려둔 해자에 흙탕 파내기 어렵도다.
국경엔 비록 탈이 없어도
미친 이웃 어찌 한시나마 잊으리.
한(漢)나라 조정 안에 무신 많아도
표요교위(嫖姚校尉)[2]에 특별히 선발되었네.
나라에 보답하려면 올곧게 충성스러워야 하고
제몸 다스림은 마땅히 온화하고 공손해야지.
머리서 발끝까지 모두 임금님이 주신 것
재물이며 여색에 감히 몸바쳐서야.
군사 훈련 폐한 지 오랬으나마
지휘 단속 마땅히 엄중하고 빨라야 하리.
군사가 몸이 얼고 굶주리거든
받은 녹봉 다 풀어 구제한다면
변방에 위급한 변고가 있더라도
칠척이라 한몸 아낌이 없을 테지.
당신 집은 대대로 유가의 집안
학문과 행실 드높이 명망 올랐으니
참으로 즐겨 노는 걸 일삼는다면
무엇으로 후손에게 일러 줄 텐가.
가거든 국사를 잘 다스려
당신 위해 센 머리 부디 아끼구려.

送李護軍格 爲晉陽節度使

學書故無益, 學劍良所愼。
丈夫重埋沒, 俛焉思自振。
干戈久已櫜, 繼繼堯與舜。
未有尺寸功, 徒手取斗印。
南方衆藩鎭, 雄壯首數晉。
旗旄蹴紅塵, 鈇鉞森靑刃。
祖席聚親賓, 酒肉紛更進。
我來前致詞, 行者必有贐。
恭聞三壯士, 義聲天地震。
豹皮留千載, 鴻毛擲一瞬。
江山霽氛翳, 城郭收灰燼。
血地翻行樂, 樓閣騰如蜃。
娥娥紛黛叢, 蕩蕩風流陣。
烟景信可娛, 風寒誰復謹。
古劍銹不磨, 廢池淤難濬。
疆場雖無事, 狂鄰詎忘釁。
漢廷足武臣, 嫖姚特被遴。
報國思蹇蹇, 律己宜恂恂。
頂踵皆君賜, 貨色敢有殉。
敎鍊久已廢, 節制宜嚴迅。
士卒若凍餒, 廩祿悉捐賑。
邊門有警急, 七尺宜無吝。
君家世儒素, 學行躋華峻。
苟爲供佚樂, 何以謝後胤。
去矣理王事, 爲君惜衰鬢。 〈권5, 1795년〉

* 역주 1) 삼장사(三壯士) : 다산이 가리킨 삼장사는 선조 26년(1593) 6월 진주성에서 왜적과 9주야를 싸우다가 장렬하게 전사한 김천일(金千鎰)·최경회(崔慶會)·황진(黃進)이다. 또한 삼장사는 김성일(金誠一)·조종도(趙宗道)·이로(李魯)라고도 하는 설이 있다.

  2) 표요교위(嫖姚校尉) : 중국 한(漢)나라 무제 때 곽거병(霍去病)의 별칭인데, 그가 표요교위를 지낸 명장이기 때문이다.

[해제]

진양절도사는 경상우도 병마절도사의 별칭이고 진양은 진주(晉州)의 옛이름이다. 다산은 장인 홍화보(洪和輔)가 진양절도사로 있을 때 진주에 가서「진주 기생의 칼춤」이란 시를 짓고,「진주의기사기(晉州義妓祠記)」등을 쓰기도 했다. 또한 아버지 정재원이 진주목사로 재임 중 돌아갔기 때문에 진주와는 남다른 인연이 있었던 것이다. 이격(李格)은 다산과 가까웠던 이벽(李檗)의 친형으로 다산과는 가까운 인척 사이였다.

윤지범(尹持範)에게 보내다

1

새벽녘 도성 빛이 어두울 때
동풍에 가랑비가 흩뿌리누나.
땅줄기 조금이나마 풀 수 있어도
사람의 졸음은 깨뜨릴 길 없구려.
문을 닫아 우는 새 안심시키고
향을 더 태워 연기가 휘감김을 돋운다.
봄의 흥취 다가옴을 날마다 깨달으니
꽃구경할 돈푼을 마련해야지.

2

몇말 봉록에 붙어 사는 자신이 가련하고
때 못 만나 험한 생애 그대 되레 뛰어나네.
내 어찌 규장각에 서책 교정한답시고
흥을 타고 벗 찾은 섬주(剡州) 배를 잊을 수 있나.
10년 세월 붉은 먼지 속에 말을 타고 다녔으나
한가닥 꿈 푸른 물가 갈매기를 따른다오.
비 개인 뒤 종남산 빛 아름다운데
대난간 밖에 나와 우두커니 앉아 있네.

對雨寄南臯[1)]

淺曉城光暗, 東風小雨邊.
稍能融地脈, 無計破人眠.

扃戶安啼鳥, 添香助裊烟。
日知春事近, 要辦賞花錢。

棲遲斗祿自堪憐, 歷落崎嶇爾却賢。
豈爲校書天祿閣, 遂忘乘興剡州船。
十年騎馬紅塵裏, 一夢隨鷗碧水邊。
雨後終南山色好, 竹欄干外坐悠然。<권5, 1795년>

* 원주 1) 2월 17일(二月十七日)
[해제]
　다산은 비가 오면 생각나는 사람이 남고(南皐) 윤지범(尹持範)이었던 것 같다. 윤지범은 다산이 장기에 유배되었을 때, 그 무서운 시절이었음에도 장기로 시를 써서 보내는 등 우정을 꿋꿋이 지켜 잃지 않았으며, 일생 동안 변함 없는 다산의 시우(詩友)였다. 다산이 지은 묘지명이 『다산산문선』에 실려 있다. 윤지범은 다산보다 10세 위의 외육촌형이다.

전원을 그리워하며

1

조그만 뜨락 배꽃 밑엔
깊은 봄 두메산골 초가집이라.
처마 밑은 누워서 쉴 만도 하고
볏논은 한평생을 감당해 주네.
바위벽엔 옅은 안개 머물러 있고
시내 하늘엔 지는 노을 지나가도다.
조용한 새집에는 기이한 새 많으니
상림원(上林苑)[1] 까마귀야 비웃을 만해.

2

하얗게 칠한 책장인데
서가에 가득한 서책은 들쭉날쭉.
봄 산은 짙푸르름에 젖었고
구름 서린 벼랑은 텅 비었구나.
여린 잎 새싹 나서 산뜻하고
그윽한 샘 실개천 졸졸 흐른다.
대사립문 언제나 반쯤만 닫았으니
있고 없음을 왜 따지리오.

3

문 위에 연한 먹물 현판이 걸린
조촐한 한 채의 초당이라네.

아이 종은 채마밭 가꾸고
어린 아들 책상에서 장난을 치네.
맑은 못엔 푸른 빛 고요한데
첩첩한 봉우리엔 이내 엉겨 길구나.
지난날 심어놓은 홍작약
둘러 선 담장가에 새싹이 붕긋.

4

즐거움은 꾸며낸 즐거움 아니고
시름 또한 한가한 시름이라네.
고요하자 새가 돌아들고
꽃내음에 벌도 다시 찾아드노라.
납가새꽃 노랑빛 차츰 시들자
부들잎 푸르름이 깊어가는구나.
감돌아 껴안은 첩첩 산속에
상쾌하다 만사가 넉넉하구나.

5

비록 공명 세울 형세는 잃었으나
바로 범을 밟는 위험일랑 벗어났네요.
푸른 산은 정해진 주인이 없고
서책 속엔 많은 스승이 담겨 있네.
이필(李泌)이 돌아갈 생각 품는 날이고
전기(錢起)가 용감히 물러날 때라오.
몸이야 여기 두고 정신만 홀로 가서
대난간에 기대어 봄꿈이나 기다리네.

懷田園五首 酬南皐韻[1]

小院梨花底, 深春峽裏家。
茆簷容偃息, 稻隴足生涯。
石壁留空靄, 溪天度落霞。
幽棲多異鳥, 剛笑上林鴉。

粉白皮書架, 參差滿架書。
春山涵積翠, 雲壁湛空虛。
嫩葉明苞櫱, 幽泉溜細渠。
竹扉常半掩, 出處欲何如。

澹默題楣畫, 蕭然一草堂。
小僮調菜隴, 穉子戲書牀。
印綠澄泓靜, 凝嵐疊岀長。
舊栽紅芍藥, 抽茁傍廻牆。

樂猶非僞樂, 愁亦是閒愁。
寂寂鳥還至, 菲菲蠹更求。
薺花黃漸碎, 蒲葉綠初幽。
廻抱重山裏, 鋪舒萬事優。

縱失攀龍勢, 仍辭蹈虎危。
碧山無定主, 黃卷有餘師。
李泌懷歸日, 錢郞勇退時。
形留神獨往, 春夢竹欄遲。 <권5, 1795년>

* 원주 1) 전원을 그리워함은 생각을 기록한 것이다. 생각이 다다르는 곳은 정신도 함께 이르기 때문에 자나깨나 골똘히 생각하다 보면 어느새 정신이 문득 이르러 있다. 붓을 잡아 그것을 기록하여 나의 형체를 달랜다.(懷田園紀想也 想之

所至 神亦至焉 寤寐想之 倐忽神至 援筆書之 以爲吾形)

　* 역주　1) 상림원(上林苑) : 중국 한(漢)나라 무제 때 천자의 사냥놀이를 위해 각종 새와 짐승을 기르던 숲으로 금림(禁林)이라고도 했다.

[해제]

　영화로운 벼슬자리에 있으면서도 물러날 때가 아닐까 하는 고심을 읊은 시이다. 군자의 마음이 드러난다. 결국 다산은 몇달 뒤에 서교(西敎) 문제로 금정도찰방(金井道察訪)으로 좌천된다. 좌천뿐 아니라 일종의 귀양살이를 하는 셈이다.

강변에 살어리랏다

1

유유히 흐르는 소양강 물은
서남쪽으로 능내를 지나간다오.
항상 도잠(陶潛)의 귀거래사 사모하면서
사마상여(司馬相如) 유람까지 작정했었네.
병풍 두른 푸른 산은 그림으로 옮기지만
흰 갈매기와는 대꾸할 말이 없어라.
숨어 사는 모든 이들 헤아려보니
너나없이 명사들이네.

2

어린 시절 책짐 메고 고향 마을 떠나서
서울에서 교유한 지 20년이네.
벗을 맺은 몇몇 사람 시골에 머무르며
사들인 책 1천 권 침상 곁에 놓아뒀네.
자욱한 안개 물결 어느 때나 찾아가서
꽃나무 그늘에서 종일토록 잠을 잘까.
애당초 성곽 남쪽에 밭 두 뙈기 있었던들
헌옷 걸치고 왜 제나라·연나라에 유세하러 나서리요.

懷江居 二首 次杜韻

袞袞昭陽水, 西南度廣州。
常懷元亮賦, 猶作馬卿遊。

有畫移靑嶂, 無辭對白鷗。
商量偕隱者, 多少是名流。

弱齡負笈辭鄕里, 京國交游二十年。
結友數人留野外, 買書千卷置牀邊。
烟波滿地何時去, 花木成陰盡日眠。
早有郭南田二頃, 弊裘那肯說齊燕。〈권5, 1795년〉

[해제]
앞에 나온「전원을 그리워하며」와 함께 벼슬에서 떠나고 싶은 심경을 읊은 시이다. 근기 지방 출신 벼슬아치들은 현직이 없으면 생계가 막연하므로 과감히 이를 떨쳐버리고 떠나지 못했는데 다산도 역시 이런 처지에 놓여 있으면서 고민했던 것이다.

북악산에 올라

서북으로 높은 성 옅푸른 산빛 압도하고
일곱 산봉우리 아름다운 기운 대궐로 들어오네.
철령(鐵嶺)에서 산맥 나뉘어 천리를 달려오고
용문산(龍門山)에서 물길 갈라져 경기 땅이 양쪽이네.
새롭고 고귀한 누대엔 꽃피어 선명하고
남쪽 향한 궁전에는 풀이 무성하구나.
어지럽게 200년 동안 당파싸움 한 일
만촉(蠻觸)[1]처럼 서로 다툼 누가 옳단 말인가.

登北嶽

西北層城壓翠微, 七陵佳氣入彤闈。
山分鐵嶺行千里, 水割龍門作兩畿。
新貴樓臺花的的, 正陽宮殿草霏霏。
紛紜二百年來事, 蠻觸交爭孰是非。 <권5, 1795년>

* 역주   1) 만촉(蠻觸) : 사소한 일로 조그만 나라끼리 싸움을 일으키는 것을 말한다. 『장자(莊子)』에 "달팽이의 왼쪽 뿔에 나라를 갖고 있는 자는 촉씨(觸氏)라 하고, 오른쪽 뿔에 나라를 갖고 있는 자는 만씨(蠻氏)라고 하는데, 서로 땅을 빼앗으려고 수시로 전쟁을 하여 수만 명의 시체가 깔렸다."는 말이 있다.

[해제]
영조와 정조의 탕평책(蕩平策)으로도 이미 고질병이 된 당쟁이 종식되지 않고 있음을 안타까워한 시이다.

그림 배우는 대릉의 세 늙은이

1. 윤필병(尹弼秉)

대릉 노인 넷 가운데 세 노인 더 늙고
윤필병(尹弼秉) 공 제일 늙어 눈썹 수염 희도다.
갑자기 그림 배워 난초랑 국화 그리니
국화란 무슨 꽃이며 난초란 어떤 풀인가.
더더구나 말그림은 옛날에도 그리기 어려웠는데
근래는 오직 윤덕희(尹德熙)가 자못 묘리 깨달았도다.
이제 윤공의 말그림은 낙서(駱西)의 남긴 뜻 얻어
불거진 야윈 뼈 너무나도 진짜 같다.
한스럽긴 네 다리의 너무 살찐 복사뼈요
둥근 눈깔 쫑긋한 귀 그밖엔 모두 좋고말고.

2. 채홍리(蔡弘履)

채홍리(蔡弘履)는 신선 좋아해 날으는 신선 그리니
구름 타고 허공 걸음 어찌 그리 가벼운가.
화양동 백우선(白羽扇) 법도대로 갖추었고
피리 부는 동자 도사 더욱이 자연스럽네.
안타까운 건 신선 모습이 속세 사람 가까워
벼슬 생각 여색 욕심 배에 가득찬 듯합디다.

3. 이정운(李鼎運)

이정운(李鼎運)은 재주 부려 생각이 사람 놀래키는데
특히 범 그림은 진짜와 흡사하다네.

바람소리 싸늘하니 모골이 다 오싹하고
번갯불이 번쩍번쩍 눈동자 부릅떴다.
늙은 솔 기묘하고 굳세어 그 위세를 돕는데
꿈틀꿈틀 100자(尺)의 용비늘처럼 붉도다.

아아! 세 노인 시문만 잘했을 뿐
그림 잘 그린단 소문은 들어보지 못했었다.
그림 잘 그리는 자 화첩을 안 만든단 말 마소
찍어 모양 이뤄지면 오히려 스스로 기쁘다오.
뜻밖에 화공이 찾아와서 솜씨 빌리자 하면
한 사람이 그릴 것을 세 사람이 나눌 테지.
뜻밖에 세 노인들 정말로 그림 잘 그린다면
그런 기풍 따라 남은 향기 뿌리기를 바라노라.

大陵三老學畫歌

大陵四老三老老, 最老尹公鬚眉皓。
猝然學畫畫蘭菊, 菊如某花蘭某艸。
況復畫馬古所難, 近惟駱西頗悟道。
今公畫馬得遺意, 瘦骨稜稜逼天造。
但恨四踝如擁腫, 鈴燊竹批餘皆好。

岐川好仙畫飛仙, 乘雲步虛何翩翻。
華陽白羽俱如法, 道童吹笛尤天然。
所嗟仙人貌近俗, 宦情色慾猶滿腹。

五沙運智思驚人, 特畫於菟恰如眞。
風聲凜冽毛皆竦, 電光閃爍睛方瞋。
古松奇崛助威力, 蜿蜒百尺龍鱗赤。

吁嗟三老只能文, 丹鉛繪素吾不聞。

休言善畫者不帖, 塌刻成形猶自欣。

不然畫師來倩手, 一人所作三人分。

不然三老眞善畫, 願趨下風捄餘芬。 <권5, 1795년>

* 역주 1) 화양동(華陽洞) 백우선(白羽扇) : 화양동은 도가(道家)의 36동천(洞天)의 제8동으로 모군(茅君)이 다스리는 신선들이 사는 곳, 백우선은 흰 새털부채로 신선이 가진 부채이다.

[해제]

대릉(大陵)은 지금의 정동(貞洞)으로 옛날에는 정릉동이라 했는데 크고 작은 두 마을이 있었다. 여기에 살던 윤필병(尹弼秉)·채홍리(蔡弘履)·이정운(李鼎運) 등은 다산이 존경하던 선배들이며 다산과 밀접한 관계가 있었다. 이들 세 원로가 인생을 참답고 여유롭게 살아가는 모습을 기린 시이다. 이 시보다 앞서 「대릉의 세 노인(大陵三老歌)」이란 시를 지어 이들을 찬미했다.

장마비

중복이 지난 뒤 낮은 곳엔 물이 넘쳐 흐르고
산비탈 천둥지기도 무릎까지 물이 찼네.
쟁기질도 할 수 없고 모내기도 못하니
이미 기운 병세에 인삼 백출 처방이로세.
감사 공문 날아들자 고을마다 시끄럽고
농사일 다그치길 법률 집행처럼.
사또 나리 말을 타고 몸소 들판에 나와
집집마다 문앞에서 나오라고 호령하네.
젊은이 담장 넘어가고 노인 나와 엎드려서
"생각건대 모내기할 때 이미 놓쳤거니
이제야 모 심는 건 공력만 허비할 뿐
가을에 벼베기를 누가 할 수 있겠소.
목화밭 기장밭에 가라지가 무성하여
여덟 식구 호미질 하루해가 아깝다오.
사람 사서 일하려면 점심을 줘야 하고
한말 쌀이 어디서 나오겠습니까?"
사또 나리 말을 세워 형장을 내리치며
게으른 농사꾼아 네 감히 편안하길 꾀하려뇨.
자식 며느리 불러서 논에 가라 재촉하여
다섯 걸음 열 걸음씩 모 한 포기 꽂을 때
고을 원님 말을 돌려 관아로 들어가니
논두렁에 발을 뻗고 서로 웃어대는구나.
농가에서 일년 동안 크게 바라는 바는

모를 심어 자라면 그 열매 먹는 것이라
기회 포착 언제나 솔개처럼 빠르거니
그 어찌 위엄으로 협박받기를 기다리리요.
고맙습니다 사또 나리 행여 우리 굶주릴까봐
몸소 와서 우리의 막히고 가려짐 교화해 인도하시네.

苦雨歎 示南皐

中庚過後水澤溢, 甌窶高田深沒膝。
有犁不耕苗不移, 如病旣誤方蔘朮。
監司飛牒列郡擾, 急急課農如法律。
使君騎馬親出野, 家家門前逞呵叱。
健兒踰垣翁出伏, 恭惟揷秧時已失。
于今但得費服力, 秋來誰遣觀刈銍。
棉田黍田莠桀桀, 八口荷鋤方惜日。
傭人作事須有餻, 一斗之米從何出。
使君立馬索箠楚, 惰農敢欲偸安佚。
傳呼婦子催出田, 五步十步立苗一。
使君回馬入府去, 隴頭放脚相笑咥。[1]
農家一年所大慾, 種稻成禾食其實。
赴幾常如鷲鳥迅, 豈待威嚴相恐怵。
多謝使君念我饑, 親來敎我膈迷窒。 <권5, 1795년>

* 원주 1) 질(咥) : '질'은 웃는다는 뜻이다. 『광운(廣韻)』을 근거로 삼았다.(笑也 據廣韻)

[해제]
남고(南皐)는 앞에서도 나온 윤규범(尹奎範:尹持範)의 호로, 다산에게 있어선 비만 오면 생각나는 시우(詩友)이다. 늦장마가 지자 세상 물정에 어두워 현실을 모르는 지방 수령이 모내기를 독려하는 모습을 그린 시이다. 결국은 농부만 괴롭히는 이른바 탁상 행정을 비판하고 있다.

취해 볼거나

긴긴 날에 한 동이 술
마주 대한 두 광객이로다.
술 마시면 미치고 미치면 더욱 마셔
재물 많은 부자가 더욱 많은 재물 긁어 모으듯
묻노라 그대 무슨 일로 미치는가
높고 넓은 저 하늘 열고 보라.
서쪽으로 해가 지면
동쪽에선 달이 뜨네.
서쪽으로 지고 동쪽에서 뜨고 또다시 지고 뜨지만
그 사이 영웅 호걸 한번 가면 돌아오지 않누나.
경도선 4만 5천리요
위도선도 4만 5천리라네.
이 속에 한바탕 놀이판 벌여
뭇 광대들 어지러이 놀아대누나.
금방 몸을 드러내서 신명나게 뛰놀다가
갑자기 자취 숨겨 적막하게 사라지네.
적막하게 감추고는 다시는 아니 나와
곱고 예쁜 처자식 모두 잃어버렸네.
적막하게 사라지면 무슨 소용 있으랴
100말 술이 있어도 소용이 없네.
수십 마리 말 있어도 탈 수가 없고
천금이 있어도 만져볼 수 없어라.
농부가 소 끌고 와 무덤을 갈아 엎어도

벼락 같은 소리로 엄중히 꾸짖지도 못한다오.
이러니 성인이 금방 안 된다면
그 본성을 잃을 수밖에.
그 본성을 잃었다면 너 또한 미친 거고
네가 만일 미쳤다면 참으로 나의 벗이거니
우리 둘이 백잔 천잔을 어찌 아니 마시리.

醉歌行

長日一尊酒, 相對兩狂客。
飮酒成狂狂益飮, 如財旣富愈貪獲。
問君緣何狂, 視彼天宇闊。
白日西逝, 明月東來。
西逝東來來復去, 其間俊傑去不回。
經線四萬五千里, 緯線四萬五千里。
設此一戲場, 紛然衆戲子。
倏爾現身馳驥驥, 忽爾匿跡寥寥藏。
寥寥藏遂不出, 艷妻美子渾相失。
寥寥藏可奈何, 有酒百斗當奈何。
有馬十乘能騎跨, 有金千鎰能摩挲。
有夫挈牛來耕面上土, 何不一聲霹靂嚴叱呵。
若非猝成聖, 無乃失其性。
失其性汝亦狂, 汝若狂眞我友。
何不與我二人, 共飮百千觴。 <권5, 1795년>

[해제]
이 때 다산은 규영부(奎瀛府) 교서직에서 물러나 답답하게 보내고 있을 때인 듯싶다. 이런 심경의 일단이 표출된 시라 하겠다.

화폭에 쓰다

1

물가에 대풀 정자 한 칸뿐인데
그대 집 어디길래 돌아가려 하지 않나
서책만 널려 있고 읽을 생각 없어 보이니
시냇머리 두세 점 산봉우리 있어서인가.

2

옷자락 두건 바람에 날리며 산장으로 들어서니
하늘 아득한 물가는 바로 석양이로다.
들다리를 다 지나서 풀과 나무 만나자
작은 노새 즐거워 네 발굽이 허둥지둥.

3

긴 바람 불어오는 맑고 시원한 빈 누각
절반은 버들 속에 절반은 물속에.
사람이 온 듯하나 사람은 보이지 않고
굽은 난간 동쪽에 술병만 남았구나.

4

한 동이 맑은 술을 늙은 솔등걸에 놔두니
머리 위에 부는 바람 소리없이 시원하다.
이 늙은이 앉은 뜻 묻지를 말거라
아무 뜻없는 것이 이 늙은이 높은 경지.

5

들 절간 거친 누대 두세 층 탑이 있고
어슴푸레한 동구 밖 돌아가는 중이로세.
우중충한 산림 속에 빗줄기가 쏟아져내리니
칡이며 머루덩굴 늘어져 분간이 안되어라.

題畫 五首

臨水茅亭只一間, 君家何在欲無還。
攤書不見看書意, 爲有溪頭數點山。

衣巾飄拂入山莊, 天遠汀洲正夕陽。
行盡野橋逢草樹, 小驢欣悅四蹄狂。

泠泠虛閣水長風, 半入垂楊半水中。
若有人來人不見, 酒壺留在曲欄東。

一尊淸酒古松根, 頭上颼颼爽不喧。
莫問此翁何意坐, 絶無意處此翁尊。

野寺荒臺塔數層, 洞門曛黑見歸僧。
蒼蒼積雨穹林內, 不辨垂蘿與古藤。〈권5, 1795년〉

[해제]
그림에 쓴 시로, 다산에게는 그림을 감상하고 해설하는 글이 상당수 있다. 나중에는 명색 없는 화가인 장천용(張天慵)의 전기를 짓기도 하고, 직접 그림을 그려보기도 한다.

시로 쓴 역사 인물론

1

세상은 본디 일이 없는데
용렬한 사람들이 어지럽혔다고 했지.
용렬한 사람 대신 재주꾼으로 바꾼다면
그 말이 더더욱 사리에 맞으렷다.
결승(結繩) 문자가 또한 이미 어지럽혔고
창힐(倉頡)의 글자 만듦 기예가 아닐쏘냐.
전자(篆字) 변해 예서(隸書)와 초서(草書)가 되고
대쪽 책이 변하여 판각(板刻)하게 되었네.
글을 전수함은 날로 편리해졌건만
세상의 요란함 날이 갈수록 교활해졌지.
용무늬 새기듯 묘한 말재간
어리석은 백성 본연의 아름다움 잃는다.
공자님도 이미 깎고 다듬었거니
어인 일로 진시황만 탓하리요.

2

노자(老子)가 지극한 정치 설파했으나
이웃 나라까지는 왕래가 없었지.
양자강·황하가 남북의 경계인데
더구나 큰 바다야 어떠하리요.
돼지나 염소처럼 백성을 가둠은
뒷날의 재앙 염려하는 하늘 뜻이라네.

배와 노는 누가 만든 것인가
이욕의 마음 본디 재물에 있는 거지.
오랑캐와 어지러이 서로 통하자
재앙 문이 이로부터 열렸다네.
전쟁이 그칠 때가 없고
풍속은 날로 더욱 무너졌어라.
못난 사람 따져보면 그가 무슨 죄
폐단 근원 재주꾼 어찌 아닐까.

3

연극판에 연극을 관람하는 자
손님 와도 예의를 차리지 않네.
귀와 눈 한쪽으로 쏠려 있기에
본심과 행동은 늘 서로 어긋나지.
박식이 좋기는 좋다마는
효제에 있어서는 소홀하다오.
음란의 싹 마음에 자꾸 쌓이고
재주 타올라서 사지를 움직이네.
공손한 모습 교만에 가리어지고
문밖으로 나가면 비방이 생긴다오.
떠도는 말 안개처럼 퍼져나가니
은하수를 부어도 씻을 수 없네.
자식 가르침은 어떻게 할까
편지나 겨우 쓰면 충분하다오.

4

일곱 별은 저절로 천체를 돌고
사계절은 저절로 교대를 하네.

제아무리 허황한 사람일망정
겨울 할 일 봄 할 일 어긋나지 않거니.
뛰고 기는 하찮은 저 곤충을 보더라도
들어앉고 움직임 누가 가르쳐 주어서인가.
함부로 하늘 조화 엿보고 싶어
산대 벌여놓고 초승 그믐 추산해 보네.
이름난 꽃 꽃가루를 받지 못하고
기름진 밭 날로 잡초만 우거지네.
육경처럼 기이한 성현의 글도
두드려도 감감히 대답이 없네.

5

마원(馬援)이 자기 아들 경계한 편지
뜻은 좋지마는 말은 거칠다.
남의 단점 논의할까 걱정하면서
용술(龍述)과 두계량(杜季良)을 먼저 평론했다네.
마원이 그 때문에 무너졌거니
말 잘하다 남의 꺼림과 성냄 불러들였네.
남의 흠 잡는 마음 가슴에 머물러
이 말이 끝내 한번 터져나왔네.
마음 넓혀 너그럽게 포용한다면
모든 백성 그 누가 나를 업신여기랴.

6

큰 부자의 자식은 사형 받아 죽지 않는다는
옛날 사람이 했던 말 있지만
참으로 돈 있다고 살려낸다면
돈 때문에 죽는 일 어찌 없으랴.

종놈들 내 재산을 이롭게 여겨
금곡(金谷) 신세 마침내 어찌 됐던가.[1]
내가 보니 부잣집 할아버지들
늙은 나이에도 대부분 자식이 없어
밥 있어도 먹을 식구 없는 게 걱정
입 있어도 봉양할 자손이 없네.
세상에 완전한 복록은 없는데
통달하지 못해 이 이치에 어둡구나.

7

땅이 열려 동서남북 자리잡히고
세상이 말세기라 인구는 불어나네.
깊은 산골까지도 호적을 묶어
세상에는 무릉도원 없다네.
애석할사 도잠(陶潛) 선생은
도원이라 전원을 꿈속에 그리웠지.
애써 찾다 마침내 얻지 못하자
붓대 잡아 우언(寓言)을 그려놓았네.
그 마음을 고요히 생각해 보면
천년이 지났어도 형제처럼 생각되네.

8

특별하게 뛰어났네 승지 강서(姜緒) 공은
맑은 풍류 한세상 흩뿌렸었네.
고래처럼 벌컥벌컥 술을 들이켜
잔뜩 취한 채로 세월 보내고.
곧지 못한 사람을 매우 꾸짖어
퉤퉤 뱉은 침 멀리 떨어졌다네.

가정 행실 효우를 도타이 하고
지키기 어려운 절개 혼자 갈고 닦았지.
인물 추켜세운 평론 우뚝하여
누가 감히 원망하여 노려볼 텐가.
어리석은 사내가 호랑이 크게 그리다가는
잠깐 사이에 크게 잘못할 테지.

9

허씨 가문 명사들 많기도 한데
관설당(觀雪堂) 허후(許厚)는 더욱 더 호매(豪邁)했다오.
문 닫아 세상 이해 사절하고서
조용한 마음으로 주역만을 궁리했다오.
원대한 식견 100년의 일을 비추고
높은 수단 성공과 실패를 뛰어넘었네.
은거해도 명성은 잠기지 않아
꽃다운 이름 우리 나라에 가득찼도다.
원한 두텁게 맺었던 여러분들을
이제 보건대 어찌나 통쾌한가.

10

내 옛날 선성(宣城:原州) 고을 지나칠 때
우담(愚潭)이란 물 위에 배를 띄웠지.[2)]
강산은 평소와 같으나
높은 풍도 까마득 발돋움하기 어려웠네.
한 걸음도 산 밖을 나서지 않아
세속 떠난 마음은 은사 같건만
국가 대사 뒤틀리면 반드시 상소했으니
나라 위한 충성이 이와 같았네.

시속 풍속 경박하기 어떻던가
화살 떨어질 곳에 과녁 옮기나
군자는 바깥 동향 따르지 않고
지키는 바는 오로지 공정한 이치라오.
존경할 스승 진정 여기 있으니
백대 뒤라도 기다릴 수 있다오.

11

거룩할사 김창흡(金昌翕) 선생께서는
청사(淸士)의 열전에도 부끄럽지 않다.
어찌 뜻했으랴 정승·판서 가문에
갑자기 이런 선골(仙骨)이 나타날 줄을.
벼슬 봉록 내던지고 긴 휘파람 불며
여기 저기 명산을 두루 다녔네.
뜻 맞으면 그냥 머물러 살다가
미련없이 마음껏 활개를 폈었지.
지난해엔 운곡(雲谷)[3]에서 살아가다가
올해엔 벽계(檗溪)[4]에 머물렀다.
붓대를 휘갈기면 수없는 문장
안개며 노을빛이 종이에 떨어지듯.
영광 치욕 모두 다 놀라지 않고
순경과 역경에 변함 없었네.
세상을 이와 같이 살 수 있다면
인생이 번개처럼 날아갈 테지.

12

세상 다스릴 뜻 정성스럽고 간절하기는
오직 반계 유형원(柳馨遠) 선생께서 보았네.

깊이 은거하여 이윤(伊尹) 관중(管仲) 사모했으나
그 이름 멀리 왕궁까지 들렸네.
큰 강령은 균전법(均田法)에 있었기에
만개의 그물눈이 서로 통했네.
정밀한 생각으로 틈새를 기워가면서
단련하고 제조하는 거듭한 각고의 노력.
찬란한 임금 보좌 재목으로서
산림 속에 묻히어 늙어 죽었네.
남기신 글 세상에 가득하건만
백성에게 은택 끼치는 공을 펴지 못했네.

13

문장은 운명 영달 미워한다는
옛사람의 이 말이 그렇다마다.
동주 이민구(李敏求)는 시의 대가라 불리는지라
더군다나 비명(碑銘)에다 새길 만하다.
늘그막에 비방하는 말 한몸에 업고서
자손까지 아울러 고통 겪었다.
송곡 이서우(李瑞雨)는 서당(西堂) 우통(尤侗)과 비슷한데
교묘하고 정밀하여 아름답고 고왔다오.
불행 곤궁 죽은 뒤까지 미쳐
남긴 초고조차 대부분 전하지 않네.
농암 김창협(金昌協)은 문장 특히 아름다운데
중년에 슬픔과 걱정 얽히었다네.
내 비록 구명편(九命篇)을 짓고 싶어도
소국이라 숭상할 이 많지가 않네.

14

하늘이 어진 인재 탄생할 때
꼭 양반집으로만 가리지 않을 텐데
어찌하여 가난하고 미천한 서민에는
뛰어난 인재 있음 보이지 않나.
아이 낳아 두세 살 어릴 적에는
얼굴이 그야말로 수려하지만
아이 자라 글자를 배우려 하면
아비 말이 콩이나 심으려무나.
네가 글을 배워서 어디에 쓰랴
좋은 벼슬 너에겐 주지도 않을 텐데.
아이는 이 말 듣고 핼쑥해지고 꺾여
이로부터 견문이 좁아지고 안일하여
애오라지 이잣돈이나 불려나가면서
중간 정도 부자야 이루겠다나.
우리 나라에 뛰어난 인재는 적어지고
고귀한 집 날로 빨리 승진한다네.

15

고귀한 가문에서 아이가 태어나면
낳자마자 당장에 고귀한 양반이라.
두세 살에 남을 헐뜯는 법 가르치고
총각 때는 벌써부터 거만해진다.
아첨꾼들 구름처럼 모여들어서
행전 버선 매주며 하는 말들이
더 편히 누워 있고 일찍 일어나지 말게나
그대 행여 병들까 걱정이 되오.
문장이나 역사 공부는 애쓰지 마소

나중에 고관대작 절로 생기오.
그 아이 자라나면 과연 출세해
말을 타고 대궐로 들어간다오.
달리는 말 날으는 용과 같아서
네 다리가 하나도 꺾이지 않네.

16

인삼은 본디 산풀이지만
지금에는 채마밭에다 심기도 하니
자라는 건 비록 사람 손 빌렸다지만
본성 또한 사람 기운을 돕네.
닭과 오리 고귀하고 미천함이 다른데
가깝게 지내다 대부분 업신여김을 받네.
푸른 하늘을 찌를 듯이 드높은 산에서도
식물을 기르는 건 한줌 흙이로다.
대지의 진액은 증발되기 마련인데
어찌 홀로 마을 텃밭만 빼놓으리요.
오곡도 온갖 풀에 뒤섞였던 걸
세월 흘러 사람이 심은 것이네.
대성(臺省)에 어진 인재 끼쳐 있는데
어리석고 못난 사람 산림에서 찾으려 하네.

17

푸르디푸른 잣나무는
재질이 좋아 꺾이지 아니하는데
우리 나라 사람 측백이라 이름지어 부르며
내버려서 쓸모없는 재목이 되네.
온갖 모함으로 참 아름다움 가리니

대중 의혹 그 누가 깨우쳐 줄까.
옛사람 측백나무 중시하지 않고
소나무 심을 만하다고 말했을 뿐이네.
소나무 버려두고 따로 소나무 찾으면
어디 가서 소나무를 얻으리요.
위상(魏尙) 같은 인물도 법망에 걸렸는데
염파(廉頗)·이목(李牧)인들 뛰어난 인재라 하랴.

18

석회는 물을 뿌려야 불이 붙고
옻칠은 습해야만 물기 마른다.
물질 성질 상식과 다름이 있는데
어찌 능히 그 원리 알아내리요.
벼슬 녹봉 사람이 사모하는 바이지만
고매한 뜻 품은 선비 오히려 벼슬 내던지네.
욕심장인 그걸 바라보고 의아스러워
밤새도록 편안한 잠 이루지 못하네.
각기 또한 본성대로 돌아갈 따름
제물(齊物)[5]이란 예부터 어려운 것이로세.

19

재주 있으면 비록 덕이 있어도
재주가 덕보다 나은 자라고 늘상 말하거니
진실로 재주와 덕 전부 없다면
이런 명성 반드시 얻지 않으리.
재주는 그야말로 비방의 근원
사람 몸에 있어선 해충과 같네.
재주 없음이 가장 뛰어난 것이고

힘써서 가리고 숨기는 것 그 다음이라.
재주 숨길 때는 장물처럼 숨겨야 하고
장물이 드러나면 문득 도적이 되네.
자식 낳아도 어리석고 미련하기 바래기를
아아! 소식(蘇軾)도 그랬었다오.

20

농가에선 보리가 여물지도 않았는데
농사지을 식량을 걱정하도다.
본디 식량 위해 농사짓는데
도리어 농사 위해 식량을 걱정하네.
짓고 먹고 먹고 지음 서로 근본이 되는데
이끌려가다가 그만 늙어버렸네.
농사가 사람 천성을 어찌 기르랴
진실로 빈 창자를 채우면 그만이지.
사람이 천지간에 태어나
크게 갈팡질팡하다가 그만이라오.

21

세상에 터무니없는 남자라면
나는야 모기령(毛奇齡)을 보았고말고.
보루를 드높이 쌓아올리고
주자(朱子)를 마주 대해 활을 당겼네.
샅샅이 뒤져서 흠 하나 잡아내어
펄쩍펄쩍 뛰는 게 원숭이 같다.
마음 고르고 말도 공손해야지
자기는 경전 애길 하지 않았나.
말개미가 큰 나무 흔들어댄들

잎새 하나라도 어찌 시들어 떨어질쏘냐.

22

일본에 명유(名儒)가 많다지만
아까울손 바른 학문 보지 못했네.
이등(伊藤維楨)은 고문 좋아한다 일컬어지고
적씨(荻生徂徠)라는 사람 더욱 선전되었네.
그들이 끼친 영향 신양(信陽:太宰純)에 미쳐
치우치고 사악하여 경전을 어지럽혔네.
오곡은 애초에 맛보지도 못하고
돌피씨만 이미 두루 뿌려 놓았네.
위태롭다 정주(程朱)의 정맥(正脈)은
우리 나라 이 땅에 한가닥 남았노라.
어허, 세상의 운수 이런 꼴이라
깊은 밤에 홀로 잠못 이루네.

23

씩씩하고 꿋꿋한 저 고염무(顧炎武)는
홀로 명나라의 유민이 되었다.
역사를 줄줄이 꿰어 말해도
온화하여 사람을 현혹시키지 않는다오.
군현론(郡縣論)도 정밀하고 깊어
원대한 계책 특히 뛰어났어라.
이 법이 참으로 시행된다면
천추에 어짊을 끼치게 되는 것인데.

24

전겸익(錢謙益)은 비록 크나큰 인물이지만

치우친 논조가 많았다네.
두 학자의 공로를 칭찬했지만
일찍이 왜군 하나 보았으리요.
이여송(李如松)은 일없이 돌아다녔고
심유경(沈惟敬)은 실로 거짓말 떠벌렸도다.
참소하고 모함함이 외국까지 미쳤으니
편당짓는 너희들 어쩔 수 없어라.

古詩二十四首

天下本無事, 庸人擾之耳。[1]
若改庸爲才, 此言尤達理。
結繩亦已消, 造字豈非技。
篆變爲隷草, 簡變爲鋟梓。
壽書日以便, 擾世日以詭。
才辯如雕龍, 愚民喪本美。
孔聖旣刪削, 奚爲罪秦始。

老聃談至治, 鄰國不往來。
江河限南北, 況乃溟海哉。
囿民如豚羊, 天意念後菑。
舟楫誰所製, 利心本在財。
蠻貊亂相通, 禍門由此開。
兵革無已時, 風俗日已頹。
庸人顧何罪, 弊源豈非才。

戲場觀戲者, 賓至不爲禮。
耳目有所專, 心用每相觝。

博識非不善, 所忽在孝弟。
淫芳積其衷, 才燄動四體。
遜貌挳驕矜, 出門生誹詆。
浮言如烟霧, 天河不能洗。
敎子當何如, 僅足通書啓。

七曜自旋轉, 四時自更代。
雖微閭巷人, 隩析亦不悖。
相彼蟲豸族, 坏振有誰誨。
妄欲窺天造, 布算推弦晦。
名花受澆壅, 良田日蕪穢。
六經如奇文, 有叩默無對。

馬援戒子書, 意善言則粗。
方憂議人短, 先議龍與杜。
援也以此敗, 馴舌招嫌怒。
腸曲留人疵, 此言終一吐。
曠然推寬恕, 凡民孰予侮。

古人亦有言, 千金不死市。
固有金以活, 豈無金以死。
奴輩利吾財, 金谷竟何似。
吾觀富家翁, 抵老多無子。
有飯患無腹, 有口患無餌。
天下無純瑕, 蓬心憯此理。

地闢廣輪定, 世降生齒繁。
深谷皆編戶, 天下無桃源。

嗟哉靖節公，夢想此田園。
苦求竟未獲，捉筆寫寓言。
靜言思其心，千載如弟昆。

卓犖姜承旨，清風洒一世。
痛飲如長鯨，沈醉度年歲。
憤罵不直人，咳唾落天際。
內行篤孝友，苦操獨淬礪。
名論蔚推獎，疇敢怨傲睨。
愚夫若畫虎，轉盻速大戾。

許家多名士，觀雪益豪邁。
杜門謝機栝，冥心講易卦。
遠識照百年，高手超成敗。
跡泯聲不沈，流芳滿東界。
群公厚結怨，於今竟何快。

我昔過宣城，汎舟愚潭水。
江山如平生，高風邈難企。
一步不出山，遐心似隱士。
大事必抗疏，徇國乃如是。
流俗何輕窕，遷鵠以迎矢。
君子不隨物，所操唯公理。
宗師實在茲，百世吾可俟。

偉哉金三淵，不愧清士傳。
豈意卿相門，忽此仙骨現。
長嘯蹝軒冕，游歷名山遍。

適意便止居, 翩翩無係戀。
去年雲谷棲, 今年檗溪奠。
縱筆千萬言, 烟霞落紙面。
寵辱兩不驚, 夷險邃無變。
度世會若此, 人生如飛電。

拳拳經世志, 獨見磻溪翁。
深居慕伊管, 名聞遠王宮。
大綱在均田, 萬目森相通。
精思補罅漏, 爐錘累苦工。
燁燁王佐才, 老死山林中。
遺書雖滿世, 未有澤民功。

文章憎命達, 此言蓋其然。
東洲號詩雄, 碑銘尤可鐫。
晚年負謗言, 苗裔且顛連。
松谷似西堂, 工緻勝濃妍。
厄窮逮身後, 草藁多不傳。
農巖特藻雅, 中歲悲憂纏。
雖欲撰九命, 小國無多賢。[2)]

皇天生材賢, 未必揀華冑。
云胡華蕐賤, 未見有俊茂。
兒生在孩提, 眉目正森秀。
兒長請學書, 翁言且種豆。
汝學書何用, 好官不汝授。
兒聞色沮喪, 自玆安孤陋。
聊殖子母錢, 庶幾致中富。

邦國少英華，高門日馳驟。

兒生在高門，落地便貴骨。
孩提敎罵人，總角已傲兀。
諛客如浮雲，衿鞲親結襪。
且臥勿早起，恐子病患發。
毋苦績文史，自然有簪笏。
兒長果登揚，騎馬入東闕。
馬走如飛龍，四足無一蹶。

人蔘本山草，今人種園圃。
生成雖藉人，天性亦滋補。
雞鶩異貴賤，狎暱蓋受侮。
崇山摩穹蒼，所養一拳土。
大塊蒸精液，詎獨遺村塢。
五穀混百草，世降爲人樹。
臺省遺材賢，山林訪愚魯。

蒼蒼五鬣松，膩密不受摧。
東人呼作柏，棄捐爲散材。[3)]
群諛蔽實美，衆惑誰能開。
古人不重柏，但云松可栽。
舍松別求松，安往得松哉。
魏尙遭文法，頗牧豈異才。

石灰澆則焚，漆汁濕乃乾。
物性有反常，詎能窮其端。
爵祿人所戀，志士猶挂冠。

貪夫望之疑, 終夜睡不安。
亦各還其天, 齊物古所難。

有才雖有德, 每云才勝德。
才德苟全無, 此名未必得。
才乃謗之根, 於身若螫蠚。
無才爲太上, 其次務晦匿。
匿才須如贓, 贓露便爲賊。
生子願愚魯, 嗟哉有蘇軾。

農家麥未登, 農糧費商量。
本爲糧作農, 還爲農憂糧。
循環互爲根, 携汝至耄荒。
農豈養性者, 諒亦以充腸。
人生天地間, 無乃太俍俍。

天下妄男子, 我見毛奇齡。
突兀起壁壘, 關弓對考亭。
窮搜摘一疵, 踊躍如猴猩。
平心遜其詞, 獨不能談經。
蚍蜉撼大樹, 一葉何曾零。

日本多名儒, 正學嗟未見。
伊藤稱好古, 荻氏益鼓煽。[4)]
流波及信陽, 詖淫亂經卷。
五穀未始嘗, 稗稊種已遍。
危哉洛閩脈, 鷄林亦一線。
世運噫如此, 中夜獨轉輾。

矯矯顧亭林, 獨作明遺民。
貫串譚前史, 雍容不眩人。
精深郡縣論, 遠猷特超倫。[5]
此法苟見施, 千載有遺仁。

牧齋雖鉅工, 議論多偏陂。
鋪張二士功, 何嘗見一倭。
提督固逍遙, 沈子實興訛。
譏誣及外國, 黨比奈汝何。 <권5, 1795년>

* 원주 1) 당(唐)나라 육상선(陸象先)이 한 말이다.(唐陸象先語也)
 2) 엄주(弇州) 왕세정(王世貞)의 문집에 「문장구명편(文章九命篇)」이 있다.(王弇州集 有文章九命)
 3) 잣나무는 널을 짜는 용도로는 쓰지 않았다.(不充棺槨之用)
 4) 이등(伊藤)씨의 이름은 유정(維楨)이고 적씨(荻氏)는 자세하지 않다. 신양(信陽)은 태재순(太宰純)인데 『논어고훈외전(論語古訓外傳)』을 저술했다.(伊藤氏名維楨 荻氏未詳 信陽太宰純 著論語古訓外傳) 이 주에서 '적씨'는 자세하지 않다고 했으나 이는 적생조래(荻生徂徠)이다.
 5) 군현론(郡縣論)은 대체로 봉건론(封建論)과 서로 반대되는 것이다.(郡縣論蓋與封建論相反者)

* 역주 1) 큰 부자의 자식~어찌 됐던가 : 큰 부자는 석숭(石崇), '금곡'은 중국 낙양(洛陽) 서북쪽에 있었는데 진(晉)나라 때 부자 석숭이 그곳에 호화스런 별장을 짓고 사치스럽게 살았다. 석숭이 자기 애첩 녹주(綠珠)를 달라는 권신 손수(孫秀)의 요구를 거절했기 때문에 그의 모함에 걸려 처자 등 일족 15인과 함께 처형되었는데, 처형되기 위해 수레에 실려 동시(東市)로 나갈 때 한탄하기를 "종놈들이 내 재산을 탐낸 것이다." 하자, 압송해 가는 사람이 대답하기를 "재산이 해를 끼치는 줄 알았으면 어찌 일찌감치 분산시키지 않았는가." 했다 한다.
 2) 우담~띄웠지 : 우담은 숙종 때의 인물인 정시한(丁時翰)의 호이기도 하다. 그는 은거하여 후진 양성에 힘썼다. 기사환국(己巳換局) 때 인현왕후(仁顯王后)를 폐위시킨 일을 잘못이라고 상소하기도 하고, 1696년 희빈(禧嬪) 장씨(張氏)의 강

호(降號)를 반대하는 상소를 하기도 했다. 다산은 그가 살았던 곳을 배를 타고 지나가서 충주 하담 선영에 참배한 적이 많았다.

3) 운곡(雲谷) : 김창흡(金昌翕)의 큰아버지 김수증(金壽增)이 살았던 깊은 산골의 지명이다.

4) 벽계(檗溪) : 경기도 양평 지역에 있는 마을로 김창흡이 여기에 은거했다.

5) 제물(齊物) : 장자(莊子)의 논리로서 옳고 그름, 저쪽과 이쪽, 남과 나, 단명과 장수가 서로 구별이 없이 하나로 돌아가는 것을 말한다.

[해제]

다산이 동양 고금의 역사 인물 강서(姜緒)·허후(許厚)·정시한(丁時翰)·김창흡(金昌翕)·유형원(柳馨遠)·이민구(李敏求)·이서우(李瑞雨)·김창협(金昌協)·위상(魏尙)·염파(廉頗)·이목(李牧)·모기령(毛奇齡)·이등유정(伊藤維楨)·적생조래(荻生徂徠)·태재순(太宰純)·고염무(顧炎武)·전겸익(錢謙益)·이여송(李如松)·심유경(沈惟敬) 등 20여 명을 시로 평론해 평가한 것이다. 이 시를 잘 음미하면 다산의 역사의식을 알 수 있게 된다. 다산의 관심은 이미 일본에까지도 미치고 있다. 이 밖에도 문장·인삼·잣나무·소나무 등을 찬미하고 있다.

제 3 부
농가의 여름 노래

34세(1795)부터 39세(1800)까지 : 권6~권10

조룡대(釣龍臺)　　　　　　　　　　　　천진암의 밤
공주 창곡의 부정부패　　　　　　　농가의 여름 노래
성호 선생 유저　　　　　　　　　　　　　　청석골
금정역(金井驛)　　　　　　　　　붉은 천리마 노래
금정 구봉산　　　　　　　　　　　　　　홀곡 노래
도동사(道東祠)　　　　　　　　　　　천용자 노래
아름다운 벗을 그리워한다　　　　　연안성(延安城)
양강의 고기잡이　　　　　　　자하담에 배를 띄우고
남고 윤지범에게　　　　　　　　　매사냥에 화답하다
신광하(申光河) 만사　　　　　　　　　　송골매를 풀다
죽란시 평어　　　　　　　번암 채제공(蔡濟恭) 만사
국화꽃 활짝 피자　　　　　　　　　　　　　확연폭포
한 무제 때 역사 인물을 노래하다　중형 정약전의 귀거래
유쾌한 노래　　　　　　　　　　　　　　　　옛 뜻
천진암(天眞菴)에서

제3부 해 설

　제3부 '농가의 여름 노래'에는 다산이 34세(1795)부터 39세(1800)까지 6년 동안 읊은 시 29편 82수를 뽑았다. 이 동안에 다산은 34세에 정3품 통정대부에 오르고 나서 규영부(奎瀛府) 교서직에서 정직되고 충청도 홍주에 있는 금정역 찰방(金井驛察訪)이 되어 이른바 두번째 귀양살이를 한다. 이 금정 시절 6개월 동안 목재 이삼환(李森煥)을 모시고 성호(星湖) 선생의 유저 일부를 정리하고 퇴계(退溪) 선생의 글을 공부하는 한편 여러 편의 기(記)를 짓고,「조룡대(釣龍臺)」「공주 창곡의 부정부패」「금정역」「금정 구봉산」등의 시도 읊었다. 12월 20일 용양위 부사직으로 옮겨 서울로 돌아왔다.

　35세(1796) 10월에 규영부 교서에, 12월엔 좌부승지에 임명되었다. 이 해에는 대체로 뜻을 잃고 산수를 유람하고 벗을 찾아 지낸 적이 많았는데, 이 때 지은 시가「아름다운 벗을 그리워한다」「양강의 고기잡이」「남고 윤지범에게」「신광하(申光河) 만사」「국화꽃 활짝 피자」「한 무제(武帝) 때 역사 인물을 노래하다」「유쾌한 노래」등이다.

　36세(1797) 6월에 동부승지에 임명되었으나 사직 상소를 올려 사직한 뒤에 두 형님을 모시고 천진암(天眞菴)에 유람하여「유천진암기(游天眞菴記)」를 쓰고「천진암에서」「천진암의 밤」및「농가의 여름 노래」를 읊고 나서 윤6월에 곡산도호부사(谷山都護府使)가 되어 곡산에 부임하여 38세(1799) 4월까지 2년 동안 선정(善政)을 폈다. 이 기간 동안에 의서인『마과회통(麻科會通)』을 완성하고 곡산 정당(政堂)을 근대적인 공법으로 짓고 여러 편의 유람기도 썼다. 시로는「청석골」「붉은 천리마 노래」「홀곡 노래」「천용자 노래」「연안성(延安城)」「자하담에 배를 띄우고」「매사냥에 화답하다」「송골매를 풀다」「번암 채제공 만사」「확연폭포」등을 지었다. 38세(1799) 4월에 내직으로 옮겨지고 5월에 형조참의가 되어 억울하게 10년 동안 옥살이를 하던 함봉련을 석방시키는 등 정조의 선정을 뒷받침하다가 대언(臺言)으로 말미암아 사직 상소를 올렸다. 7월 26일 해직된 셈이다. 이것으로 다산의 파란 많던 벼슬살이가 끝나고 이듬해 여름 정조 임금이 서거하자 다산의 수난이 시작된 것이다. 이 때 지은 시가「중형 정약전의 귀거래」「옛뜻」등이다.

　이 시기에 채제공과 정조가 세상을 뜨면서 다산 일파에게 고난이 닥치기 시작하는데, 다산시에서는 좌절할 수밖에 없는 아픔과 삶의 새로운 전개를 위한 고뇌가 많이 담겨 있다.

조룡대(釣龍臺)

조룡대서 용 낚은 일 황당하기 짝없는데
나는 최북(崔北)의 그림에서 처음으로 보았노라.
모양조차 사나운 용감한 장수 하나
창끝같이 성난 수염 찢어진 눈초리네.
오른팔에 감긴 쇠줄 꿈틀꿈틀 풀리면서
피흘리는 백마 미끼 용의 입에 매달렸네.
용의 입 떡 벌어지고 용의 목덜미 움츠러져
등지느러미로 강물 치자 물결 사방에 뿌려지네.
번쩍이는 갑옷빛에 황금빛 비늘 반사되고
하늘 가득한 먹구름에 하늘도 비좁아졌네.
이 그림 말하자면 당(唐)나라 소정방(蘇定方)이
용을 잡고 부소산성(扶蘇山城)으로 군사 건넸다는 그림이네.
부소산 아래 흐르는 강물에는
거품처럼 떠 있는 주먹만한 바위 있다.
당시에 1천 척 배가 남쪽 기슭 닿았거늘
어이하여 서북쪽의 길을 거쳐 나왔을까.
용이 이미 구름을 불어 신령함을 나타냈다면
어찌 또 우둔하게 낚싯바늘 삼켰으랴.
움푹 파인 돌 표면은 발꿈치가 빠질 깊이인데
대장의 신발 자죽이 지금껏 남았다고 떠벌린다.
5백년·천년 된 문헌 기록 터무니없고
시조의 탄생 설화 모두가 황당무계하다오.
착한 일도 향기 없고 악한 일도 냄새 없어

소인배는 방자해지고 군자들은 걱정하네.

釣龍臺

龍臺釣龍事荒怪, 我初見之崔北畫。
有一猛將貌猙獰, 怒髥如戟目裂眥。
鐵索蜿蜒繞右肘, 白馬流血龍口罜。
龍口呿張龍頸蹙, 鬐鬣擊水波四灑。
甲光炫燿照金鱗, 黑雲滿天天宇隘。
道是大唐蘇定方, 屠龍渡師扶山砦。
扶山之下江水流, 蓋有拳石如浮漚。
當時千艘泊南岸, 如何路由西北陬。
龍旣噓雲顯靈詭, 詎又冥頑仰吞鉤。
石面谽谺深沒趾, 好說靴痕至今留。
載籍荒疎五千歲, 壺孩馬卵都謬悠。
爲善無芳惡無臭, 小人恣睢君子愁。 <권6, 1795년>

[해제]

　다산은 1795년 청국인 주문모(周文謨) 신부의 밀입국 포교 사건의 여파로 7월에 금정도 찰방(金井道察訪)으로 쫓겨났다. 이 때 그는 소정방이 세운 백제탑을 읽고, 또 소정방이 백제를 평정할 때 이 조룡대에서 말을 미끼로 용을 낚았다는 최북(崔北)의 그림과 전설의 허구를, 이 조룡대를 직접 살펴보고 나서 밝힌 시이다. 『다산문학선집』에 「조룡대기(釣龍臺記)」가 실려 있다.

공주 창곡의 부정부패

창고에 곡식가마 첩첩이 쌓아놓은 건
선왕이 본디 농민을 우대한 정치.
깊은 계책 가뭄과 홍수에 도움을 주고
외적의 침입 대비하는 담장이라오.
『주례(周禮)』에선 흉년의 굶어 죽음 슬퍼했고
요(堯)임금은 백성 화합을 바랬도다.
성스러운 조정은 조세가 가볍고
맑은 세상엔 기근이 드물었다오.
조정 계책 산성(山城) 백성을 소중히 여겨
농촌 곡식 험준한 봉우리 넘어 수송하였네.
탐관오리 자기 잇속만 차리다 보니
간사한 구멍 서로 용인하는구나.
만섬 물도 문으로 새어나가고
천금도 용광로에 녹아버리네.
환자곡 말이 넘치게 말질을 하고
수령 먹는 쌀 깨끗이 찧으라 다그치네.
성화 같은 재촉에 어찌 기한 넘기며
언제나 품을 사서 고분고분 옮겨 주네.
몸은 낟알 나르는 개미처럼 힘든데
마음은 허벅다리 베인 벌과도 같구나.
집안 식량 다 긁어다가
늦을세라 양곡 제각기 짊어지고 달려가네.
아전은 숨어서 농간질하지만

백성 풍속 옛날부터 공손하다오.
참새 쥐 그리도 씩씩하건만
기러기와 고기 그냥 입만 오물거리네.
칼로 뼈마저 깎아갈 수 있건만
가슴을 적실 만한 술도 없구나.
조사해 밝혀낸단 말 모두 거짓말
마침내 멀리 떠나는 유랑민 신세.
한(漢)나라 시대 같은 구제 정책은 없고
당(唐)나라 세법처럼 세금만 느네.
탈세자 잡는다고 이웃 마을까지 소란하고
먼 친척에게 체납한 세금 거두네.
펄럭이는 감영 깃발에 겁먹게 되고
둥둥 울리는 북소리 끊겼다 들리네.
비장(裨將)이 저지르는 횡포 아니고
제 몸을 살찌우는 감사 때문이라오.
남은 것은 다만 조그만 송아지뿐
겨울 귀뚜라미 있어 서로 위로하누나.
띠집에 사는 건 여우와 토끼
고관집 붉은 문엔 용 같은 말.
농가에는 섣달 넘길 양식 없는데
수령 봉록 겨울 나기 더욱 좋아라.
가난한 집엔 서리 바람 몰아치고
대감집엔 산해 진미 바쳐올린다.
『시경』 추유(樞榆) 시는 스스로 읊기 어렵고
바지춤 저고리깃 또 누가 꿰매나.
버려둔 우물엔 새벽 고드름만 쌓이고
묵정밭엔 때늦은 줄풀만 덮였다네.

도적떼 차차 늘어난단 소문 들리니
오랑캐 쳐들어온단 소식에도 놀라지 않네.
부잣집의 칠 칠한 대문은 보지 못하고
팬스리 처벌 소문만 들린다네.
삼엄한 구중 궁궐 무사들이 지키니
눈물 흘러 두 소매 축축히 젖을 뿐이다.
정협(鄭俠)의 유민도(流民圖) 바침 누가 이을거나
주휘(朱暉)를 만나지 못해 안타깝구나.
그리워라 봄날 보습 손질을 하고
하늘에서 단비가 쏟아지는 때가.

孟華堯臣 (卽吳權二友) 盛言~

壘壘倉廒積, 先王本厚農。
深謀資水旱, 外侮備垣墉。
周禮哀荒札, 堯黎望協雍。
聖朝寬賦斂, 淸世罕饑凶。
廟略敦嚴邑, 村輸陟峻峯。
貪夫要自利, 奸竇得相容。
萬水歸閭洩, 千金入冶鎔。
庭量須溢斛, 廚餉勅精舂。
督責寧踰限, 調移每雇傭。
身如輸粒蟻, 心似割脾蜂。
盡室方懸磬, 嬴糧各趁鐘。
吏謀隨處密, 氓俗古來恭。
雀鼠何其壯, 鴻魚秪自喁。
有刀能刮骨, 無酒可澆胷。
檢發徒虛語, 流亡遂遠蹤。
漢廷無賑貸, 唐稅疊調庸。

174 제3부 농가의 여름 노래

逮捕騷鄰里, 徵逋及遠宗。
令旗驚獵獵, 賽鼓鬧鼕鼕。[1]
裨將非專輒, 監司乃自封。
所餘唯短犢, 相弔有寒蛩。
白屋狐兼兎, 朱門馬似龍。
村糇無卒歲, 官廩利經冬。
窮薺風霜重, 珍盤水陸供。
樞楡難自詠, 裋褐且誰縫。
廢井堆晨凍, 荒田被晚葑。[2]
漸聞增潁盜, 奚異警胡烽。
未見豪門漆, 徒聞史管彤。
九門嚴虎守, 雙袖但龍鍾。
鄭俠嗟誰繼, 朱暉惜未逢。
懷哉理春耔, 膏雨上天濃。 <권6, 1795년>

* 원제 맹화(孟華) 오국진(吳國鎭), 요신(堯臣) 권기(權夔) 두 벗이 공주(公州) 창곡의 부정부패한 정치로 말미암아 백성들이 제대로 살아가지 못하는 사실을 낱낱이 말하기에 그 말을 시험삼아 시로 기술하여 장편시 30운(韻)을 지었다.(孟華堯臣[卽吳權二友] 盛言公州倉穀爲弊政 民不聊生 試述其言 爲長篇三十韻)

* 원주 1) 충청도에서는 몇년 전부터 군량을 독촉하여 받아갈 때마다 관찰사가 감사의 영깃발을 군뢰(軍牢)에게 내주어 백성들의 마을을 위협했다. 이 때문에 백성들의 마을마다 난리를 만난 것 같았다고 했다.(湖西自數年來 每督軍餉時 監司輒以令旗與軍牢以嚇民村 民村如逢亂離云)

2) 봉(葑) : '봉'자는 거성(去聲)으로 줄풀의 뿌리다. 그러나 진이도(陳履道)의 시에 "호수의 밭이 황폐해지자 줄풀의 뿌리가 나온다."고 했고, 육유(陸游)의 시에 "물이 연못에 떨어지자 줄풀의 뿌리 나온다." 등에서는 모두 평성으로 운을 달았다.(葑 去聲 菰根也 然陳履道詩曰 湖田廢後已生葑 陸游詩曰 水落澤生葑 皆押平聲)

[해제]
이 시는 다산이 1795년 금정찰방으로 쫓겨나 있을 때 그곳에서 사귄

두 친구에게 삼정 문란의 하나인 환자곡에 얽힌 감사의 횡포를 듣고 이를 시로 지은 것이다. 이 시에 나온 폐정(弊政)의 행태가 동학혁명이 일어나던 1894년까지 100년 동안이나 그대로 계속되고 있었음을 우리는 우리 나라 역사에서 살펴볼 수 있다.

성호 선생 유저

아름답게 빛나는 성호(星湖) 선생님
정성되고 밝으심 글 속에 뚜렷하네.
우주에 가득찰 근심 있었기에
넓고 크다가도 섬세함 보이네.
하찮은 내 인생 태어나기 뒤늦어
큰 도를 터득하기 까마득하네.
다행스레 끼친 혜택에 젖을 수 있었지만
별과 구름 보지 못해 안타까워라.
보배로운 유서에 끼친 향기 가득하니
어진 은혜로 사라짐을 막았네.
한 분 노선생(老先生)에 그 규범 남아
연세 도덕 대중보다 뛰어나도다.
도 없어짐이 노년의 한탄이라면
벗 찾아왔으니 늘그막 기쁨이로세.
성호 선생 책 교정하는 일 울적함 보답해 주니
책상자 지고 온 고생 기쁘기만 하도다.
오히려 어둠을 파헤치는 편안함 있는데
부질없이 늙어만 가랴.
함께 힘쓰자 어진 벗님네들아
이곳에서 아침저녁 지내자꾸나.

十一月一日 於西巖鳳谷寺~

郁郁星湖子, 誠明著炳文.

瀰漫愁曠際, 芒忽見纖分。
眇末吾生晚, 微茫大道聞。
幸能沾膏澤, 惜未覩星雲。
寶藏饒遺馥, 仁恩實救焚。
典刑餘一老, 齒德逈千群。
道喪窮年歎, 朋來暮境欣。
校書酬耿結, 負笈喜辛勤。
猶有安冥擿, 徒然到白紛。
勖哉良友輩, 於此送朝曛。〈권6, 1795년〉

* 원제 11월 1일 서암 봉곡사(온양 땅)에서 목재 이삼환(李森煥) 선생을 모시고 성호(星湖) 이익(李瀷)의 유서(遺書)를 교정했다. 이 때 이웃 고을에서 모인 선비들이 많았는데 각기 시 한편을 지었다. 모인 사람은 문달 이광교(승지 수일의 손자), 우성 이재위(홍문 제학 하진의 현손), 사옥 박효긍(교리 효성의 아우), 사빈 강이인(삼휴당 세구의 현손), 여앙 이유석(승지 일운의 아들), 중심 심로(이조판서 액의 현손), 맹화 오국진(우의정 시수의 현손), 용민 강이중(이인의 재종제), 요신 권기(대제학 유의 현손), 백휘 강이오(교리 침의 종자), 패겸 이명환(목재 이삼환의 아우) 등이다.(十一月一日 於西巖鳳谷寺[溫陽地] 陪木齋李先生 校星翁遺書 時鄰郡士友多會者 各賦詩一篇 會者 李廣敎文達[承旨秀逸孫] 李載威虞成[弘文提學夏鎭玄孫] 朴孝兢嗣玉[校理孝成弟] 姜履寅士賓[三休堂世龜玄孫] 李儒錫汝昻[承旨日運孫] 沈潞仲深[吏曹判書詻玄孫] 吳國鎭孟華[右議政始壽玄孫] 姜履中用民[履寅再從弟] 權夔堯臣[大提學愈玄孫] 姜履五伯徽[校理忱從子] 李鳴煥佩謙[木齋弟])

[해제]
다산이 1795년 금정찰방으로 나갔을 때, 온양 봉곡사(鳳谷寺)에서 성호(星湖) 이익(李瀷)의 유서(遺書) 가운데 『가례질서(家禮疾書)』의 범례를 만들고, 또 목재(木齋) 이삼환(李森煥)이 교정하고 여기에 모인 다산을 비롯한 여러 선비들이 이를 베껴 편찬했다. 지금 『성호전서』에 실린 『가례질서』 6권은 이 때 교정 편찬한 것인 듯싶다. 이 때 모여 책을 편찬 교정하며 시를 짓던 모습이 다산의 「봉곡사시 서문」과 『서암강학기(西巖講學記)』에 나와 있고, '서문'은 『다산문학선집』에 수록되어 있다.

금정역(金井驛)

산봉우리 겹겹이 에워싸 시름겨운 얼굴로 다가드니
답답하기 늘상 옹기독 새에 앉았는 듯
어찌하면 번쾌(樊噲)처럼 사나운 장수 얻어서
가죽신발 끝으로 구봉산 걷어차 넘어뜨릴까.

驛樓四面皆山也~

重巒匝匝逼愁顔, 鬱鬱常如坐甕間。
安得猛如樊噲者, 靴尖踢倒九峰山。〈권6, 1795년〉

 * 원제 역참 누각은 사방이 다 산으로 둘러싸여 있다. 그런데 남쪽에 그중에서도 가장 높은 구봉산이 앞을 가로막고 있으므로 이곳에 처음 왔을 때 매우 견디기 어려워 장난삼아 절구 한 수를 지어 함께 있던 손님에게 보였다.(驛樓四面皆山也 其南有九峰山最高 當前擁塞 始來時頗不堪 戲作絶句 示伴客云)

[해제]
 다산이 외임으로 쫓겨나다시피 부임한 금정역(金井驛)은 충남 홍성(洪城) 남쪽 40리에 있던 역으로, 찰방 1명에 딸린 아전이 121명, 역노가 175명, 역비가 11명, 말이 11필이나 되는 큰 역이었다. 다산은 이 금정역 찰방으로 5개월 동안 재임했다.

금정 구봉산

1

아침마다 시원한 공기 얼굴 펴기 충분하니
번화한 도시에 사는 것보다 훌륭하구나.
어찌하면 도잠(陶潛) 같은 담박한 마음 지녀
한가로이 구봉산 대하고 앉아볼까.

2

마음이 너그러우면 얼굴 펴지 못할 곳이 없거니
넓은 바다 높은 하늘 이 사이에도 있고말고
만물은 절로 태어나고 또한 절로 있는데
이백(李白)은 어찌 굳이 군산(君山)을 깎으려 했을까.

　　近日習靜漸久~

　　朝朝爽氣足怡顏, 勝在芬華市陌間。
　　安得澹如元亮者, 悠然坐對九峰山。

　　寬懷無處不開顏, 海闊天空亦此間。
　　萬物自生還自在, 翰林何必剗君山。 <권6, 1795년>

* 원제　요즘 마음을 조용하고 맑게 가지는 시간이 차츰 오래 되다 보니 아침 저녁으로 늘 산기운이 자꾸 더 아름다워지는 것을 느꼈다. 이따금 「금정역」이란 시를 읊을 때마다 부끄럽기 그지없어 마침내 다시 절구 두 수를 지어 구봉산에게 사과했다.(近日習靜漸久 每日夕覺山氣益佳 時誦此詩 不勝愧怍 遂更作二絶句 以謝九峰山云)

[해제]

금정찰방으로 있을 때 지은 시로, 앞에 나온 「금정역」이란 시를 지을 때 답답하게 앞을 가로막은 구봉산을 "가죽신발 끝으로 구봉산 걷어차 넘어뜨릴까."라고 했던 경솔함을 뉘우친 시이다. 다산은 금정찰방으로 부임하고 나서 이제야 겨우 마음의 안정을 찾은 것이다.

도동사(道東祠)

우승유(牛僧孺)와 이종민(李宗閔)이 서로 배척할 때[1]
산림에 제일가는 인걸이었네.
다만 세상의 영욕을 잊었기에
시종 인간의 떳떳한 윤리 중시하였소.
범위 넓게 뭇 선비들 꾸짖었기에
높이 올라 뭇사람의 눈흘김 모면했다오.
남은 생애도 아름다운 업적 있었으니
뉘라서 벼슬 버린 일생을 탓할쏘냐.

謁道東祠[1]

牛李交傾日, 山林第一人。
只緣忘得喪, 終始重彝倫。
迂闊懲群彦, 超高免衆嗔。
餘生有懿躅, 誰遣歎迷津。 <권6, 1796년>

* 원주 1) 곧 우담(愚潭) 정시한(丁時翰) 선생을 모신 서원(書院)이다.(卽愚潭先生書院)
* 역주 1) 우승유와 이종민은 중국 당나라 때 권력을 잡고서 각기 사적인 당파를 결성하여 서로 공격을 일삼았던 이들이다. 서인·남인이 격돌하던 숙종 때의 당쟁을 비유한 말이다.

[해제]
우담 정시한은 원주에 살았던 다산의 방조(傍祖)이다. 다산이 충주 하담 선영을 참배할 때마다 뱃길로 이곳을 지나면서 그 인품과 학문을 숭모하다가 이제야 그 사당을 참배한 것이다. 우담 선생은 당파 싸움에 초연했던 도학자였었다.

아름다운 벗을 그리워한다

1

난초여, 아름다운 난초여!
저 큰 언덕 중앙에 자라도다.
벗이여, 참으로 아름답게도
그 덕을 지녀 반듯하도다.
어찌 다른 벗 없으랴만
그대 생각 참으로 많도다.

2

난초여, 아름다운 난초여!
저 언덕 중앙에 자라도다.
지금 세상 보통 사람
그 지조 빨리 변하니
그대 생각 잊지 못해
이 내 마음 머뭇머뭇.

3

난초여, 아름다운 난초여!
저 쑥밭에 자라도다.
쑥대 우거진 속에 시들어진들
그 누가 김을 매주나.
그대 생각 잊지 못해
이 내 마음 괴롭다오.

* 의란은 3장으로 되었고 장마다 6구이다.

猗蘭 美友人也

蘭兮猗兮, 生彼中阿。
友兮洵美, 秉德不頗。
豈無他好, 念子實多。

蘭兮猗兮, 生彼中丘。
凡今之人, 不其疾渝。
念子不忘, 中心是猶。

蘭兮猗兮, 生彼蓬蒿。
萎兮翳兮, 誰其薅兮。
念子不忘, 中心是勞。[1]

猗蘭三章 章六句 <권6, 1796년>

[해제]
옛날부터 난초의 향기는 마음 맞는 벗의 마음으로 비유했다. 올곧은 친구를 그리워하는 다산의 마음이 서려 있다. 다산은 금정찰방으로 있다가 용양위 부사직으로 돌아와 이듬해 10월까지 실직(實職)이 없어 뜻을 잃고 한적하게 지낸다. 이 때 진정한 벗을 그리워하며 부른 노래다.

양강의 고기잡이

1

영감 하나 동자 하나 소년 하나요
양근(楊根) 강머리엔 고기 낚는 배가 한 척.
배 길이는 세 발이요 상앗대는 두 발인데
촘촘한 그물 몇십 개에다 낚시바늘 삼천이라네.
소년은 노를 저어 배 꼬리 걸터앉고
동자는 줄풀 태우며 솥가에 앉았도다.
영감은 술에 취해 깊이 잠들었는지
두 다리 뱃전에 걸고 푸른 하늘 우러렀네.

2

해가 지자 강물엔 흰 물결 일렁이고
산뿌리 물에 잠기고 마을 연기 푸르르다.
소년이 동자 불러 영감 흔들어 깨우자
송사리 뛰노는데 해도 저물어 간다.
중류에다 그물 치러 갔다가 다시 오고
북(梭)같이 배 저으며 위아래로 오간다오.
들리는 건 삐걱삐걱 부드러운 노소리뿐
물인지 구름인지 아득하여 색깔 구별 안된다네.

3

황혼에 그물 걷고 버드나무 물가에 배를 대고
고기를 따 땅에 던지니 비린내가 물씬 난다.

관솔불 밝혀 두고 버들가지에 세어 꿰는데
그 불빛 물에 비치니 기다란 동룡(銅龍)이구나.
농부와 장사꾼들 서로 와서 보고서는
땡그랑땡그랑 던진 돈이 상자에 그득하다.
풍찬노숙을 하면서도 아무런 탈이 없이
두둥실 뜬 뱃집에서 여유 있게 노닌다오.

4

부귀 탐내는 인간들 장사를 잘 못해서
모두들 가짜 즐거움 누리려다 진짜 괴로움 산다네.
아침이면 성현처럼 의관을 차렸다가
저녁이면 칼 도마 베풀어 적군처럼 대한다오.
수레 메운 망아지처럼 언제나 움츠러들고
답답하기 참으로 우리에 갇힌 호랑이 같다.
조롱의 꿩 지조 지킴 콩 탐내지 않는 것이고
닭장의 닭들이 조잘거림은 성내고 시기하는 것이라오.

5

어떻든지 강 위의 고기잡이 늙은이는
바람 따라 물결 좇아 동서도 없네그려.
유주(維州)의 이해[1]도 까마득이 듣지 않고
동림(東林)의 승패[2] 역시 귀를 막고 산다네.
물풀과 갈대 우거진 섬을 채마밭 삼고
갈대 이불 쑥대 지붕 안식처를 삼는다오.
나도 두 자식 데리고 소내(苕川)에 들어가서
소년 노릇 동자 노릇 하나씩 맡게 하리.

楊江遇漁者

一翁一童一少年, 楊根江頭一釣船。
船長三丈竿二丈, 數罟數十鉤三千。
少年搖櫓踞船尾, 童子炊菰坐鐺邊。
翁醉無爲睡方熟, 兩脚挂舷仰靑天。

日落江湖浪痕白, 山根水浸村煙碧。
少年呼童攪翁起, 魚兒撥刺天將夕。
中流布網去復還, 上下刺船如梭擲。
伊軋唯聞柔櫓聲, 蒼茫不辨雲水色。

黃昏收網泊柳浪, 摘魚落地聞魚香。
松鐙細數柳條貫, 鐙光照水銅龍長。
野夫沽客爭來看, 鏗鏗擲錢錢滿筐。
水宿風餐了無恙, 浮家汎宅聊徜徉。

人間富貴非善賈, 盡將僞樂沽眞苦。
朝將軒冕飾聖賢, 暮設刀俎待夷虜。
踞踖常如荷轅駒, 鬱悒眞同落圈虎。
籠雉耿介不戀豆, 塒鷄啁哳生嫌怒。

何如江上一漁翁, 隨風逐水無西東。
維州利害漠不聞, 東林勝敗俱成聾。
蘋洲蘆港作園圃, 葦被蓬屋爲絣幪。
會攜二兒入茗水, 令當一少與一童。〈권7, 1796년〉

* 역주 1) 유주(維州)의 이해: 국가나 지역의 수많은 변천을 말한다. 한대(漢代)에 문산군(汶山郡) 위주(威州)였던 것이 그 뒤 진(晉)·수(隋)·당(唐)을 거치는 동안 토번(吐蕃)에게 먹히기도 하고 또 금방 수복되기도 하면서 고을 이름도 유

주(維州)・기미주(羈縻州)・정주(正州)・유천(維川)이 되었다가 다시 유주・위주로 되었다.

2) 동림(東林)의 승패 : 사화(士禍)나 당쟁(黨爭)을 말한다. 송(宋)나라의 양시(楊時)가 무석(無錫)에다 동림서원(東林書院)을 세웠는데, 명대(明代)에 와서 고헌성(顧憲成) 등이 그를 중수하고 학문을 강마하면서 혹은 국정을 논평하기도 하고 인물을 품평하기도 하여 당시 사대부들이 많은 향응을 했고, 그리하여 드디어 동림당(東林黨)이 형성되었다. 그 뒤 위충현(魏忠賢)이 득세하자 그간 동림당을 시기하고 있던 자들이 그것을 기회로 중상모략을 하여 당옥(黨獄)을 일으켜 거의 일망타진이 되었다가 위충현이 복주(伏誅)되고 나서 공론이 다시 밝아졌다고 한다.

[해제]

다산은 금정찰방을 지내다가 12월 20일 용양위 부사직이 되어 상경한다. 그리고 이듬해 10월 규영부로 옮겨질 때까지 한가한 틈을 얻게 된다. 이 때 그는 남한강에 배를 띄워 집안 어른을 예방하고, 산수간을 유람하고, 친구와 오가며 노닌다. 이 때 어부의 자유로운 생활을 동경한다.

남고 윤지범에게

1

두터운 봉록이 처음부터 이르리오
맑은 시만 무엇하려 많이 쓰셨나요.
맹교(孟郊) 시도 화끈한 말은 없었지만
두보(杜甫) 시 또한 미치광이 노래였으랴.

2

가난할수록 주량(酒量)은 넓어지고
늙을수록 시름 깊은 시만 많아졌네.
밝은 달 아래서 머리 긁적이고
떨어지는 꽃 곁에서 베개 세워 기댄다네.

3

은둔 생활 괴롭도록 생각나고
세상 길은 갈수록 어려워지네.
좋은 시 구절은 꾸밈이 전혀 없으니
속된 안목으로 보게 하지 마시라.

4

백발은 가난한 자에게도 어울리고
총총한 정신에도 검은 두건은 기울어진다오.
동쪽 집에서 좋은 얼굴로 대한다면야
어찌 꼭 서쪽 집에 가서 자리오.

5

비 오면 둥우리에 제비 젖어 애처롭고
날 들면 자맥질하던 오리 말라서 좋지.
기보(碁譜)를 뉘게 물어 풀 것인가
산경(山經)이라면 혼자 봐도 되겠네만.

又寄南皐五絶句

厚祿何曾至, 淸詩空自多。
孟郊無熱語, 杜甫亦狂歌。

酒戶貧猶闊, 詩愁老更長。
搔頭明月下, 敧枕落花傍。

雲林思轉苦, 塵路去逾難。
佳句多眞率, 休令俗眼看。

白髮貧猶足, 烏巾醒亦斜。
東家顔色好, 何必宿西家。

雨憐巢燕濕, 晴愛浴鳧乾。
碁譜憑誰解, 山經許獨觀。 〈권7, 1796년〉

[해제]
앞에서 이미 말했던 비가 올 때면 생각나는 평생의 시우 남고 윤지범에게 써서 보낸 시로, 이 때 다산은 한직에 밀려나 있었다.

신광하(申光河) 만사

파리한 얼굴에 수염은 더부룩하고
신선이 구름 타고 세상에 떨어졌었네.
푸른 바다에 달이 뜨면 맴도는 짝 잃은 학
백두산을 뒤흔든 성난 용이었지.
티끌 세상과 어울려도 가슴은 넓게 트이고
비바람이 몰아쳐도 필력은 여유 있었죠.
큰 늪의 구름 물결도 이제는 잠잠하고
광릉산(廣陵散)¹⁾ 가락 끊겼으니 흐르는 게 눈물이네.

申承旨光河 輓詞¹⁾

鬅鬙須髮繞癯顔, 羽客雲車落世間.
寡鶴盤廻滄海月, 怒龍掀動白頭山.
塵埃合沓襟懷曠, 風雨交爭筆力閒.
大澤雲濤收浩淼, 廣陵琴絶涕潸潸. <권7, 1796년>

* 원주 1) 6월 30일 죽었다.(六月三十日卒)
* 역주 1) 광릉산(廣陵散) : 거문고 가락 이름. 중국 진(晉)나라의 혜강(嵇康)이 낙서(洛西)에서 놀 때 화양정(華陽亭)에서 자면서 거문고를 퉁기다가 뜻밖에 나타난 어느 나그네로부터 전수받은 곡이 바로 광릉산인데, 뒤에 혜강이 종회(鍾會)의 참소로 말미암아 사마소(司馬昭)에게 죽으면서 형장(刑場)에서 그 곡을 마지막으로 타면서 "광릉산이 이제 세상에 없게 되었구나." 했다.

[해제]
승지 신광하(申光河)의 죽음을 애도한 시로 신광하는 석북(石北) 신광수(申光洙)의 아우이며 시에 뛰어났다. 평생 명산에 오르기를 좋아하여 백두산에도 올랐다. 앞서 나온 다산시 「신광하의 집이 무너졌다네」에 나

온 인물이며, 또 「신광하가 백두산 유람길을 떠나기에(送震澤申公光河游白頭山序)」란 글도 『다산문학선집』에 수록되어 있다.

죽란시 평어

1. 남고 윤지범 시

긴 수염에 하얀 얼굴 인물이 특이하니
충헌(忠憲) 윤선도(尹善道) 가문의 뛰어난 인물이네.
일찍 출세하여 세상을 좌지우지할 것 같더니
늘그막엔 그대로 뛰어난 시인 되었구려.
언행 남달리 거칠어도 마음은 되레 연약했고
남이 따르면 사귀지만 안목은 다시 높다오.
나머지 그대 마음이야 깊이 따질 것 없지
죽란시사에는 오직 남고가 있고말고.

2. 주신 이유수 시

어린 시절 고향에서 일찍 어울린 친구건만
지금에야 열에 아홉 마음 알만해라.
넓디넓은 삼강에 홀로 뜬 조각배인데
연뿌리 구멍으로 해와 별 뚫어 보네.
애절하고 슬픈 시만 세상이 좋다 하고
뜻이 깊고 격조 높은 시 알아주는 이 적어라.
가슴 속에 박힌 작은 무기 누가 잘 뽑아낼까
오사모 쓰고 대궐 귀퉁이에 깊숙이 살고 있네.

3. 중형 정약전 시

푸른 수염 흰칠한 키 장후(張侯)와 비슷하고
고결하고 훌륭한 인품으로 벼슬을 마다하네.

넓은 들 만나지 못했으니 누가 큰 박 갈무릴 것인가[1]
권모술수에 빠질까 봐 바둑판은 안 대한다오.
초(楚)나라 점쟁이는 정첨윤(鄭詹尹)에게 물으려 하는데
연(燕)나라 노래꾼은 술꾼과 점점 어울리지.[2]
분단장을 배우려도 지금은 때가 늦어
봉두난발 그대로 기주(蘷州)에서 늙으려네.

4. 혜보 한치응 시

너야말로 천지간에 썩은 선비인데
어찌하여 마주 대하면 문득 서로 좋다던가.
맑은 의표 흐린 세상에 살기가 도리어 알맞고
부드러운 성품 도리어 나약한 사내 일으켜세우지.
담박하게 가는 구름 높은 산에 노닐고
깨끗한 방초는 잡초 우거진 속에 숨어버린다.
멀지 않아 동강을 함께 가게 될 것인데
해 저문 길 가면서 야윈 말을 몰까보냐.

竹欄小集 與者五人 各賦四詩~

鬑鬑白面異凡曹, 忠憲家中是鳳毛。
早達若將關世道, 晚年仍亦作詩豪。
疏狂拔俗心還隘, 許與隨人眼更高。
且莫備論餘子意, 竹欄唯識有南皐。

弱歲鄕園早盍簪, 年來纔得九分心。
芥舟獨汎三江闊, 藕孔交穿七曜森。
蜀客詞才偏見幸, 竟陵詩體少知音。
胷中寸鐵誰能拔, 烏帽深棲紫閣陰。

蒼鬚頎幹似張侯, 歷落嶔崎欲白頭。
不逢廣漠誰藏瓠, 積屈樛奇未聘楸。
楚卜願從詹尹問, 燕歌漸與酒人游。
欲學紛脂今已晩, 且將蓬髮老夔州。

汝是乾坤一腐儒, 云胡相見便相娛。
淸標却善居滫俗, 柔性還須立懦夫。
澹澹行雲游巘崿, 涓涓芳草隱蓁蕪。
東江早晩成偕往, 肯策嬴驂涉暮途。 <권7, 1796년>

* 원제 죽란시사 모임에 참여한 이가 다섯이었는데, 다섯 사람이 각기 시 네 수씩을 지었다. 네 사람에 대하여 월조에 평시를 쓰느라고 자찬(自讚)은 하지 못했다.(竹欄小集 與者五人 各賦四詩 爲四人月朝之評 不得自贊)
* 역주 1) 넓은 들~갈무릴 것인가 : 쓸모 있는 재능은 있으나 그것을 쓸 곳이 없음. 혜자(惠子)가 장자(莊子)에게 하는 말이, 위왕(魏王)이 자기에게 박씨를 주어 그것을 심었더니 박이 열리기는 했으나 너무 커서 아무짝에도 쓸모가 없고, 또 나무도 큰놈이 있는데 너무 못생겨서 쓸모가 없다고 하자, 장자는, 그 큰 박은 그대로 강호(江湖)에다 띄우면 될 것이고, 그 나무는 무하유(無何有)의 고장 광막한 들에다 심으면 될 게 아니냐고 했다.
  2) 초(楚)나라~어울리지 : 국가에서는 그를 인재로 여겨 등용하려 하는데, 본인은 오히려 방랑 생활로 자기 재능을 숨김. 정첨윤(鄭詹尹)은 옛날 점치던 사람으로, "마음이 번거롭고 생각이 산란하여 어찌할 바를 모르겠기에 태복(太卜) 정첨윤을 찾아가 보았다." 하였고, 형가(荊軻)가 뜻을 품고 사방을 주유하다가 연(燕)에 와서는 시장의 개백정 또는 술꾼과 어울려 술을 진탕 마시고 취하면 노래를 하다가 또 서로 부둥켜안고 울기도 하다가 마치 곁에 아무도 없는 듯이 놀았다고 한다.

[해제]
죽란시사(竹欄詩社)는 정조 20년(1796) 다산의 집에 모여 시를 짓던 모임으로, 그 시사원은 이유수(李儒修)·홍시제(洪時濟)·이석하(李錫夏)·이치훈(李致薰)·이주석(李周奭)·한치응(韓致應)·유원명(柳遠鳴)·심규로(沈奎魯)·윤지눌(尹持訥)·신성모(申聖模)·한백원(韓百源)·이중련(李重

蓮) 및 다산과 정약전·채홍원(蔡弘遠) 등 15명이다. 이 시는 이 가운데 다섯 명이 시를 짓고 그 시에 대해 평론한 시이다. 다산 자신의 시에 대한 평은 하지 못했다. 이 죽란시사에 대한 자세한 규약이 다산의 「죽란시사첩 서」에 있으며, 이 글은 『다산문학선집』에 수록되어 있다.

국화꽃 활짝 피자

1

철은 가을인데 쌀은 도리어 귀하고
가난한 집이라도 꽃은 더욱 많다네.
가을빛 속에 꽃이 피어
다정한 사람들 밤에 서로 찾았지.
술 따르며 시름조차 없애거니
시가 지어지면 즐거운 걸 어떻게 해
한치응은 꽤나 단아하더니만
요즘 와선 역시 미친 듯이 노래하네.

2

기러기는 날고날아 강남으로 돌아가는데
시원한 발 걷고 홀로 앉았자니 먼 시름이 생겨나네.
귀밑머리 성글어지니 늙으려나 봐
국화는 피었으나 가는 가을 막지 못해
선비 이름으로 세상 그르치다 책조차 팽개치고
고향 꿈이 마음에 걸려 낚싯배 소식 묻네.
식량을 좀 비축하여 1년 계책이 서면
봄이 오면 가솔 데리고 양근으로 내려가야지.

竹欄菊花盛開 同數子夜飮[1]

歲熟米還貴, 家貧花更多。
花開秋色裏, 親識夜相過。

酒瀉兼愁盡, 詩成奈樂何。
韓生頗雅重, 近日亦狂歌。

飛飛歸鴈向江洲, 獨捲寒簾生遠愁。
蓬鬢欲疎無乃老, 菊花雖發不禁秋。
儒名誤世抛經卷, 鄕夢關心問釣舟。
約罟甁儲爲歲計, 春來提挈下楊州。<권7, 1796년>

* 원주   1) 주신(周臣) 이유수(李儒修), 혜보(徯甫) 한치응(韓致應), 무구(无咎) 윤지눌(尹持訥)이다.(周臣徯甫无咎也)
  [해제]
  죽란시사 모임 규약에 국화꽃이 피면 한 차례 모인다고 했는데, 이 때 15명 시사원 가운데 이유수·한치응·윤지눌과 주최자 다산 등이 모였다. 이 때 다산이 지은 시이다. 이 모임은 1년에 7차례 모인다고 했는데 그 다섯 번째 모임이다.

한 무제 때 역사 인물을 노래하다

1. 진평(陳平)

진평(陳平)은 기이한 계책 많아
기민하고 놀랍게도 침착했었네.
황제의 사업 도와 성공은 시켰으나
마침내 사람 마음 무너뜨렸지.
지위는 높아도 슬기는 또한 어리석어
늘그막 지조는 망설이며 허송했지요.
가령 육가(陸賈)가 일으키지 않았더라면
뭇 흉물들을 무슨 수로 제압했으랴.
그런데도 명망이 장량(張良)과 같으니
이는 학과 새가 뒤섞인 것이지요.

2. 급암(汲黯)

무제는 특히 규모 크고 도량 넓어
뭇 영걸을 다 포용했었네.
매고(枚皐)와 동방삭(東方朔)을 광대로 거느리고
공손홍(公孫弘) 장탕(張湯)은 애들처럼 부렸네.
헌헌장부 급장유(汲長孺)는
의기 당당하여 임금과 다투기를 일삼았었다.
굴레로도 잡아맬 수 없었기에
억센 가시라 임금 뜻에 걸렸답니다.
대궐이 그리워 회양(淮陽) 태수 마다하면서

아름답고 사랑스럽게 충심을 보였었네.
늙어 죽도록 불러들이지 않았으니
박절하게도 임금의 은덕 가벼웠어라.

3. 소무(蘇武)

죽음으로 순결 지킨 자 예부터 많지마는
절조 일컬음 유독 소무(蘇武)이지요.
모진 형벌은 저항하기 쉬워도
이로움으로 꾀는 건 참으로 끊기 어렵지.
금방 죽는 건 감당할 수 있지만
굳세지 않고는 오래 못 버티지요.
길고도 긴 19년 동안
봄이 가고 가을 가고 눈 내리는데
양 돌보고 움 속에서 자고 한 것은
대강을 말한 것에 불과하다오.
옛사람들은 말이 적어
모진 고통 자질구레한 것 생략했지만
그 때 그 상황 곰곰이 생각하면
그의 간장 철석 같음 알 수 있다오.

4. 이릉(李陵)

사마천(司馬遷)은 사사로움 가리려고
이릉(李陵)을 두둔하는 변명을 했지만
다른 날 한나라에 보답은 했을지라도
오랑캐에 항복한 것 가증스럽네.
큰 바탕이 이미 무너졌거니
본뜻인들 어찌 믿을 수 있겠는가.

머리 조아림은 원래 용감한 일 아니라서
팔뚝 걷어붙인 풍부(馮婦)와 같은 꼴이지.
왕전(王剪)이 초나라 정벌 사양했듯이
상대를 알아야 그게 능력이지요.

5. 곽광(霍光)

곽광(霍光)은 학문과 기술이 없어
뒤틀린 일을 자주 저질렀었네.
상관걸(上官桀) 집과는 가깝기 장인과 사위였기에
그의 간악함을 알지 못했었다.
재앙이 일어났는데도 그대로 있다가
끌려 들어가 죽기만을 기다렸었네.
가령 황제가 영특하지 않았던들
몸은 죽고 난리가 일어났을 거였다.
창읍왕(昌邑王)은 본디 미치광이였는데
국가 대계를 왜 그리 쉽게 정했을까.
증손은 훌륭한 명예가 있었는데
어찌하여 널리 찾아보지 못했는지.
크게 시끄럽게 맞이하고 보내고 하여
이러지도 저러지도 못하게 되었었다.
아내야 오히려 하찮더라도
멸족지화 당할 건 확실한 이치였네.
한나라 국운 긴 것은 영령들 도움이지
주공(周公) 그림 준 것 좋은 부탁 아니었네.
헛되이 원훈(元勳)이란 이름을 받아
맨 먼저 기린각(麒麟閣) 차지하고 있다오.

重熙堂賜對論史記漢書 退述玉音爲詠史詩 五首

陳平多奇計，機警出深沈。
雖能贊帝業，終恐壞人心。
位隆智亦昏，晚節費沈吟。
令無陸生起，何由制群陰。
留侯乃齊名，仙鶴混塵禽。

武帝特宏廓，範圍包群英。
皐朔畜俳優，弘湯弄孩嬰。
軒軒汲長孺，伉厲業廷爭。
羈絡不能縻，傲骨梗主情。
戀闕辭淮陽，嫵媚見衷誠。
終老不召還，薄哉恩德輕。

殉潔古紛紛，蘇武獨稱節。
刑虐或易抗，利誘誠難截。
溘逝有能辦，耐久豈不烈。
悠悠十九年，春風遞秋雪。
看羊與臥窖，不過大綱說。
古人寡言詞，險艱略瑣屑。
靜言思所值，乃知肝如鐵。

史遷蔽黨私，游說救李陵。
報漢異日事，降胡便可憎。
大質已虧觖，本意豈有憑。
叩頭元非勇，良同攘臂馮。
王翦辭伐楚，知彼斯爲能。

霍光無學術, 於事屢顚錯。
上官親舅甥, 乃不辨奸惡。
禍發守常分, 引入待鼎鑊。
令無帝夙慧, 身殞亂遂作。
昌邑素狂縱, 定策何諾諾。
曾孫負令譽, 採訪胡不博。
迎送太紛紛, 跋躓靡所泊。
陰妻猶薄物, 湛族理本確。
漢祚賴靈長, 周圖非善託。
浪受元勳名, 首據麒麟閣。 <권7, 1796년>

* 원제 중희당(重熙堂)에서 천안을 대하여 『사기(史記)』『한서(漢書)』 등을 논하고 물러나와 임금님 말씀을 기록하면서 영사시(詠史詩) 다섯 수를 읊다.(重熙堂 賜對論史記漢書 退述玉音爲詠史詩 五首)

[해제]

이 시는 주로 중국 한(漢)나라 무제(武帝) 때 뛰어난 인물들을 노래한 영사시(詠史詩)이다. 다산의 중국사 이해의 일단을 엿볼 수 있다.

유쾌한 노래

1

달포 넘게 찌는 장마에 곰팡내만 물씬
팔다리 힘없이 아침 저녁 보냈노라.
가을 되자 푸른 하늘 맑고도 넓어져
하늘 땅 어디에도 구름 한점 없으면
그 아니 유쾌할쏘냐!

2

푸른 시내 굽이진 곳 돌무더기 가로막혀
출렁출렁 고인 물이 빙빙 돌고 있는 물을
막아놓은 모래가마 긴 가래로 터서
우레 같은 기세로 소용돌이쳐 흘러가면
그 아니 유쾌할쏘냐!

3

날개는 묶이고 오래 굶주린 사나운 매가
숲 끝에서 날개치며 앉았다가 돌아가려는 참에
때맞추어 북풍 불자 처음으로 줄을 풀고
바다 같은 푸른 하늘 마음껏 날아갈 때
그 아니 유쾌할쏘냐!

4

삐걱삐걱 노 저으며 맑은 강에 배띄우고
쌍쌍이 자맥질하는 물새를 한가로이 보다가

곧바로 내리닫는 여울목에 배가 오고
시원한 강바람 솔솔 불어 선창에 흩뿌리면
그 아니 유쾌할쏘냐!

5

깎아지른 산꼭대기 지팡이 짚고 올라 쉬노라면
구름 안개 겹겹으로 인간 세계 막았다가
이윽고 서풍 불어 태양이 눈부시고
천봉 만봉이 한꺼번에 드러나면
그 아니 유쾌할쏘냐!

6

야윈 말로 힘겹게 험준한 길을 지나면서
돌부리 나뭇가지에 옷자락이 찢겼구나.
말에 내려 배를 타면 앞길은 평탄하고
저녁나절 순풍에 돛을 높이 달고 가면
그 아니 유쾌할쏘냐!

7

낙엽은 사각사각 강언덕에 떨어지고
우중충한 날씨에 흰 파도가 출렁일 때
옷자락 휘날리며 바람 속에 섰노라면
하얀 깃을 쓰다듬는 신선과도 같으리니
그 아니 유쾌할쏘냐!

8

이웃집 처마끝이 앞마당을 막고 있어
가을날도 바람 없고 맑은 날도 그늘지니
백금으로 사들여서 당장에 헐어내고

먼 산 묏부리들 눈앞에 수없이 보일 수 있다면
그 아니 유쾌할쏘냐!

9

지루하고 긴 여름날 불볕더위에 시달려서
등골이 땀에 젖고 삼베적삼 땀에 절었네.
시원한 바람 불고 소나기 쏟아져서
폭포가 한꺼번에 벼랑에 걸린다면
그 아니 유쾌할쏘냐!

10

깊은 골짜기에 밤이 들어 소리 없이 고요하고
귀신도 편히 깃들고 짐승도 조용하다.
집채 같은 큰 바위를 번쩍 들어다가
1천 자 낭떠러지에 메질하듯 부딪치면
그 아니 유쾌할쏘냐!

11

서울의 성벽에서 움츠리고 지내고
병든 새가 조롱 속에 갇혀 있듯 지내다가
채찍을 울리면서 교외 밖으로 훌쩍 나서면
산천과 들빛들이 눈에 온통 가득 찰 때
그 아니 유쾌할쏘냐!

12

흰 종이를 활짝 펴고 시상에 잠겼다가
우거진 녹음 속에 비가 똑똑 떨어질 때,
서까래와 같은 붓을 손아귀에 가득 잡고
먹물을 듬뿍 찍어 일필휘지 하고 나면

그 아니 유쾌할쏘냐!

13

장기 바둑 승부수를 일찍이 몰랐기에
곁에서 우두커니 바보처럼 앉았다가
한 자루 여의철(如意鐵)을 알맞게 움켜잡고
단번에 판 위를 확 쓸어 없앤다면
그 아니 유쾌할쏘냐!

14

대숲 위에 외로운 달 자취 없는 밤중에
초당에 홀로 앉아 술독을 마주 대하고
마시고 또 마셔 100잔을 마시고 취한 뒤에
노래 한바탕 불러대어 근심 걱정 씻어버리면
그 아니 유쾌할쏘냐!

15

눈보라 휘몰아치고 겨울바람 차가워서
숲 찾아드는 여우 토끼 다리 절뚝거릴 때
긴 창에 큰 화살 메고 붉은 털모자 쓰고 가서
산 채로 때려잡아 안장 곁에 걸쳐놓으면
그 아니 유쾌할쏘냐!

16

푸르른 물결 사이에서 고깃배에 몸을 맡겨
야삼경 바람 이슬에 취해 돌아갈 줄 모르다가
가는 기러기 한 소리에 놀라 잠을 깼더니만
갈대꽃 이불 썰렁하고 초승달이 떠 있으면
그 아니 유쾌할쏘냐!

17

세간살이 모두 팔아 괴나리봇짐 꾸려 메고
뜬구름 같은 자취로 타향을 떠돌다가
뜻 잃고 유랑하는 지기지우 길에서 만나
주머니 속 돈 열 냥을 그에게 꺼내 주면
그 아니 유쾌할쏘냐!

18

나무 끝을 맴돌면서 어미 까치 짖어대고
시커먼 구렁이가 둥지로 기어들 그 때
어디선가 목 긴 새가 학의 울음 소리 내며
범 같은 기세로 머리통을 쪼아대면
그 아니 유쾌할쏘냐!

19

달 둥글면 달려와서 거문고 타고 노래하쟀는데
어찌할까 온 하늘 검은 구름이 가득 덮다니
옷을 차려 입고 헤어지려고 할 즈음에
갑자기 숲 끝에 나온 고운 달을 보게 되면
그 아니 유쾌할쏘냐!

20

먼 지방 귀양살이 대궐이 그리워서
여관에서 잠 못 이루고 등불 심지만 깎다가
뜻밖에 금계(金鷄)의 기쁜 소식[1] 전하는 말 듣거나
집에서 보낸 편지를 손으로 겉봉 뜯었을 때
그 아니 유쾌할쏘냐!

不亦快哉行 二十首

跨月蒸淋積穢氛, 四肢無力度朝曛。
新秋碧落澄寥廓, 端軸都無一點雲。
不亦快哉。

疊石橫堤碧澗隈, 盈盈滀水鬱盤迴。
長鑱起作囊沙決, 澎湃奔流勢若雷。
不亦快哉。

蒼鷹鎖翮困長饑, 林末徘徊倦却歸。
好就朔風初解緤, 碧天如水盡情飛。
不亦快哉。

客舟咿嘎汎晴江, 閒看盤渦浴鳥雙。
正到急湍投下處, 凉颼拂拂灑篷牕。
不亦快哉。

岧嶢絶頂倦遊筇, 雲霧重重下界封。
向晚西風吹白日, 一時呈露萬千峰。
不亦快哉。

羸驂局促歷巉巖, 石角林梢破客衫。
下馬登舟前路穩, 夕陽高揭順風帆。
不亦快哉。

騷騷木葉下江皐, 黃黑天光蹴素濤。
衣帶飄飆風裏立, 怳疑仙鶴刷霜毛。

不亦快哉。

鄰人屋角障庭心，涼日無風晴日陰。
請買百金纔毀去，眼前無數得遙岑。
不亦快哉。

支離長夏困朱炎，濈濈蕉衫背汗霑。
灑落風來山雨急，一時巖壑掛冰簾。
不亦快哉。

清宵巖壑寂無聲，山鬼安棲獸不驚。
挑取石頭如屋大，斷崖千尺碾砰訇。
不亦快哉。

局促王城百雉中，常如病羽鎖雕籠。
鳴鞭忽過郊門外，極目川原野色通。
不亦快哉。

雲牋闊展醉吟遲，草樹陰濃雨滴時。
起把如椽盈握筆，沛然揮灑墨淋漓。
不亦快哉。

奕棋曾不解贏輸，局外旁觀坐似愚。
好把一條如意鐵，奢然揮掃作虛無。
不亦快哉。

篁林孤月夜無痕，獨坐幽軒對酒樽。
飲到百杯泥醉後，一聲豪唱洗憂煩。

不亦快哉。

飛雪漫空朔吹寒, 入林狐兎脚蹣跚。
長槍大箭紅絨帽, 手挈生禽側挂鞍。
不亦快哉。

漁舟容與綠波間, 風露三更醉不還。
歸鴈一聲驚破睡, 蘆花被冷月如彎。
不亦快哉。

落盡家貲結客裝, 雲游蹤跡轉他鄕。
路逢失志平生友, 交與囊中十錠黃。
不亦快哉。

噍噍嗔鵲繞林梢, 黑質脩鱗正入巢。
何處戛然長頸鳥, 啄將珠腦勢如虓。
不亦快哉。

琴歌來趁月初圓, 無那頑雲黑滿天。
到了整衣將散際, 忽看林末出嬋娟。
不亦快哉。

異方遷謫戀觚稜, 旅館無眠獨剪燈。
忽聽金鷄傳喜報, 家書手自啓緘縢。
不亦快哉。   〈권7, 1796년〉

* 역주 1) 금계(金鷄)의 기쁜 소식 : 죄를 사면한다는 소식. 옛날에 사조(赦詔)를 반포하는 날이면 금계(金鷄)를 장대 끝에다 올려 두었다. 황정견(黃庭堅) 「죽지사(竹枝詞)」에 "두견은 더 울래야 피가 받아 눈물 없는데, 어느 때나 금계

가 구주를 사면할까?(杜鵑無血可續淚, 何日金鷄赦九州.)"라 했다.
  [해제]
  다산이 이 해 10월 규영부 교서에 임명되기 전에는 울적한 나날을 보냈는데, 이에 대해 이런 노래를 지음으로써 답답한 회포를 푼 듯싶다.

천진암(天眞菴)에서

1

첩첩이 싸인 산 울창하고 오솔길 한가닥인데
짙푸른 녹음 샛노란 꽃이 석양빛을 희롱하네.
뽕잎에 살 오르자 비둘기들 새끼 치고
보리이삭 돋아날 때 꿩은 어울려 나는구나.
봄이 옛길을 불태워 중 가는 길 모르겠고
맑은 날 폭포수가 객의 옷에 뿌려진다.
깊은 곳에도 사람 사는 집이 있음을 알겠는 건
시내 너머서 딸아이 돌아오라는 소리 들리기에.

2

양자봉 꼭대기엔 풀과 나무 무성하고
흰구름이 다 걷히자 푸른 산봉우리 겹겹이고
날다람쥐 나무 건너뛰니 꾀꼬리 먼저 날아가고
표범이 숲속을 나다니니 까치들이 어지럽게 깟깟거린다.
나물 캐는 아낙네 비탈길에서 때때로 만나고
절간 문에는 날마다 꽃구경 온 사람 보내네.
흐르는 물에 발 씻는 게 무슨 뜻인지 알겠는가
일찍이 조선 천지 많은 티끌 밟아왔기 때문이다.

3

바위산이 첩첩으로 절간을 둘러싸니
불경이며 향로며 깊고도 깊숙하다.

시냇가 풀 청색 황색 녹색 뒤섞여 있고
산새들은 백 가지 천 가지로 소리낸다.
이벽(李檗)이 독서했던 곳 아직도 있지마는
원공(苑公)이 깃들었던 자취는 아득하여 찾기 어려워라.
풍류와 문채(文采)도 경치 좋고 조용해야만
한나절은 잔 돌리고 한나절은 시 읊었지.

端午日 陪二兄游天眞庵[1]

重巒蓊蔚一蹊微, 濃綠深黃弄晚暉。
桑葉欲肥鳩正乳, 麥芒初長雉交飛。
春燒古棧迷僧徑, 晴瀑危橋濺客衣。
知有人家深處住, 隔溪聞喚女兒歸。

楊子峯頭草木蓁, 白雲飛盡綠嶙峋。
蒼鼯度樹鶯先避, 文豹行林鵲亂嗔。
磴路時逢挑菜女, 巖扉日送賞花人。
臨流濯足知何意, 曾蹋東華萬斛塵。

巖阿層疊抱祇林, 經卷香爐深復深。
澗草雜靑黃綠色, 山禽交十百千音。
李檗讀書猶有處, 苑公棲跡杳難尋。
風流文采須靈境, 半日行桮半日吟。 <권8, 1797년>

* 원주 1) 5월 4일 천진암에서 잤다.(初四日宿寺)

[해제]
천진암은 지금 천주교 성지로 지정된 곳으로 다산의 셋째형인 정약종의 묘가 이곳 성인 묘역에 옮겨져 있고, 다산의 아버지도 이곳 가족묘 구역으로 이장되어 있다. 다산의 「천진암에 노닌 글」에는 이 때 네 형제가 함께 갔다고 나와 있는데, 여기서는 두 형을 모시고 갔다고 했다.

천진암의 밤

1

지는 해 기다란 나무 끝에 숨고
그윽한 못물 빛 사랑스럽다.
새로 난 부들은 물 위에 누웠고
듬성한 버드나무 연기를 머금었다.
멀리서 홈대를 타고 온 방울물이
흘러나와 밭으로 스며드네.
누가 이 좋은 언덕과 골짜기를
몇몇 중들에게만 오로지 남겨 주었으리요.

2

초승달 바람에 흔들리는 숲에 걸리고
노천 방아확 가엔 샘물 소리여라
바위도 산봉우리도 기색을 거두었고
울타리와 둑은 구름 연기 깔렸다.
종소리 울리자 중을 따라서 죽을 먹고
향이 사위자 손님과 나란히 잠들었구나.
깊이 탄식하노니 옛 현인 달사도
중 되기 좋아한 자 더러 있었지.

3

온갖 새들 다 평온히 잠들었는데
두견새만 홀로 슬피 울고

기구하고 외로우니 짝인들 있으랴만
깃들어 쉴 가지조차 없나 봐.
봄바람 나부끼면 아득한 추억에 잠기어
희미한 밤빛이 두려워지네.
달이 지고 사람도 고이 잠들면
처량한 마음 마침내 누가 알아 주겠나.

寺夕

落日隱脩杪, 池光幽可憐。
新蒲猶臥水, 疎柳正含煙。
小滴遙承筧, 餘流暗入田。
誰將好丘壑, 留與數僧專。

纖月風林外, 幽泉露碓邊。
巖巒收氣色, 籬塢積雲煙。
鐘動隨僧粥, 香銷伴客眠。
潛嗟古賢達, 多少愛逃禪。

百鳥眠皆穩, 悲鳴獨子規。
畸孤寧有匹, 棲息苦無枝。
眇眇春風憶, 蒼蒼夜色疑。
月沈人正睡, 淸絶竟誰知。<권8, 1797년>

[해제]

다산이 이 때 천진암을 찾은 전말은 앞서 말한 「천진암에 노닌 글」에 나와 있다. 다산은 이곳에서 3일 동안 머물다가 돌아왔고, 형제들이 지은 시가 모두 20수나 되었는데 다산이 지은 시 9수는 『여유당전서』 시문집에 실려 있다. 이 때 먹은 산나물도 56종이나 되었다 한다.

농가의 여름 노래

먹고 살기 어려움 임금님 걱정하여
농사일 경계도 곧 다스림이다.
간절하고 지성스레 내리신 임금님 말씀
감사와 수령들이 공경히 선양(宣揚)하네.
관아에선 창고에 쌓아둔 곡식 풀어내고
집집마다 항아리에 섬곡식 갈무리했지.
임금님 말씀 부잣집과 가난한 집에 두루 미쳐
뭇사람들 하늘에 축원하며 기리고
도랑 치고 물 대기에 부지런히 힘써
조정의 지시 부지런히 따른다오.
1년 농사 삼농(三農)이 힘을 합치고
봄이면 100일 남짓 굶주린 백성 구휼하지.
장마 지고 가뭄 들까 점을 쳤더니
풍년 든다는 길조가 나왔다오.
기름진 음식 두루 먹을 수 있으면
서로 잊고 도움 없이 살아가겠지.
주(周)나라 조세는 너그러운 10분의 1이었고
한(漢)나라는 장사치들 교만 사치 억눌렀다오.
음양이 순조롭게 운행이 되면
해마다 풍년이 자주 들어서
개미가 떠서 나온 낟알 물어 나르고
벌이 벌집에 꿀을 쌓기도 하련만

꿈틀대는 장구벌레도 대비할 줄 알거늘
씨 뿌리고 수확하는 계획 잘 세워야지.
태양이 남쪽 궤도를 돌고
북두성 바구니가 돌아 북쪽에 있을 때면
살진 매실 못 따게 막고
앵도 익으면 새 제물로 올리지.
포구 수문에서 통발을 걷고
뱃길 문에는 돛대들이 모여들며
석류꽃은 태양처럼 타오르고
각서떡으로 좋은 날에 보답한다네.
보리 여물자 동자도 노인도 기뻐하고
누에가 고치 지어 아낙들 시끌벅적
웃음과 말소리 점점 잘 들리니
굶주린 창자 조금은 채워졌다오.
모두가 사람으로 태어남 즐기면서
모두가 임금님 덕화가 성대함을 알지만
상림(桑林)에 비가 내리지 않으면
빈읍(豳邑)에서 마른 쌀을 생각한다오.[1]
따뜻한 기운에 산작약 아름답고
들에 핀 찔레꽃 향기가 물씬하다.
아래로 떨어져 흐르던 샘물 멈추고
처마에선 낙숫물 소리 끊기어서
대지는 거북이 등무늬처럼 갈라지고
줄 지어 세운 묘는 시들었네.
들길에 모침 나르는 말 멈추고
화랑이가 수묘(水廟)에 가 빌면

풍백(風伯)이 곧 바람을 일으켜
구름바다가 짙게 검은 무늬로 바뀌어
처음엔 점차로 스며들게 비를 빚어서
문득 술잔이 차도록 뚝뚝 듣는다네.
단비도 시절을 알아서인지
우리 임금님의 정성스런 마음이 감동시켜서
온갖 시내들이 기세를 돌이키고
뭇 초목도 생기가 떨치고
세차게 비가 옴이 솟구치는 용 같고
기쁘기도 봉황을 본 듯하다오.
봇물도 모두 넘쳐 흐르고
시들었던 초목들도 다 탈이 없다오.
집집마다 도롱이 쓰고 설치고
우레 소리는 수많은 말떼가 달리는 듯하오.
천지 음양이 조화를 이루어 오곡을 조절하고
남은 은택이 뭇 꽃에도 미치니
너도 나도 다투어 삽자루 메고
가난한 집 아낙 얼굴에도 생기가 돌아
새벽에 일어나 묵정밭 다스리고
점심에는 국과 탕을 갖추 차린다네.
아득한 저 하늘에 얇은 구름 끼었다가
머나먼 나무에 희미하게 볕이 나면
어린 모들 밤 사이에 윤택해지고
가라지는 몇 뙈기나 덮을는지.
터진 물 졸졸졸 듣기에 좋고
푸르른 들판도 볼 만하구나.

김매기 노래 일제히 흥을 돋우고
술병에서 술 향기 금방 맡고서
부들 언덕에 기대 눕기도 하고
연못 가에서 우스갯소리도 하며
절기에 따라 호미로 김맬 줄 알고
전답을 즐기는 장소로 삼으면
100이랑도 거울처럼 평평하고
온 식구들 미칠 듯이 기뻐하리.
개구리 떠들썩 울어대고
해오라기도 너울너울 춤추는구나.
꾀꼬리는 삼베 짜라고 재촉하고
검정소는 힘차게 수레를 끌고
늙은이는 한가롭게 지팡이 짚고
계집종 날래게 치마 걷으면
부량(浮梁)의 장사치[2]보다야 더욱더 낫고
몸 파는 창녀보다 오히려 낫겠지.
일 없는 사람은 채마밭 다스리고
힘 남으면 미나리꽝도 일구지.
시골 마을에 밤들면 홰에서 닭이 자고
숲에 장마지면 개밋둑에 황새 날지.[3]
네 이웃 가지런히 새벽밥 먹고
김맬 일꾼들 시냇가에 모여들면
고기떼 몰린 물결은 비단결 같고
새들은 생황처럼 지저귄다오.
웅덩이에 말이 빠질까 걱정이고
묵은 산길에선 이리 만날까 두렵다오.

아침 해가 붉은 빛을 펴며
푸른 묏부리 예쁘게 단장하고
푸른 풀길을 함께 지나가서
푸르른 언덕 곁에서 모두 쉬면서
땅 파고 김맨 부지런함과 게으름을 평가하고
도랑 치고 둑 쌓아 손해 봄을 경계하며
진창을 밟다가 거머리에 놀라고
비 몰아칠 때엔 상양(商羊)⁴⁾이 좋아한다오.
게으른 자 담배나 즐긴다고 나무라고
식객은 술이나 찾는다고 흉본다네.
온 집안이 몸을 굽신거리며
한 발자국도 느리게 걷지 않아
일기가 좋으면 짝을 이루어 권장하고
품팔이 삯은 날로 쳐서 준다네.
순박한 풍속은 바뀌었어도 아직 남아 있고
참다운 취미 말로는 다 못하겠다.
밭에 물 주면 오이덩굴 뻗어오르고
잡초 불태워 일군 밭엔 기장이 담장을 넘는구나.
나란히 밭갈면 걸익(桀溺)이 생각나고
씨앗 몸소 뿌리면 용강(龍岡)이 생각난다오.⁵⁾
영감 할미는 남아서 집을 보고
어린 손자는 침상에 둘러 있다.
베틀 소리 찰가닥거리고
깃발은 어지럽게 펄럭인다오.
쥐 잡고 아울러 참새도 쫓고
삼 담그고 나서 뽕나무 심고

살림도 넉넉하여 외양간엔 암소 매여 있고
시절 태평해 들에 황충 없다오.
시냇물 홈대로 끌어다 물레방아 돌리고
대나무 싸잡아 성긴 울타리 맨다네.
콩꽃은 저녁 안개에 피고
아침 햇살엔 목화다래 터지며
더벅머리 마주보고 절구질하고
이웃 할망구 청해다 겨를 까불고
밤이 와도 오히려 쉬지 않고
해만 뜨면 언제나 방아를 찧네.
가파른 산도 모두 개간을 하고
고인 물도 전부 둑을 잘라
두레박틀은 판자로 엮고
푸른 버들 꽂아서 채마밭 울이라네.
저녁 무렵 새로 난 메밀 푸르고
산들바람엔 올벼가 누렇게 익지.
구름 짙으면 우박 쏟아질까 걱정이고
이슬 서늘하면 서리 내릴까 겁난다오.
늘어진 이삭으론 죽 쑤어 먹고
남은 곡식은 가마니에 저장한다오.
마을 돈 내게 해서 도박을 그치게 하고
포흠진 쌀을 관아 창고에 실어 나르세.
걱정과 즐거움은 배 고프고 부르기에 달렸고
하늘 땅 넓어 내려다보고 우러러본다네.
하찮은 싸움질 우스꽝스럽고
기름진 땅 수확은 소주나 항주 같네.

산 밖에선 인적들 시끌벅적
먼지 속의 인끈은 번쩍번쩍한다오.
잗다란 이해로 항상 시끄럽고
시각에 매여 날마다 허겁지겁.
이렇게 못한다고 그게 뭐 잘못인가
추구함 없으면 좋지 못한 사람 안 되리.
나에겐 평생토록 그림 속의 떡이나
동쪽으로 내려가면 전원이 있다오.

竹欄小集 與尹彛紋~[1)]

聖念憂艱食, 田功戒卽康.
絲綸敷懇惻, 郡國恪宣揚.
官發倉廠積, 家留甔石藏.
德音覃華蔀, 輿誦祝穹蒼.
勤力專溝澮, 謨猷昐廟廊.
歲功三扈倂, 春振十旬强.
澇旱徵符驗, 金穰奏吉祥.
脂膏如可遍, 呴沫欲相忘.
助徹寬周稅, 驕奢抑漢商.
陰陽交順軌, 年穀屢登穰.
行螘輸漂粒, 游蠭貯蜜房.
蜎蠉知有備, 稼穡慮唯長.
羲馭南回軌, 璇杓北轉筐.
梅肥防小摘, 櫻熟薦新嘗.
浦閘收魚箵, 漕門簇海檣.
榴花含日烈, 粽黍答辰良.
麥稔歡童叟, 蠶成閙女娘.
漸能聞笑語, 稍得展飢腸.

總有生人樂，咸知聖化洋。
桑林遲霈澤，豳邑念餱糧。
煖氣蒸山芎，薰香鬱野棠。
泉流收滲漉，簷溜闋琮璘。
乾坼羅龜兆，枯苗立鴈行。
野蹊停棗馬，水廟禱花郎。[2·3]
風伯旋噫氣，雲河黮變章。
浸淫初蘊釀，涓滴倏盈觴。
甘霔知時節，心香格我王。
百川還氣勢，衆卉頓精芒。
沛若騰龍魮，歡如覩鳳凰。
泆流皆自活，槁委並無傷。
襏襫千家動，雲雷萬馬驤。
太和調五穀，餘澤及群芳。
钁柄肩爭荷，釵荊面復光。
晨興理蕪穢，午饁具羹湯。
漠漠輕雲蔭，微微遠樹陽。
穉秧經夜潤，稂莠幾畦荒。
決水淙堪聽，平原綠可望。
耘歌齊發興，壺酒驀聞香。
枕藉依蒲岸，談諧近藕塘。
鎡基知順節，畎畝作歡場。
百頃平如鏡，全家喜欲狂。
蝦蟆吹聒聒，鷺鷥舞蹡蹡。
黃鳥催絺葛，烏牛健服箱。
鷄皮閑植杖，赤脚勇褰裳。
全勝浮梁賈，猶賢倚市娼。
漫工調菜隴，餘力拓芹坊。

村夕塒鷄定, 林霖埕鸛翔。
鄰比齊蓴食, 耘伴集溪航。
魚浪縐如縠, 禽言弄似簧。
洿池疑沒馬, 蓄磧畏逢狼。
旭日舒紅彩, 峰巒媚艶粧。
共由靑草徑, 俱歇綠陂傍。
鋤耨評勤慢, 溝塍戒卒痒。
蹋泥驚水蛭, 拕雨喜商羊。
怠噴貪煙葉, 饕譏索酒漿。
闔家行傴僂, 跬步視蒼茫。
勝氣分曹勸, 傭工計日償。
淳風渝尙在, 眞趣說難詳。
灌圃瓜延架, 燒畬黍過墻。
耦耕懷桀溺, 躬稼憶龍岡。
翁媼留看屋, 兒孫却繞床。
機梭鳴札札, 旟旐夢央央。
攫鼠兼驅雀, 漚麻更種桑。
家殷囷有秄, 時泰野無蝗。
露碓通溪筧, 疎籬接野篁。
豆花披夕霧, 棉絮坼朝暘。
村竪交舂杵, 鄰姑倩簸糠。
夜分猶未息, 日出以爲常。
巖畔渾開墾, 洿流總割壃。
桔橰編白板, 樊圃挿靑楊。
落照新蕎綠, 微風早稻黃。
密雲愁瀉雹, 凉露怯催霜。
滯穗供饘粥, 餘糧貯橐囊。
社錢休賭博, 逋米戒輸倉。

憂樂惟饑飽, 乾坤豁俯昻。
紛紜笑蠻觸, 饒沃拵蘇杭。
山外蹄輪閴, 塵中組綬煌。
錐刀恒擾擾, 鐘漏日遑遑。
未得斯何失, 無求免不臧。
平生畫中餠, 東下有陶莊。＜권8, 1797년＞

* 원제 죽란시사 작은 모임에서 나는 윤지범(尹持範)·이유수(李儒修)·한치응(韓致應) 등과 함께 농가의 여름 노래 80운을 지었다.(竹欄小集 與尹彛敍李周臣韓徯父 賦得田家夏詞 八十韻)
* 원주 1) 바둑알 점운법을 썼다.(用碁子拈韻法)
2) 조마(棗馬)는 우리말로 '앙마(秧馬)'이다.(秧馬也)
3) 우리 나라 풍속에 남자 무당을 '화랑'이라 한다.(東俗以男巫爲花郞)
* 역주 1) 빈읍에서~생각한다오 : 유랑함을 모면하지 못함. 후직(后稷)의 증손인 공유(公劉)가 하(夏)나라로부터 박해를 받고 빈을 찾아 떠날 때 마른 쌀을 전대 주머니에 담아 떠났는데, 그것이 주(周) 왕실이 일어나게 된 발판이었다.
2) 부량(浮梁)의 장사치 : 차(茶)를 파는 장사꾼. '부량'은 중국 강서성의 차가 많이 생산되는 곳이다.
3) 개밋둑에 황새 날지 : 비가 올 징조를 말한다. 비가 오려면 땅속에 사는 개미들이 먼저 알고 단속하고, 황새는 물을 좋아해 즐거이 길게 운다고 한다.
4) 상양(商羊) : 상상의 새로 이 새가 날면 큰비가 내린다고 한다.
5) 용강(龍岡)이 생각난다오 : 용강(龍岡)은 지명. 명 태조(明太祖)가 언젠가 종산(鍾山)에 행차했다가 용강에서 순화문(淳化門)까지 걸어와서 시신(侍臣)들에게 이르기를 "내가 전답 근처를 지나보지 않은 지가 오래 되었는데, 마침 농부들이 더위를 무릅쓰고 밭 가는 것을 보고는 너무 안쓰러운 마음이 들어 나도 모르게 걸어서 여기까지 왔다."고 했다.

[해제]
다산은 시짓기 놀이를 하면서도 늘 농사짓는 고충과 어부나 상인 및 공장들의 삶을 소재로 삼고 있다. 이런 점이 음풍농월을 일삼는 여타 문인들과 다른 점이 아닐까 싶다.

청석골

청석골은
시내 따라 난 비탈길 300굽이네.
양 옆의 낭떠러지 한 덩어리로 가파르고 험준하며
떨기숲 곳곳에는 복병도 할 수 있지.
군사도 매복할 만하고 성도 쌓을 수 있어
성 있으면 적이 와도 범접을 할 수 없지.
왼편에는 이천·토산의 큰산 기슭이고
바른편은 강화도의 바다이니
진퇴유곡(進退維谷)이라 적군도 머뭇거릴 테니
용감한 장수도 여기에선 완적(阮籍)같이 통곡하리.[1]
청나라 군사 재빨리 비바람처럼 닥쳤을 때
골짝 속에 사람은 없고 빈 집뿐이라
그 군사 하품하며 눈에는 잠이 가득
행군 노래 답하는 건 숲소리뿐이었다지.
일장성(日長城)[2]도 그 얼마나 우뚝 높이 솟았는가
원숭이나 학도 걱정하며 물러나기 서촉(西蜀)과 견줄 만한데
포위병이 득실대니 사방에서 보고 놀라
세찬 파도 속에 외딴 섬 같아
산성 안의 군세는 쭈그러들고
적군이 많이 차지하고 우리 차지는 성뿐이니
적이 놔두고 돌아보지 않은 것 우리 얼굴 부끄러워
오르내리기 험한 길에서 어떻게 쫓을 것인가
이 이치가 분명한데 세상 사람들 못 깨닫고

금오산성(金烏山城)³⁾이니 입암산성(笠巖山城)⁴⁾이니 서로 어지러이 말하지만

지켜야 할 요충지는 평지에 있는 법

군참(軍讖)도 병서도 다 잘못 읽었네.

산성이 하늘 닿게 높으면 높을수록 좁아지지 않으리.

靑石谷行

靑石谷, 綠溪磴路三百曲。

兩崖峭峻深結束, 叢莽處處兵可伏。

兵可伏城可築, 寇來有城不可觸。

左伊兎之嶽麓, 右穴口之海瀆。

進退維谷寇蹢躅, 萬夫於此阮籍哭。

滿洲兵來風雨速, 谷中無人但空屋。

滿兒欠伸睡滿目, 行歌互答響林木。

日長之城何矗矗, 猿愁鶴退侔西蜀。

圍兵瀰漫駭四矚, 海波洶湧孤島綠。

山城由來軍勢蹙, 敵得其衆我得獨。

敵棄不顧我顔忸, 登降崎嶇詎能逐。

此理分明世猶惑, 金烏笠巖紛相屬。

據險守要在平陸, 軍讖軍書皆誤讀。

山城高高接天彌局促。<권8, 1797년>

* 역주 1) 완적(阮籍)같이 통곡하리 : 중국 진(晉)나라 사람 완적은 아무 데나 마음 내키는 대로 가다가 길이 막혀 더 이상 갈 수 없으면 곧 수레를 내려 통곡하고 되돌아왔다 한다.

2) 일장성(日長城) : 경기도 광주(廣州)에 있던 신라 때 쌓은 성채인데, 현재의 남한산성이다.

3) 금오산성(金烏山城) : 경상북도 금오산에 위치한 돌로 쌓은 산성.

4) 입암산성(笠巖山城) : 전라도 장성(長城)과 정읍(井邑) 경계에 있는 산성.

제3부 농가의 여름 노래

[해제]

다산은 1797년 윤6월에 황해도의 곡산도호부사(谷山都護府使)가 되어 간다. 곡산으로 가려면 임꺽정의 소굴이 있던 청석골을 지나게 된다. 다산은 죽령·추풍령·새재 등 험산 준령을 지날 때면 늘 외적의 침략에 대한 방어책을 생각한다. 여기서는 정묘호란이나 병자호란 때 청나라 군사가 쳐들어왔을 때 이런 요새를 놔두고 방어하지 못한 것을 회상한다. 영사시(詠史詩)의 하나다.

붉은 천리마 노래

비범한 뼈대 지닌 붉은 천리마
빨리 달려 바람에 갈기를 날리지만
사방으로 내닫고픈 뜻만 머금고
촉(蜀) 지방 종족 속에 살고 있다.
산길은 바위가 많아 괴롭고
돌도 많고 대숲까지 이어져
슬피 울며 제 그림자 돌아보고는
넓고 막힘 없는 장풍(長風)이 그립다네.
임금님 마굿간엔 장식도 많고
가슴걸이 쇠고리도 번쩍번쩍하지만
운수 막히고 통하고는 때 만나기 탓이어서
참으로 운명이 같지 않다오.
소금수레 끄는 것 걸맞는 직책 아니로되
꼴과 콩 먹자니 어쩔 수 있나.
도리어 조랑말에게 깔봄을 당해
동서로 어지럽게 으르며 깨문다오.
두어라, 다시는 말하지 말자꾸나
슬퍼하며 푸르른 하늘이나 우러러야지.
탁 트인 선비는 비록 구애받지 않겠지만
이런 것 생각하면 시름겹다오.

赤驥行 示崔生

赤驥負奇骨, 駿邁颺風駿。

鬱鬱四極志, 乃處巴僰中。
山蹊苦多石, 犖确連箐叢。
悲鳴顧其影, 溘宕懷長風。
天廄多繁纓, 逐續光磨礱。
所遇有亨否, 寔維命不同。
鹽車雖匪職, 聊爲芻豆空。
却被果下驚, 嚅齝紛西東。
已矣勿復道, 悵然仰蒼穹。
達士雖放達, 念此憂心忡。 <권8, 1797년>

[해제]
다산이 곡산부사로 나간 초기에 산골 관아에서 자신의 답답한 심경을 술회한 시이다. 자신을 천리마로 상정한 것 같다. 우화시의 하나이다.

홀곡 노래

언진산(彥眞山)은 높고 홀곡(笏谷)은 깊은데
산기슭이건 골짜기건 황금투성이라오.
모래와 물 거르면 별들이 빛나듯이
오이씨 같은 사금알들이 번쩍거린다.
잇속 구멍 한번 캐면 땅속도 야위어지고
잘 드는 도끼를 다투어 휘날리면 산신령도 쪼개지니
아래로 황천까지 위로는 하늘까지
구멍이 번쩍번쩍 지맥이 끊어지네.
살과 힘줄 물어뜯겨 먹히듯 골짝도 텅 비어 황량하고
해골 등뼈 앙상하듯 나뭇가지 뒤엉키고
산의 정령 나무 끝에 달라붙어 울어대며
낮도깨비 날뛰고 갈가마귀 떼 까옥대네.
도굴꾼 가만히 일어나 구름처럼 모여들고
간사한 놈들 끌어들여 남몰래 숨기고는
8천 개 9천 개나 구덩이를 뚫으면서
개미와 벌떼처럼 고을을 이루었지.
맑은 밤이면 요란히 떠들면서 노래하고 피리 불고
꽃피는 아침이면 향기로운 술 고기로 잔치하네.
날마다 명기며 명창들이 달려서 모여드니
관서지방 고을들 몰골이 쓸쓸하다.
농가에선 머슴을 쓰려 하나 오려는 사람 없고
날품꾼 100전을 준다 해도 오지 않을 테니
마을은 다 깨져 쪼개지고 논밭은 묵어

쑥대밭 자갈밭이 되고야 말 것이오.
산택의 생산물은 나라의 전매품인데
어찌 교활하고 방자한 자에게 내맡겨야 하리요.
새로 온 사또에게 백성들 간절히 기대하니
공이여 금구덩이 막아버리고 밭갈이나 재촉하구려.

笏谷行 呈遂安守

彦眞山高笏谷深, 山根谷隧皆黃金。
淘沙盥水星采現, 瓜子麩粒紛昭森。
利寶一鑿混沌瘠, 快斧爭飛巨靈劈。
下達黃泉上徹霄, 洞穴䁾䁾絶地脉。
筋膚齧蝕交谽谺, 髑髏脊胚森杈枒。
山精啾喞著樹杪, 鬼魅晝騁多啼鴉。
椎埋竊發蔚雲集, 藏命匿姦潛引汲。
穿窖鑿窨八九千, 蜂屯蟻聚成邃邑。
歌管嘲轟弄淸宵, 酒肉芬芳宴花朝。
名娼妙妓日走萃, 西關郡縣色蕭條。
農家募雇無人應, 日傭百錢猶不肯。
村閭破柝田疇蕪, 蒿萊犖确成荒磴。
山澤之利本宜榷, 豈令狡獪恣所專。
太守新來民拭目, 煩公夷坎塞礦催畊田。 <권8, 1797년>

[해제]
다산이 곡산도호부사가 되어 갔을 때, 황해도 수안군(遂安郡)에 있는 언진산(彦眞山) 홀곡(笏谷)에서는 당시 금광 개발이 한창이었다. 국가 자원인 금광의 난개발로 말미암아 벌어지고 있는 환경 파괴와 인간성 황폐의 풍경을 묘사하고, 그 폐단을 시정하기를 수안군수에게 권고한 시이다.

천용자 노래

천용자는 자가 천용(天慵)인데
뭇 사람들 어리석다 다투어 손가락질하지요.
평생에 갓이나 망건 머리에 쓰지 않고
마주보면 헝클어진 쑥대머리라오.
술이라면 입술도 축이지 않고 곧바로 꿀꺽
달건 시건 묽건 진하건 도통 살피지 않네.
쌀술도 보리술도 이도 저도 가리지 않고
고양이눈 같은 맑은 술도 고름 같은 뿌연 술도 좋을씨고.
어깨에는 가야금 하나 둘러메고
왼손에는 피리 하나 바른손엔 지팡이 하나
봄바람엔 묘향산 찾아 서른여섯 골짝으로
가을이면 금강산 1만 2천봉 달빛에
가야금 뜯다가 피리 불다가 휘파람도 불다가
구름에 노닐고 안개에 자고 발자취 쉴새없이
산길에선 새벽에 회초리로 숲을 뒤져 잠자는 범 찾아내고
물길에선 바위 굴려 천둥 소리로 못의 용 놀래키고
갈 때 입은 무명옷은 거지에게 벗어주고
바꿔 입은 떨어진 옷 꿰맬 곳도 없다네.
돌아와 방에 드니 아내의 싫은 소리
바락바락 땅을 치고 하늘에 울부짖고 가슴을 두들기니
천용자는 묵묵부답
머리 숙이고 공손하다오.
길에서 주먹만한 괴석 하나 주워 와서

자루를 막 끌러 서옥(瑞玉)인 양 만지작거리다가
배 고프면 이웃집으로 달려가
새로 빚은 술 한잔 두잔 석잔 넉잔 빌어 마시고
얼큰하면 목청 높여 노래부르네.
높은 음은 이칙(夷則)에 맞고 느린 곡은 임종(林鐘)에 맞거늘
노래가 끝나면 종이 찾아 묵화를 치는데
가파른 봉우리 성난 바위 경사 급한 여울목과 늙은 소나무나
뇌성벽력 소리나는 을씨년스런 풍경이며
얼음·눈·눈꽃·유빙(流氷)과 안개·구름 희게 피어오르는
혹은 늙은 덩굴 괴상한 덩굴이 서로 얽혀 있는 모양도 그리고
혹은 송골매·보라매가 서로 부딪치는 광경도 그리고
혹은 하늘에 노니는 신선이 구름 쫓는 모습도 그리고
미세한 화필로 많고 흐트러진 머리털 늘어서 솟구치는 모습 그린다.
혹은 가난한 중 오똑이 앉아 가려운 등 긁는 모습이나
상어 뺨에 원숭이 어깨 비뚤어진 입술에 속눈썹이 눈을 덮은 스산한 몰골도 그리고
혹은 용과 귀신이 불 뿜으며 뱀과 싸우는 괴상한 형상도 그리고
혹은 요사한 두꺼비가 달을 집어삼켜 토끼가 방아 못 찧게 하는 광경 그리네.
그러나 팔이 잘린대도 부녀자는 그리려 하지 않고
더구나 모란꽃 작약꽃 붉은 연꽃도 그리지 않는다오.
또 그림 팔아 술빚을 갚기만 하고
하루 벌어 그날에 맞게 쓴다지.
늘 자기 성명 관가에 알려질까 두려워서
알리려고 하는 자 있으면 노기발발 서슬이 시퍼렇다네.
곡산(谷山)에 내가 온 지 2년이 넘었는데
관아 짓고 못을 파도 백성 재물 거두지 않자

천용자가 찾아와 문지방을 두드리며
사또 좀 만나자고 큰 소리로 외치더니
곧바로 뜰을 지나 동헌으로 들어오는데
버선 벗은 맨다리에 농부 같은 행색으로
절도 않고 고개도 숙이지 않고 두 다리 뻗고 앉아 웃더니만
거듭거듭 하는 말이 술 달라는 말뿐이라
자리 위에 맑은 바람 부는 듯하다.
한번 보매 보통 사람 아님을 알고 무릎 거뒀지.
손 잡고 흉금 터놓고 온갖 소리 쏟아내며
비 오는 아침 달 뜨는 저녁 늘 상종했었다.
배우잖은 헌원미명(軒轅彌明)이 한유(韓愈)를 꺾었으며[1]
어쩌면 대옹(戴顒) 찾은 지둔(支遁)과 같다.
천용자 성은 장씨(張氏)라는데
시험삼아 사는 동네를 물었더니 그 입 다무네.

天慵子歌

天慵子字天慵, 千人競指爲癡惷。
生來不用巾網首, 對面蓬髮愁鬅鬆。
酒不經脣直入肚, 不省甜酸與醲醴。
稻沈麥仰斯無擇, 淸如猫睛濁如膿。
肩荷伽倻琴一尾, 左手一笛右一筇。
春風妙香三十六洞府, 秋月金剛一萬二千峯。
彈絲吹竹劃長嘯, 雲游霞宿無停蹤。
山行朴朔搜林覓睡虎, 水行砰訇碾石駴湫龍。
去時綿裘施行丐, 換着敗衣襤褸無完縫。
歸來入室妻苦罵, 嚗嚗叩地叫天摽其胸。
天慵子默不答, 俛首摧眉順且恭。
道拾一拳怪石至, 方且解橐摩弄如璜琮。

飢來走鄰屋, 乞飮新酷一二三四鍾.
酒酣發高唱, 激者中夷則徐者中林鍾.
歌竟索紙蘸筆爲墨畵, 畫出峭峯怒石急泉與古松.
震霆霹靂黑陰慘, 氷雪淞澌皎巃嵷.
或畵壽藤怪蔓相糾縉, 或畵快鶻俊鷹相撞摐.
或畵游仙躡空放雲氣, 須眉葩髵森欲衝.
或畵窮僧兀坐搔背癢, 鯊腮攫肩喎脣盍睫酸態濃.
或畵龍鬼噴火鬪蛇怪, 或畵妖蟆蝕月侵兎舂.
斷挽不肯畵婦女, 與畵牧丹勻藥紅芙蓉.
亦肯賣畵當酒債, 一日但酬一日傭.
常恐姓名到官府, 有欲告者怒氣勃勃如劍鋒.
我來象山越二歲, 建閣穿池民物雍.
天慵子來叩閫, 大聲叫我與官逢.
直躡曾階入重閤, 赤脚不襪如野農.
不拜不揖箕踞笑, 但道乞酒語重重.
淸風洒然吹四座, 一見斂膝知非庸.
握手開襟寫磈磊, 雨朝月夕常相從.
不學彌明枉韓愈, 頗似支公訪戴顒.
天慵子張其姓, 試問鄕里其口封. <권9, 1798년>

* 역주 1) 한유(韓愈)를 꺾었으며 : 형산도사(衡山道士)인 헌원미명(軒轅彌明)이 한유의 제자들과 석정(石鼎)이란 제목으로 연구(聯句) 짓기를 해 한유 제자들을 압도했다고 한다.

[해제]

천용자는 곡산에 살던 화가로 방외인(方外人)이다. 성명은 장천용(張天慵)인데 다산이 곡산부사로 있을 때 사귀었다. 다산은 이 노래를 지어 그를 찬미했을 뿐 아니라 그의 전기「장천용전(張天慵傳)」도 지었다. 이 전기는『다산문학선집』에 수록되어 있다.

연안성(延安城)

연안성 높이라야 겨우 두 길인데
성 위엔 현안(懸眼)도 없고 아래엔 해자도 없다.
판자문으로 기름 적신 시거(柴車)를 어찌 막을 수 있나
흙으로 쌓은 보루엔 지금같이 다북쑥이 나 있었으며
하물며 북산이 성을 누르고 솟아
말구유와 외양간까지 셀 수가 있었는데
임진왜란 그 때 장수 이정암(李廷馣)은
활과 칼에 서투른 학사였다오.
화살 껴안고 문 두드린 것 무당이 아니었고
물처럼 보이게 쌀 쏟음은 참으로 애들 장난이나
3천 명 왜군들이 같은 날에 죽었으니
지금도 희생 바쳐 제사를 지낸다오.
아아! 신각(申恪) 끝내 누가 있어 알아 주나
성을 쌓아 남과 함께 큰 공훈 이루고도
이긴 소식 아뢰고 그 몸은 사형을 당했으니
양주 들판 바람이 성나 울부짖는다오.

過延安城

延安城纔二丈高, 上無懸眼下無壕。
板扉何能抵膏葦, 土壘如今生野蒿。
況復北山壓城起, 細數牛囷與馬槽。
當時將帥李廷馣, 學士不閑持弓刀。
抱箭叩門非神女, 注米像水眞兒曹。

漆齒三千同日死, 至今血食陳牲牢。
嗚呼申恪竟誰識, 築城與人成勳勞。
捷奏身殲人莫贖, 楊州野曠風怒號。 <권9, 1798년>

[해제]
연안성(延安城)은 황해도 연백군(延白郡)에 있던 성으로, 임진왜란 때 이정암(李廷馣)이 왜군과 싸워 크게 승리한 곳이다. 임진왜란이 일어나기 전인 1591년 조헌(趙憲)이 연안부사 신각(申恪)에게 편지로, 북쪽 신당(神堂)의 물을 땅을 파고 끌어다 성중에 공급하여 장차 외적을 수비할 대책을 세우라고 하고, 신각은 이에 따랐는데, 이 때 이르러 왜구가 연안성을 포위했으나 성중에 물이 있어 지킬 수가 있었고, 또 큰 승리를 거둘 수 있었다 한다.

자하담에 배를 띄우고

관찰사가 멀리 고을 순행(巡行)하다가
넓고 아득한 맑은 가을을 보고
이 산골 시냇물 풍경이 사랑스러워
돌고돌아 문성교(文城橋)까지 이르렀다오.
여악은 밥짓는 배에다 싣고
감사 깃발 비장에게 거느리게 하고
자그마한 거룻배 하나를
원례(元禮) 이응(李膺)과 단둘이만 타고서
옛 철인들에 대한 얘기도 하고
잔 돌리고 시 읊고 세속 마음 없었지요.
자하담은 맑고도 푸르르고
아득한 버들 물결 넘실넘실
푸르다 못해 검게 보이는 오연(烏淵)이며
붉은 빛 감도는 깎아지른 절벽들
세차게 흐르는 여울물은 옷에 흩뿌려대고
비단 같은 나무 술잔에 비추누나.
이리 보고 저리 봐도 흐뭇하고 즐거운데
산 그림자가 맑은 물 위로 기우뚱
희디흰 달이 모래사장 물가에 뜨고
금물결 일렁일렁 밝기도 하다.
맑은 계곡에 떠 있고 싶어서
금방 뭍에 올라가지 않았다오.
밤 깊어 바람 불고 이슬 내리고

하늘엔 삼성과 북두성 가로 걸려 반짝이니
횃불이 줄을 서 10리를 비춰
하늘도 땅도 수정빛같이 찬란하다.
이 땅 생긴 지 오래되었으나
이렇게 놀았다는 명칭 아직 없는데
오히려 두려운 건 이 뒷사람들이
마냥 떠받드는 영광 취할까 함이지.

八月十五日 陪李觀察義駿~

襜帷行部遠, 曠漭見秋淸。
愛玆溪澗勝, 迂回戾文城。
女樂載廚船, 福裨領麾旌。
蕭然一葦航, 獨與元禮幷。
談論逮古哲, 觴詠無俗情。
霞潭湛澄綠, 柳浪渺瀰盈。
烏淵倏蒼黝, 峭崿含幽楨。
激湍紛灑衣, 錦樹交映觥。
顧眄有餘懽, 山影澹初傾。
皎月飛沙汀, 灩灩金波明。
夷猶泛淸壑, 未便登岸行。
夜深風露重, 煜煜參斗橫。
列炬耀長亭, 俯仰粲光晶。
地闢良已久, 玆游尙無名。
尙恐後來人, 曼衍取尊榮。 <권9, 1798년>

* 원제 8월 15일 관찰사 이의준(李義駿)을 모시고 자하담(紫霞潭)에 배를 띄워 오연(烏淵)까지 가서 달 뜨기를 기다려 문성교(文城橋)로 갔다가 밤에 돌아왔는데, 자하담에서 오연까지의 산수(山水)들이 절경이었다. 그러나 우리보다 앞에 와서 놀았던 이는 없었으니, 사실은 나와 이공(李公)이 처음으로 개척한 경치인

것이다.(八月十五日 陪李觀察義駿 汎舟紫霞潭至烏淵 候月汎至文城橋夜還 此間山水絕勝 而前此無人來游 余與李公實刱爲之)

[해제]

  곡산부사로 있던 다산이 관찰사 이의준(李義駿)이 곡산부를 순행할 때 이를 수행하며 배로 자하담에서 문성교까지 갔던 것을 시로 쓴 것이다. 자하담과 오연은 곡산부 북쪽에 있는 명승지인데 이곳을 순행할 때 육로를 피하고 뱃길을 이용했던 것이다. 육로로 순행하자면 길을 닦고 새로 내는 등 민폐를 끼치게 되는 것이다. 이 민폐를 끼치지 않고 순행을 하며 산수의 경치도 완상한 것이다. 다산의 「자하담 범주기(紫霞潭汎舟記)」가 이 때의 기행문(紀行文)인데 『다산문학선집』에 수록되어 있다.

매사냥에 화답하다

매사냥꾼 매를 메고 높은 산 오르고
몰이꾼은 사냥개 몰아 숲속을 뒤지자
꿩들은 꿩꿩거리며 산굽이로 날아가고
회오리바람같이 재빠른 매가 날아와 덮친다.
힘빠진 꿩 허둥지둥 숲속에 매복하니
새매는 내리덮치려 하늘에 올라 맴돌다가
번갯불이 번쩍이는 그 순간을 생각 못해
황급하여 혼자서 빈 산 속에 앉았다오.
아아, 꿩의 죄는 참으로 용서하기 어려워
내리친 매야말로 참으로 영웅호걸
낟알을 훔쳐먹으며 지조 지킨다는 칭찬 듣고
길쌈도 않으면서 산뜻한 옷 입었도다.
기쁘도다, 초목 무성한 벌판에 피와 털을 뿌렸을 때
봉황은 그 소식 듣고 새매 충직 일컫네.

和崔斯文游獵篇

鷹師臂鷹登高崧, 佃夫嗾犬行林叢。
雉飛角角流山曲, 鷹來駚駚如飄風。
力盡魂飛雉伏莽, 鷹將下擊還騰空。
霹火閃爍不可諦, 蒼茫獨坐空山中。
嗚呼雉罪誠難赦, 鷹兮搏擊眞豪雄。
啄粒猶竊耿介譽, 鮮衣不勞組織工。
快向平蕪灑毛血, 鳳凰聞之謂鷹忠。 <권9, 1798년>

[해제]
다산이 곡산부사로 있을 때 지은 시로, 자기를 새매에 비유하여 곡식을 축내는 꿩을 사냥하듯이 탐관오리를 징벌했으면 좋겠다는 뜻을 드러냈다. 우화시의 하나이다.

송골매를 풀다

북산에 눈이 개여 송골매를 불렀더니
하루 아침 잡은 새가 산더미같이 쌓였네.
쇠같이 사납고 억센 발톱과 가을처럼 맑은 눈동자로
풀숲의 새를 덮치기 거침이 없더니만
갑자기 날아돌아 소나무 시렁에 앉더니만
시름에 잠긴 중과 같이 처절한 생각으로
꿩이 날아도 돌아보지 않고 불러도 대꾸 않고
시든 덩굴 매달린 병든 깃이 걱정스러
묶인 끈을 쪼아 끊고 잠긴 문 열 생각으로
팽팽한 끈 비웃듯 날개깃 활짝 펴고
목을 길게 빼고 사방을 둘러보며 위세를 뽐내더니
바람을 차고 한번에 갑자기 높이 날아오르네.
처음에는 날개 치며 날아오르기 시험하더니
당당히 구름 속으로 돌아 들어가서
100번이나 임금 계신 곳을 빙빙 돌다가
고봉준령 내려다보기 밭두둑같이 여겼다오.
잽싸게도 구름 안개 속을 붉은 등사(螣蛇)처럼 날고
작은 구멍 잘 뚫어 능어(鯪魚)같이 잘도 숨고
호쾌하게도 큰바다를 제어하는 곤어와 붕새같이 빨리 지나가고
건장하게도 장추(長楸)를 발목 휜 말이 빨리 달리듯
신선이 한가롭게 현학(玄鶴)을 타듯이
낭원(閬苑)의 붉은 놀 속을 높이 떠올라 나부끼고
빠르기는 삭풍이 얼음 위로 불어갈 때 같고

구슬 같은 만경창파 운거(雲車)가 달리는 듯
만리 공간에 작은 한 점 파리나 모기같이
털끝만큼 아스라이 사라져 보이지도 않고
소리조차 끊어져서 기댈 곳 까마득 없어
드넓은 푸른 하늘에 뿌연 연기만 엉겨 있다가
해가 뜨고 유안(劉安)의 닭이 울고 개가 짖으면
만인이 머리 들어 우러러보고 기어오르나
사방으로 둘러봐도 산만 우뚝 솟았으니
우인(虞人)¹⁾은 슬퍼하며 가슴 치고 앉았네.
애처롭다, 저 매야 기개가 큰 네가
마음과 뜻 굽혀 억누르고 재능을 뽐내려고
금방울 비단실로 팔뚝에 매달린 채
그물에 걸린 고기처럼 언제나 움츠리고
조그만 모이 주머니도 채우지 못하는데
적취병이 걸리도록 어떻게 배불리 먹겠느냐.
까마득이 넓은 하늘 구름 거리에 뛰어올라
머나먼 하늘나라에서 벼슬하고 싶겠지만
독수리나 물수리와 상종하며 벗으로 사귈지언정
올빼미와 높낮음을 다투기야 할쏘냐.
유리등같이 번쩍번쩍 빛나는 두 눈
한번 밝히면 여우 토끼 모두가 떨겠지만
네가 지금 길이 떠나 저들의 기가 오른다네.

縱鷹篇

北山晴雪呼蒼鷹, 一朝獲禽如丘陵.
銕爪勁厲金眸澄, 草莽搏擊恣馮凌.
忽然回飛坐松棚, 意想凄切如愁僧.
雉飛不顧呼不譍, 錯愁病翮纏枯藤.

條鏃剝啅思啓縢, 羽毛展刷如調緪。
引領四顧逞威稜, 衝風一擧倏騫騰。
初來拍拍試翩翾, 昂昂轉入浮雲層。
盤回百折繞靑繩, 俯視峯崿齊畦塍。
矯如雲霧翔朱䑃, 穿如暗礧逃神鯪。
快如溟渤掣鯤鵬, 健如長楸騁驃駽。
閑如羽客玄鶴乘, 飄颻閬苑瓊霞蒸。
捷如朔風吹玄氷, 玻瓈萬頃雲車輘。
萬里一點眇蚊蠅, 毫芒滅沒迷遙瞪。
風箏索絶杳無憑, 碧天空廓浮煙凝。
劉安鷄犬白日昇, 萬人翹首瞻攀登。
寒空四望山嶙嶒, 虞人惆悵坐拊膺。
吁嗟汝鷹氣岸弘, 屈心抑志衒材能。
金鈴綉絲苦掣肱, 局促常似魚離罾。
寸嗉旣克如不勝, 何甞飽飫成瘢癥。
雲衢溥濶憶超陞, 玉樓岧遞思趨承。
只從鵰鶚結曹朋, 肯與鷗鴉爭沈升。
兩眼閃鑠琉璃燈, 一燭狐兎皆凌兢, 汝今長往彼氣增。 〈권9, 1798년〉

* 역주 1) 우인(虞人) : 산림(山林)·소택(沼澤) 등을 맡아 관리하는 벼슬아치.
[해제]
다산이 곡산부사로 있을 때 송골매를 자기에 빗대어 답답함을 탄식한 노래다. 우화시의 하나이다.

번암 채제공(蔡濟恭) 만사

1

눈바람 속에서도 걱정스럽던 기유년(1789) 겨울
검은 갖옷 소매 털이 얼어서 부풀었다오.
문 안에 들어서면 기상부터 엄숙했는데
임금님 앞에서 처음으로 불평한 마음 열어보이셨소.
세 흉적을 못 베고서 나는 이미 늙었지만
깜깜한 구천에 가도 그들은 용서받기 힘들 겁니다.
충의간담(忠義肝膽) 이젠 어느 곳에서 알아줄까
사촉(紗燭)만 휘황하게 늙은 소나무 비춥니다.

2

고금에 유례없는 하늘이 낸 호걸이라
우리 나라 사직이 그 큰 도량에 매여 있었소.
뭇 백성의 뜻 억지로 막는 일 전혀 없었고
만물을 포용하는 넉넉함이 있었다오.
하늘 높이 치솟는 성난 물결도 우뚝 선 지주(砥柱)에 놀라고
땅에 떨어진 요사스런 꽃조차 삼엄한 소나무로 보더이다.
영남 영북의 1천여 리에다
사림의 터전 다져 굳건히 쌓아 주었다오.

3

머나먼 외진 곳에 병들어 있는 판에
서울에서 온 소식이 내 넋을 놀라게 했네.

교룡(蛟龍)이 갑자기 떠나버리자 구름과 번개도 고요하고
산악이 무너지니 온 세상도 가벼워졌네.
100년 가도 이 세상에 그분 기상 없을 테니
이 나라 만백성들 뉘를 기대고 살리요.
세 조정을 섬기면서 머리 허얘진 우뚝한 기상
옛일들 생각하니 갓끈엔 눈물이 흠뻑.

樊巖蔡相公輓

風雪牢騷己酉冬, 黑貂裘袂冷蒙茸。
入門正有尊嚴氣, 命席初開磈磊胸。
三賊未誅吾已老, 九泉雖暗彼難容。[1]
忠肝義膽知何處, 紗燭煒煌照古松。[2·3]

天挺人豪曠古今, 靑丘社稷繫疎襟。
都無夭閼群生志, 恰有包函萬物心。
怒浪蹴空驚砥屹, 妖花墜地見松森。
嶺南嶺北千餘里, 堅築根基付士林。

川嶺迢迢病裏情, 東來消息使魂驚。
蛟龍倏逝雲雷寂, 山嶽初崩宇宙輕。
天下百年無此氣, 域中萬姓倚誰生。
三朝白髮魁巍象, 歷歷回思淚滿纓。 〈권9, 1799년〉

* 원주 1) 정조 13년(1789) 사도세자의 묘인 현륭원(顯隆園) 이장 문제로 채제공(蔡濟恭)이 이런 말을 했다.(時因顯隆園改葬 有此言)
  2) 정조 17년(1793) 채제공의 상소가 있은 이후 경연에서는 그를 '충간의담'이라고 부르는 것이 인정되었다.(癸丑上疏後 筵說許之以忠肝義膽)
  3) 사촉(紗燭)에 대한 사실은 계축년(癸丑年:1793) 상소에 나와 있다.(沙燭事 見癸丑疏)

[해제]

채제공은 우리 나라 역대 정승 가운데 그 치적이 가장 두드러진 인물이다. 그야말로 성군에 명재상이었던 셈이다. 이 명재상은 다산이 곡산부사로 있던 1799년 1월에 죽었다. 다산으로선 정조 임금 다음으로 의지하던 남인의 영수를 잃은 셈이다. 정조의 이상 정치도 그 기둥을 잃었다. 채제공의 업적을 기록한 다산의 「번옹유사(樊翁遺事)」가 『다산문학선집』에 수록되어 있다.

확연폭포

나라 안 이름난 폭포 몇십 곳이지마는
발연폭포와 박연폭포가 더욱 유명하다오.
확연폭포란 이름은 이제 처음 들었기에
희미한 농부 말을 믿지 않았네.
무성하고 빽빽한 숲을 뚫고 청려장 지팡이로 들어갔더니
뜻밖에도 대낮에 바람과 천둥 소리가 난다.
위아래 두 폭포가 각기 나란히 흐르는데
머리도 나란히 달아나려 문을 나오려 다투네.
두 용이 갈기 세우고 광란을 희롱하듯
두 사자가 서로 달리며 구르는 공 놀리듯
못 가운데는 시꺼머니 천 길이요 만 길이라
내려다보니 소름 끼치고 넋이 흔들리려 하네.
이 폭포 기이하고 뛰어남을 어느 누가 다투랴만
오랜 세월 적막하게 이름도 없었다오.
숲속에도 숨어 사는 훌륭한 인재 있지만
긴 갓끈 날린다고 반드시 인재라고 할 수야 없지.

鑊淵瀑布歌

國中名瀑數十處, 鉢淵朴淵尤其著.
鑊淵之名今始聞, 蒼茫未信村夫語.
杖藜入林穿蒙密, 不圖風雷生白日.
上下二瀑各駢流, 並頭奔迸爭門出.
交龍奮鬣戲狂瀾, 雙猊散足耽跳丸.
潭心深黑千萬丈, 俯視凜冽魂欲蕩.

此瀑奇絶將誰爭, 寂寥萬古無成名。
始知林樊有遺逸, 未必賢俊飄長纓。 <권9, 1799년>

[해제]
다산이 곡산부사로 있던 1799년 4월 3일에 곡산부 동북쪽 30리에 있는 오륜산(五倫山) 관적사(觀寂寺)를 유람하고 여기서 멀지 않은 확연폭포를 관광한 듯하다. '확연폭포'는 지지(地志)에도 나와 있지 않다. 이 이름도 다산이 붙인 듯하다. 이 때 다산의 두 아들도 따라갔고, 다산은 곡산에서 떠날 듯한 예감이 드는 듯 곡산의 산천을 유람했다. 이후 다산은 4월 24일 내직으로 벼슬이 옮겨져 상경한다.

중형 정약전의 귀거래

1

가을엔 강물이 버드나무 허리에 차는데
어영차 돛 올리는 제일성이 들려오고
갑자기 대여섯 나무 속의 기우제단 지나노라니
붉은 처마 흰 섬돌에 석양빛이 밝다오.

2

서재의 긴긴 여름 타향살이 고달파
꽃 피거나 새 울거나 관계가 없더니
강가에 돌아오니 기쁘게도 마음에 들 일 만나고
노량진 서쪽에선 순풍이 불어온다오.

3

피리 불고 노래하고 즐거웠던 압구정(狎鷗亭)
그 당시는 풍류 속에 기생 끼고 놀았으나
지금은 쓸쓸한 집 빌려 살 자 누구인지
수양버들만 예와 같아 늦매미만 많다네.

4

흐트러진 산 그림자 물속에 기울어지고
물 넘쳤을 때 진흙 자죽 나무 끝에 깃들었다.
아직도 생각나오, 절간 찾아 책상자 지고 가 공부할 때나
가랑비 올 때 연못에서 연꽃을 구경하던 일.

5

흐르는 강 마주하고 두세 집이 띄엄띄엄
양편 언덕엔 참깨 들깨 수수가 가을이라네.
농부의 말도 듣고 어부가도 따라 부르며
우리도 늘그막엔 뱃집 지어 살려 하네.

6

청나라 군사 돌아가고 삼전도비 하나 남아 있고
외로운 온조성(溫祚城)에 해와 달이 황혼인데.
매국노 목 베라고 허튼 붓 놀려 무엇하리
지금까지 강촌에 가득 돌무더기 남아 있네.

7

비탈에 매달아 세운 집 서창(書窓)이 열려 있고
은행나무 짙은 그늘 푸른 강을 덮었고
저게 바로 몽오정(夢烏亭) 옛터라고 말하는데
한강 상류 정자로는 참으로 둘도 없었다오.

8

술취한 눈으로 석실서원(石室書院) 지나와서
미음촌(渼陰村) 어귀 당도하니 술배도 많구려.
해오라기 원래부터 어떠한 새라던가
노랑모자 어부들도 모두가 이 노래 부른다.

9

평구역(平邱驛)에 해가 지니 나무조차 검어지고
옅은 빛깔 연기는 하늘에 일자로 기울었고
삐그덕삐그덕 노 저으며 항구로 돌아가니
희게 된 마름꽃이 풀 사이로 희끗거린다.

10

관솔불로 이끌어 가는 사공을 따라가니
버들가지 꺾어서 물고기 꿰어들었구나.
울타리 아래나 머리에도 채소 싹이 모두 터서
밭두렁 밟는 아이들 지팡이 휘둘러 나무랐네.

八月二日 因仲氏~

秋江水與柳腰平, 起聽抽帆第一聲。
驀過雩壇三兩樹, 紅欄粉砌夕陽明。

書樓長夏因羈棲, 不管花開與鳥啼。
水國欣遭如意事, 便風來自露梁西。

狎鷗亭裏好笙歌, 當日金支擁翠蛾。
寂寞軒楹誰借住, 垂楊依舊暮蟬多。

鬖髿山影水中斜, 木末猶棲漲後沙。
尙憶祇林携笈日, 野塘微雨賞荷花。

數家籬落對江流, 兩岸胡麻蜀黍秋。
漁唱仍隨農語起, 晚年商度在篙樓。

滿洲兵罷一碑存, 溫祚城孤日月昏。
不要虛張誅檜筆, 至今壘石滿江村。

懸崖樹屋闢書窓, 平仲繁陰覆碧江。
云是夢烏亭故址, 上游臺樹儘無雙。

石室書齋醉眼過, 渼陰村口酒船多。
白鷗元是何如鳥, 黃帽漁郞盡此歌。

平邱驛樹落昏鴉, 澹色虛煙一字斜。
鳴艪嘔啞歸港口, 草間微辨白蘋花。

松明引路信篙師, 串得江魚在柳絲。
籬下籬頭皆菜甲, 麾節小罵踐畦兒。<권9, 1799년>

  * 원제 8월 2일 둘째형 정약전이 식구들을 거느리고 동쪽으로 돌아갈 때 윤지눌(尹持訥)과 함께 배를 타고 같이 가면서 주이준(朱彝尊)의 「원앙호도가(鴛鴦湖櫂歌)」 등 여러 운(韻)에 차운했다.(八月二日 因仲氏挈眷東還 同尹无咎上舟偕行次朱竹垞鴛鴦湖櫂歌諸韻)
    [해제]
  다산이 1799년 7월 26일 형조참의를 사직하고 나서 며칠 지나지 않아 그 중형 정약전이 고향 쪽으로 낙향한 것이다. 다산도 이미 낙향할 뜻이 있었으나 머뭇거리고 있었다.

옛 뜻

한강물 흘러흘러 쉬지 않고
삼각산 높고높아 끝이 없도다.
산천은 변해 바뀔지라도
당파 짓는 나쁜 버릇 깨부술 날이 없구나.
한 사람이 모함을 하면
뭇 입들이 차례로 전파하여
간사한 말들이 사실처럼 되거니
정직한 자 어느 곳에 둥지를 틀랴.
외로운 난새는 깃털이 약해
가시 찔림 감당할 수 없기에
구차하게 돛단배 얻어 타고서
멀리멀리 서울을 떠나리라네.
방랑을 좋아해서가 아니라
머물러도 쓸데없음 짐작한다오.
대궐문을 범과 표범이 지키니
무슨 수로 이내 속마음 아뢰오리.
옛사람의 지극한 교훈 있거니
향원(鄕愿)은 덕(德)의 도적이라네.

古意[1)]

洌水流不息, 三角高無極。
河山有遷變, 朋淫破無日。
一夫作射工, 衆喙遞傳驛。

詖邪旣得志, 正直安所宅。
孤鷺羽毛弱, 未堪受枳棘。
聊乘一帆風, 杳杳辭京國。
放浪非敢慕, 濡滯諒無益。
虎豹守天閻, 何繇達衷臆。
古人有至訓, 鄕愿德之賊。<권10, 1800년>

* 원주 1) 검남(劍南) 육유(陸游) 시에 차운하다.(次劍南韻)
[해제]
다산이 1799년 7월 26일 형조참의를 사직하고 이듬해 봄에 고향으로 돌아갈 계획을 세우고 머뭇거리고 있을 때 지은 것이다. 이로부터 얼마 지나지 않아 정조 임금이 돌아가고 다산 형제의 고난의 길이 시작되는 것이다.

제 4 부
장기의 귀양살이
40세(1801) 때 : 권10~권12

돌모루의 이별	단옷날
모랫들의 이별	어린 딸이 보고지고
하담의 이별	칡을 캔다네
탄금대(彈琴臺)	고향 생각 1
새재(鳥嶺)	귀양살이 신세
장기의 귀양살이에서 본 풍속	미원(薇源) 은사의 노래
느릅나무 숲을 거닐다	오징어 노래
스스로를 웃다	장기 농가
외로이 앉아	큰형님 약현(若鉉)에게 화답하다
울적함을 풀어내다	아들에게 부치다
귀양살이 정취 여덟 가지	동해에 해가 뜨다
장마비	홀로 서서
아가 노래	수선화 노래
솔피 노래	보리타작
고향 마을 소내의 상상도	여름날 울적함을 풀려고
약전 형님의 편지	뜻이 꺾인 아픔의 노래
추록이 노래	약전 형님을 생각하며

제 4 부 해 설

제4부 '장기의 귀양살이'에는 다산이 40세(1801) 때(3월~10월) 지은 시 34편 107수를 모았다. 다산은 1799년 7월 26일 형조참의를 사직하고 나서 이듬해 봄에 전원(田園)으로 돌아갈 계획을 세웠으나 머뭇거리고 있는 동안 정조 임금이 1800년 6월 28일 승하했다. 임금이 돌아가자 떠나지 못하고 있다가 졸곡(卒哭)이 지난 겨울 뒤에는 초하루·보름에만 곡반(哭班)에 나아가다가 고향 소내(苕川)로 돌아와 '여유당(與猶堂)'이라는 편액을 달고 「여유당기(與猶堂記)」도 지었다. 이렇게 전원에서 조심하며 지내다가 새해 곧 신유년(辛酉年: 1801)이 되어 2월 8일 사간원의 아룀으로 9일 새벽에 옥에 갇히고 2월 27일 경상도 장기(長鬐)로 유배가 결정되었다. 이 때 그의 둘째형 정약전(丁若銓)은 전라도 강진(康津) 신지도로 유배되고, 셋째형 정약종(丁若鍾)은 옥사(獄死)하는(一死二謫) 고행을 겪는 시기였다. 신유사옥(辛酉邪獄)이 일어난 것이다.

1801년 2월 28일 남대문 남쪽 3리에 있는 돌모루에서 숙부와 집안 형들을 이별하고 한강을 건너 모랫들(오늘날의 반포 고속터미널 근처)에서 아내와 아들을 작별하고 충주 하담에 이르러 부모님 무덤에 하직 인사를 올리고 탄금대(彈琴臺)를 지나 문경 새재(鳥嶺)를 넘어 3월 9일에 경상도 장기현에 도착하고, 3월 10일 마산리(馬山里)에 있는 성선봉(成善封)의 집에 귀양짐을 풀었다. 여기서 황사영백서(黃嗣永帛書) 사건이 일어나 다시 잡혀오는 10월까지 8개월 동안 지내며 『이아술(爾雅述)』(6권)「기해방례변(己亥邦禮辨)」등의 저술을 하였고「백언시(百諺詩)」등 장기에서만 60여 편의 시를 짓는다. 이 60여 편 가운데 29편을 뽑았으니 반을 추린 것이다. 귀양길에 오르면서부터 다시 서울로 잡혀 올라올 때까지의 절실한 시로는「돌모루의 이별」「모랫들의 이별」「하담의 이별」「탄금대」「새재(鳥嶺)」「장기의 귀양살이에서 본 풍속」「느릅나무 숲을 거닐다」「외로이 앉아」「귀양살이 정취 여덟 가지」「장마비」「아가 노래」「솔피 노래」「약전 형님의 편지」「추록이 노래」「칡을 캔다네」「오징어 노래」「장기 농가」「보리타작」「여름날 울적함을 풀려고」「뜻이 꺾인 아픔의 노래」「약전 형님을 생각하며」등이다.

이 시기에는 극한 상황에서 별리(別離)의 한(恨)을 노래한 절창(絶唱)이 많고, 애가(哀歌)·비가(悲歌)라는 애절한 노래들을 가장 많이 읊었다.

돌모루의 이별

쓸쓸하고 처량한 돌모루 마을
가야 할 앞길 세 갈래로 갈리네.
서로 장난치며 울어대는 두 마리 말
갈 곳 몰라 그러는 것 같네.
한 마리는 남으로 갈 말
한 마리는 동으로 달려야 할 말이라오.
숙부님들 머리 수염 하얗게 세고
큰형님 두 뺨엔 눈물이 엇갈리네.
젊은이들이야 다시 서로 만나겠으나
노인들 일이야 누가 알 수 있겠나.
잠깐만 더 조금만 더 머뭇거리다
해가 이미 서산에 기울었구나.
가자꾸나, 다시는 돌아보지 말고
마지못해 다시 만날 기약을 남기면서.

石隅別[1·2]

蕭颯石隅村, 前作三叉歧。
二馬鳴相戲, 似不知所之。
一馬且南征, 一馬將東馳。
諸父皓須髮, 大兄涕交頤。
壯者且相待, 耆耋誰得知。
斯須復斯須, 白日已西敧。
行矣勿復顧, 黽勉留前期。 <권10, 1801년>

* 원주 1) 순조 1년(1801) 1월 28일 내가 소내[苕川]에 있다가 재앙의 기미가 닥쳐오고 있음을 알고 서울로 들어가 명례방(明禮坊)에서 살고 있었는데, 2월 8일 사헌부의 논의가 일어나 그 이튿날 새벽에 감옥에 수감되었다가 27일 밤 2고(鼓)에 임금의 은혜로 감옥에서 풀려나와 장기현(長鬐縣)으로 유배가 결정되었다. 그리하여 그 이튿날 길을 떠나는데, 그 때 여러 숙부나 집안 형들이 돌모루 마을에 와서 서로 작별했다.(嘉慶辛酉正月二十八日　余在苕川　知有禍機　入京住明禮坊　二月八日臺參發　厥明日曉鐘入獄　二十七日夜二鼓　蒙恩出獄配長鬐縣　厥明日就道　諸父諸兄至石隅村相別)

2) 돌모루 마을은 남대문 남쪽 3리에 있는 마을이다.(石隅村　在崇禮門南三里)

[해제]

정조 임금이 돌아가고 그 이듬해 신유년(1801)에 이른바 신유사옥(辛酉邪獄)이 일어나 다산의 막내형 정약종(丁若鍾)은 죽음을 당하고, 다산은 감옥에 갇혀 조사를 받고 나서 장기로 귀양길에 올라 떠나간다. 이 때 정약전(丁若銓)은 신지도(薪智島)로 귀양을 갔다. 여기의 석우촌(石隅村)은 돌모루 마을로 지금 서빙고동 근처일 듯. 이 때 이들 형제는 말을 타고 귀양길을 떠났다.

모랫들의 이별

동쪽 하늘에 샛별이 떠오르자
하인배들 서로 부르며 떠들썩하네.
산바람이 가랑비를 흩날려
헤어지기 섭섭하여 머뭇거리듯 하는구나.
서성거린들 무슨 소용 있으리요
끝내는 이 이별 어쩔 수 없는 것을.
옷자락 떨치고 길을 떠나서
가물가물 벌판 넘고 내를 건넌다.
얼굴빛이야 안 그런 체해 보지만
마음이야 나라고 어찌 다르랴.
고개 들어 날아가는 새를 보니
오르락내리락 짝지어 날고 있네.
어미소는 음메 하고 송아지를 돌아보고
암탉도 구구구 제 새끼 부르는구려.

沙坪別[1)]

明星出東方, 僕夫喧相呼。
山風吹小雨, 似欲相踟躕。
踟躕復何益, 此別終難無。
拂衣前就道, 杳杳川原踰。
顏色雖壯厲, 中心寧獨殊。
仰天視征鳥, 頡頏飛與俱。
牛鳴顧其犢, 鷄响呼其雛。〈권10, 1801년〉

* 원주 1) 모랫들에서는 아내와 아들을 이별했는데 한강 남쪽에 있는 마을이다.(別妻子也. 沙坪村在漢江之南)

[해제]

사평(沙坪)은 우리말로 모랫들이나 모랫벌일 텐데 지금의 반포 아파트가 들어선 곳일 듯하다. 귀양길에 오른 다산이 돌모루에서 친척을 이별하고 한강을 건너 여기서 아내와 아들을 작별한다. 이제 헤어지면 언제나 다시 만날지 모르는 이별을 한 것이다. 오늘날 고속버스 터미널이 있는 곳일지도 모르겠다.

하담의 이별

아버님이여 아시나요 모르시나요
어머님께선 아십니까 모르십니까?
집안이 갑자기 무너져버려
죽고 살아남 이 지경이 되었어요.
이 목숨 비록 부지는 했지만
몸뚱이 아깝게도 이미 이지러졌습니다.
아이들 낳아 부모님 기뻐하시며
부지런히 붙잡아 기르셨지요.
하늘 같은 그 은혜 꼭 갚으렸더니
깎아버림 당할 줄 생각이나 했겠습니까.
이 세상 사람 대부분
다시는 아들 낳았다 기뻐하지 않겠네요.

荷潭別[1)]

父兮知不知, 母兮知不知。
家門欻傾覆, 死生今如斯。
殘喘雖得保, 大質嗟已虧。
兒生父母悅, 育鞠勤攜持。
謂當報天顯, 豈意招芟夷。
幾令世間人, 不復賀生兒。 <권10, 1801년>

* 원주 1) 부모님 무덤에 하직 인사를 드렸다. 하담은 충주 서쪽 20리에 있다.(辭塋域也 荷潭在忠州之西二十里)

[해제]

고향 마을에서 선영에 다닐 때는 남한강 뱃길을 주로 이용했는데, 지금은 육로로 더구나 귀양길에 오른 몸으로 부모님 무덤에 하직 인사를 올리는 다산의 착잡한 심경이야 그 무슨 말로 표현하겠으랴. 부모님께 인사를 드리고 탄금대를 지나 새재를 넘을 터이다. 「돌모루의 이별」, 「모랫들의 이별」, 「하담의 이별」은 다산의 삼별시(三別詩)라고 할 수 있다.

탄금대(彈琴臺)

험준한 고개 지나고 나자 대지가 확 열리더니
강 가운데에 탄금대가 솟구쳐 나왔네.
신립(申砬) 장군 일으켜서 그 때 일 얘기해 보고 싶은 건
어찌하여 새재 관문 열고 왜적을 받아들였나요.
한신(韓信)이 만일 성안군(成安君) 처지였더라도
왜적의 붉은 깃발이 어찌 정형(井陘)을 통과했으리.[1]
그 때 우리는 조(趙)였으면서 한(漢)이 쓰던 꾀를 썼으니
뱃전에 표시했다가 칼을 찾으러 나선 참으로 멍청이네.
기 휘둘러 물 가리키며 물로 뛰어들었으니
목숨 바쳐 싸운 군사들 진실로 가련하오.
지금도 깊은 밤이면 도깨비불 푸르러서
헛되이 길손들 간담만 꺾이게 만든다오.

過彈琴臺[1]

嶺阺度盡地坼開, 江心湧出彈琴臺。
欲起申砬與論事, 啓門納寇奚爲哉。
淮陰若在成安處, 赤幟豈過井陘來。
我方爲趙計用漢, 鍥舟索劍眞不才。
麾旗指水入水去, 萬夫用命良可哀。
至今燐火夜深碧, 空使行人肝膽摧。 <권10, 1801년>

* 원주 1) 탄금대는 충주 남쪽에 있다.(在忠州南)
* 역주 1) 정형(井陘)을 통과했으리 : 중국 한(漢)나라 한신(韓信)이 장이(張耳)와 수만 명의 군사로 조(趙)나라를 공격하기 위해 정형(井陘)으로 향하려 했

다. 이 때 조왕(趙王)과 성안군(成安君) 진여(陳餘)는 군사를 정형 입구에 결집시켰는데, 이를 옳지 않게 여긴 광무군(廣武君) 이좌거(李左車)가 반대했으나 듣지 않고 정면으로 싸워 승리하려고 했다가 결국 한신의 계략에 떨어져 조나라는 멸망하고 성안군은 죽음을 당했다. 여기서는 신립(申砬)이 새재의 요새에다 진을 치고 왜적과 싸웠다면 왜군이 감히 새재를 넘지 못했으리라고 한 것이다.

[해제]

이 시는 다산이 귀양길에 오른 몸으로 탄금대를 지나면서, 저 임진왜란 때 신립(申砬) 장군이 새재의 천험(天險)을 놓아 두고 이 탄금대에 배수진(背水陣)을 치고 왜군과 싸우다 대패하여 죽은 역사를 회고하며 안타까워한 시다.

새재(鳥嶺)

내가 보기에 전쟁 방비책은
새재를 굳게 지킴이 첫째이었다.
이중 관문에 철조각으로 문짝 만들고
치솟은 망루도 하늘에 다가가듯 지어졌다.
넘기 어려운 이 천연의 요새지인데
사람들이 어찌하여 소홀히 여겼을까.
관문을 만일 아예 없애버렸던들
도리어 베개 높이 베고 잠잤을 텐데.
산길 돌계단 숨겨져 위험하거늘
사람 자취 누구라도 통과하게 하겠는가.
공격과 수비는 일정한 형세 없고
융통성 없이는 줄 고르기 어려운 건데.
추풍령(秋風嶺)도 확 트여 가려짐 없고
팔양령(八羊嶺)도 평평한 밭 같았다.
막을 곳은 바로 여기인데
옛날 인재들도 소홀히 터놓았다오.
염소 잃고 우리 고쳐 쓸데없지만
고기 잡았어도 통발은 잊지 말아야지.
솔뿌리 바위에서 잠시 쉬면서
산꼭대기 바라보며 큰소리치네.

鳥嶺

吾觀陰雨備, 最於鳥嶺堅.

重關鐵葉扉, 樓櫓摩中天。
天險旣難越, 人謀何獨偏。
若遂廢亭障, 便可高枕眠。
荊榛暗風磴, 誰與通人煙。
攻守無常勢, 膠柱難調絃。
秋風廓無翳, 八羊平如田。[1]
隄防正在此, 疎闊自昔賢。
亡羊莫補牢, 得魚休忘筌。
暫憩松根石, 長嘯望山巓。<권10, 1801년>

* 원주 1) 추풍령(秋風嶺)·팔양령(八羊嶺)은 모두 고개 이름이다.(秋風八羊皆嶺名)

[해제]
새재(鳥嶺)는 경상도와 충청도 사이에 있는 험준한 고개로 군사 요새지다. 임진왜란 때 왜군이 이 고개를 무인지경처럼 넘어 탄금대에서 신립 장군의 배수진을 이기고 서울까지 진격할 수 있었던 것이다. 귀양길에 오른 처지이면서도 국가 방위책을 생각하고 있는 다산이었다.

장기의 귀양살이에서 본 풍속

1

성산포(星山浦) 포구는 바위가 수문인데
동쪽 곧바로 부상(扶桑)까지 바닷물만 아득하다.
어찌 용이 와서 섬 없앴다고 할 수 있겠는가
계림(鷄林)의 육부 또한 황폐한 마을이었다오.

2

모려령(毛黎嶺) 위엘랑은 가려고 하지 마오
무성한 숲과 벼랑 시름을 자아낸다.
눈앞에는 끝도 없는 푸른 물이
하이(蝦夷)들 필련성(匹練城)[1]을 보는 것 같다.

3

산꼭대기 쓸쓸하게 40채 집인데
비뚤어진 거적문이 지다 남은 꽃에 기댔구나.
마실 만한 샘물이라곤 도무지 눈에 안 띄어
성 위에다 줄 매달고 수차를 쓰려 한다데.

4

조해루(朝海樓) 용마루에 지는 해 붉을 무렵
관리가 나를 몰아 성 동쪽으로 나왔다네.
시내 위 자갈밭에 띠집이 있고
응당 농사짓는 집일 텐데 그 집을 주인삼으라네.

5

집집마다 두 길 넘게 울짱을 세우고
처마 머리에 그물 치고 긴 창을 꽂았다오.
어찌하여 이렇게 방비가 심하냐고 그에게 물었더니
예부터 장기에는 범과 이리 날뛰었다네.

6

여인들 말씨 화가 난 듯 어찌 보면 애교스럽고
손목(孫穆)처럼 쓴다 해도 묘사를 다는 못해.
한푼이나마 돈을 들여 다리 살 생각 않고
두 가닥 붉은 머리채 이마 앞에다 꽂는다오.

7

새로 짠 생선 기름 온 집안이 비린내요
들깨도 안 심는데 참깨가 있을쏘냐.
김 무침 접시에선 조개껍데기와 머리카락 끌려나오고
가마솥에 삶은 산두벼 밥엔 모래도 섞여 있다.

8

구름과 바다 사이엔 한 조각 외로운 돛배
울릉도 갔던 배가 이제 막 돌아왔다오.
만나서는 태풍 파도 위험했음은 묻지도 않고
배에 가득 베어 온 대나무 보고 문득 웃음짓는다.

9

애들 내놓아 항구에서 고기 잡게 하지 말라
저 문어에게 휘감겨들까 겁난다오.
근년에는 해구신이 값이 뛰어오르니

서울 재상들이 편지 자주 보낸다네.

10

동쪽산의 뇌록(磊碌)도 그 또한 진기하여
돌에 박힌 파란 줄기 복신(茯神)²⁾같이 생겼다.
염국(染局)에서 일찍이 공물로 집어넣지 않았기에
영릉(零陵)의 석종유(石鐘乳)가 천년 동안 생산되지.

11

마산리 남쪽의 죽림서원(竹林書院)엔
느릅나무 대나무가 장마비를 머금었네.
멀리서 가져온 납촉을 주어도 받지 않으면서
마을 사람들 도리어 송시열(宋時烈)은 들먹인다.

12

온돌방 한 간에다 시원한 마루 한 간
주인과 마주 보며 서로 기쁜 얼굴이지.
새로 손본 대나무 울타리 성글기 그물 같아
앞 산을 가리지 않아 걱정 없다오.

13

제주도의 말총 갓 쓰고 소나무 평상 앉아서
일본산 자기잔에다 보리숭늉을 마신다.
금년에는 미역 다시마 모두 잘 말랐는데
이른봄 날씨가 맑고 시원한 덕이라네.

14

밥은 쌀로 국은 물고기로 일도 편안코 검소한데
꽃과 나무 그걸 놓고 한가한 시름도 하지 않으려네.

울타리 사이에 옹이가 울퉁불퉁 무슨 나문가 했더니만
새잎 나기에 보았더니 이것이 석류였다.

15

금화전에 오르고 옥당에 가까이 붙질랑 말게
어촌의 생존 이치는 젊은 어부를 부러워하기만해.
아내 맞으면서는 고래수염 자를 선물로 주고
자식 분가시킬 때는 게딱지솥 나눠 준다오.

16

밥 먹고 나면 잠이고 잠 깨고 나면 시장기 들어
시장기 들면 술 사오라 해 금사주(金絲酒)를 데운다.
도무지 하루를 보낼 만한 일이 없으니
이웃 영감님 때때로 찾아와 장기나 두자는군.

17

습한 데서 봄을 나니 마비 증세 일어나고
북녘에서 길들인 입맛 남녘 음식 맞지 않네.
비방인 창출술이나 담그려는데
아이 머슴 괭이 메고 가며 고향이 어디냐고 묻더라.

18

이 인생 그르친 것 책인 줄 깊이 알아
남은 생애 맹세코 책과의 정리 끊으렸더니
마음속엔 그 뿌리 갈아 없애지 못해
이웃 아이 역사책 읽는 소리 누워서 듣는구나.

19

놀도 아니요 구름도 아닌 보리가 자라는 시절

복숭아는 술 취한 듯 버들개지는 조는 듯해라.
슬슬 걸어 산 구경갈 생각이야 어찌 없겠냐만
깊이 틀어박혀 지은 허물 생각할 뿐.

20

오서산(烏棲山) 올라 지는 해를 보던 생각에 잠기며
또 동해에서 떠오르는 해도 보았네그려.
내 어찌 동해 서해 다 노닐 수 있겠냐만
국토가 그리 넓지 않기로서지.

21

초봄에는 흰 터럭 두 개가 났었지만
한 개는 검은 편이고 하나만 하얗더니
이곳에 와서 또 하나가 더 보태져서
세 가닥이 타고난 그대로 희기가 은빛 같네.

22

푹푹 찌는 비린내에 파리가 많이 들끓는데
밥은 늘상 늦게 들고 잠은 일찍 깨기 때문.
하늘 뜻 분명히 게으름 징계해 없애렴인데
옛사람 부질없이 시를 지어 서로 미워했구나.[3)]

23

살 뜯는 벼룩과 이로 잠을 이룰 수 없고
벽에선 지네 기어다녀 나를 또 놀래키지.
모름지기 등에 이빨도 내 것 아닌 바에야
이렇게 생각하고 즐겨 세상 물정에 따를 수밖에.

24

날씨 풀리자 남새밭에 장다리꽃이 피어나니
노랑나비 푸른 벌레 번갈아 오고가네.
장자(莊子)가 자연의 섭리 알았음을 느끼겠으니
대지팡이 짚고 이리저리 거닐면서 근심에 잠긴다.

25

옛날에 검정실로 짠 작은 은낭(隱囊)⁴⁾을
나 혼자만 너를 가지고 이곳 저곳 다녔네.
누우나 서나 네가 꼭 요긴해서만이 아니라
아버지가 어루만지시던 손길이 고와서라오.

26

서남해 바다 물빛 강진(康津)과 이어져서
장사배가 며칠이면 이곳까지 닿는다네.
경뢰(瓊雷)⁵⁾가 서로 바라보인다는 말 믿지 않았던 것 풀렸고
빽빽히 모인 섬들 푸르게 우뚝 솟았다네.

鬐城雜詩 二十六首¹⁾

星山浦口石爲門, 東直扶桑水氣昏。
豈有龍來平島嶼, 鷄林六部亦荒村。²⁾

莫向毛黎嶺上行, 蓁蓁崖崿使愁生。
眼前一碧無邊水, 如見蝦夷匹練城。

峯頂蕭條四十家, 縣門敧側倚殘花。
都無一眼泉供飮, 將謂縋城用水車。

朝海樓頭落日紅, 官人驅我出城東。
石田茅屋春溪上, 也有佃翁作主翁。

樹柵家家二丈強, 欄頭施罟揷長槍。
問渠何苦防如許, 終古鬐城壯虎狼。

女音如慍復如嬌, 孫穆書中未盡描。
不用一錢思買髢, 額前紅髮揷雙條。

新榨魚油腥滿家, 靑蘇不種況芝麻。
石苔充豆札牽髮, 山穄烹銼飯有沙。

一片孤帆雲海間, 藁砧新自鬱陵還。³⁾
相逢不問風濤險, 剜竹盈船便解顏。

休放兒童港口漁, 怕他纏著八梢魚。⁴⁾
年來膃肭逢刁踊, 頻有京城宰相書。

東山磊硌亦奇珍, 石髓靑筋似茯神。⁵⁾
染局不曾充歲貢, 零陵乳穴自千春。

竹林書院馬山南, 脩竹新楡宿雨含。
蠟燭遙來投不受, 村人猶說宋尤菴。

炕室涼軒各一間, 主人相對有歡顏。
新補竹籬疎似網, 不愁遮斷面前山。

氎羅駿帽據松牀, 日本甖杯進麥湯。
海菜今年都善曬, 早春風日幸淸凉。

飯稻羹魚事便休, 不將花木費閒愁。

籬間擁腫知何木, 新葉看來是海榴。

休上金華倚玉堂, 魚蠻生理羨漁郎。
迎妻好贈鯨鬚尺, 析子皆分蟹甲鐺。[6]

飯罷須眠眠罷飢, 飢來命酒爇金絲。
都無一事堪銷日, 鄰叟時來著象棋。

病濕經春癱瘓成, 北脾不慣喫南烹。
思服禁方蒼朮酒, 小奴持鑱問鄉名。

書卷深知誤此生, 餘生逝與割恩情。
心根苦未消磨盡, 臥聽鄰兒讀史聲。

非霜非雲養麥天, 小桃如醉柳如眠。
豈無緩步看山意, 只得深居念罪愆。

憶上烏棲落日看, 桑溟又見浴金盤。[7]
吾遊豈盡東西海, 疆場由來未許寬。

初春兩個白毛新, 一個猶玄一個純。
此地又來添一個, 天然三個白如銀。

鮑腥蒸鬱苦多蠅, 飯每徐抄睡早興。
天意分明懲懶散, 昔人詞賦枉相憎。

鼈蝨嗜肌睡不成, 吳公行壁又堪驚。
須知齼齒非吾有, 念此怡然順物情。

小園風暖菜花開, 黃蝶靑蟲遞去來。
證得莊生知物化, 徐携竹杖悄徘徊。

疇昔烏繩小隱囊, 隻身携汝到殊方。[8]
非唯臥起相須切, 爲是摩挲手澤芳。

西南海色接金陵, 商舶東來數日能。
未信瓊雷解相望, 叢攢島嶼碧崚嶒。 <권10, 1801년>

* 원주 1) (2월 28일 서울을 떠나) 3월 9일 장기현(長鬐縣)에 도착하고 그 이튿날 마산리(馬山里)에 있는 늙은 이교(吏校) 성선봉(成善封)의 집을 숙소로 정했다. 기나긴 날에 할 일이 없어 때로 짧은 시구를 얻었는데 뒤섞여 순서가 없다.(三月初九日到長鬐縣 厥明日安挿于馬山里老校成善封之家 長日無事 時得短句 雜而無次)
  2) 성산(星山)은 경주(慶州)에 있는데 그곳 사람들의 전설에 신룡(神龍)이 포구에서 나와 섬들을 평평하게 깎았기 때문에 동해에는 섬이 없다는 것이다.(星山在慶州 土人傳有神龍由浦口出削平島嶼 故東海無島)
  3) 울릉도는 강릉 바다 가운데 있다.(鬱陵島在江陵海中)
  4) 이 팔초어 곧 문어는 사람을 만나면 다리로 휘감아 물로 끌어들인다.(此魚遇人 以股纏入水)
  5) 뇌성산(磊城山)에서 녹석(綠石)이 나는데 염료로 쓸 수 있어 그곳 사람들은 이를 뇌록(磊碌)이라고 일컫는다.(磊城山産綠石 可以施采 土人謂之磊碌)
  6) 그곳 풍속에 작은 솥을 '게딱지'라고 부른다.(俗呼小鐺爲蟹甲)
  7) 옛날 금정(金井)에서 귀양 살 때 오서산(烏棲山)에 올라 해가 지는 것을 보았다.(舊謫金井 登烏棲山觀日入)
  8) 은낭은 아버지께서 일찍이 쓰시던 것이다.(隱囊先人所嘗御)
* 역주 1) 필련성(匹練城) : 일본 북방 종족 하이족이 백마를 사육하고 훈련시키던 곳.
  2) 복신(茯神) : 산 속의 소나무 뿌리 밑에서 기생하는 식물로 겉은 검고 속은 희거나 혹은 약간 붉은 색을 띠고 있는 괴구상(塊球狀)이며 속에 소나무 뿌리 심이 박혀 있는 것을 복신(茯神)이라 하고, 심이 없는 것은 복령(茯苓)이라고 한다.

3) 옛사람~미워했지 : 중국 송(宋)나라 때 구양수(歐陽脩)가 「증창승부(憎蒼蠅賦)」를 지어 파리를 미워했다.
4) 은낭(隱囊) : 주머니 모양으로 생긴 몸을 기대는 도구. 곡침(靠枕).
5) 경뢰(瓊雷) : 해협(海峽) 이름. 중국 광동성 뇌주반도(雷州半島)와 남해도(南海島) 사이에 위치한 경주 해협(瓊州海峽). 일명 뇌주 해협(雷州海峽)이라고도 하는데 홍콩(香港) 등지나 월남해협을 가려면 반드시 거쳐야 하는 곳이다.

[해제]

기성(鬐城)은 '장기'의 옛이름이다. 3월 9일 귀양지에 이르른 다산이 기나긴 봄날을 무료히 지내면서 눈에 띄는 대로 보고 듣고 느낀 이곳의 풍물을 쓴 것이다. 이 때 다산의 둘째형인 정약전은 강진의 신지도에 귀양 갔는데, 강진과 장기는 바닷길로 서로 연결되어 있다.

느릅나무 숲을 거닐다

1

지팡이 끌고 사립문 밖 시내로 나와
선명한 모래사장 천천히 지나가노라.
몸뚱이는 장기(瘴氣)로 쇠약해지고
옷은 바람을 받아 기우뚱거린다.
해는 하늘거리는 풀을 비추고
봄은 고요한 꽃에 깃들었구나.
사물이야 절기마다 변한다 해도
몸뚱이 있는 곳이 내 집이라 하다니.

2

누런 느릅나무 가지런히 새잎 돋아
녹음이 짙은 속에 빙 둘러앉아 있네.
꽃이 작고 가냘프나 벌은 꽃술 다투고
숲이 따스하여 사슴도 뿔을 기른다.
임금님 은혜로 목숨은 남았다 하니
시골 늙은이들 내 몰골 아까워하네.
백성 편히 다스릴 정책을 알고 싶다면
농부에게 묻는 것이 첫번째라오.

榆林晚步 二首

曳杖溪扉外, 徐過的歷沙.
筋骸沈瘴弱, 衣帶受風斜.

日照娟娟草, 春棲寂寂花。
未妨時物變, 身在卽吾家。

黃楡齊吐葉, 環坐綠陰濃。
花瘦蜂爭蘂, 林喧鹿養茸。
主恩餘性命, 村老惜形容。
欲識治安策, 端宜問野農。 <권10, 1801년>

[해제]
귀양지 장기의 봄 풍경을 읊은 시이다. 이제 비로소 마음의 안정을 찾아 자연을 자연 그대로 바라볼 수 있게 되었다.

스스로를 웃다

1

취한 듯이 깬 듯이 반평생 보내느라
이 몸과 이름에 반대자들만 가득해졌네.
진흙 가득찬 세상에서 방향 늦게 돌렸고
하늘 가득 그물인데 경솔히 날개 폈지.
제산(齊山)에 지는 해를 누가 동여매 멈출 건가
맹렬한 바람에 초수(楚水)를 제멋대로 갈 수 있나.
형제라고 운명이 반드시 다 같지 않겠지만
세상 물정 어둡고 어리석은 선비는 자신임을 웃노라네.

2

간소한 옷차림도 바로 너를 속인 것이고
10년을 쏘다녔지만 다만 지쳐 무너졌을 뿐.
지혜야 만물에 비쳤어도 어리석게 대책도 없었고
이름이야 온 사람에 울렸으나 훼방만이 뒤따랐네.
미인은 대체로 박명하다는 기록 안 보았던가
눈 흘겨 보는 자가 친지에 있다는 것을.
뱀비늘과 매미날개에게 끝내 무얼 기대하리
우습구나, 나의 생애 마침내 어리석었지.

3

의로운 길과 어질게 사는 것 희미하여 헷갈리고
그 길 찾으려고 약관 시절 처음엔 방황했다오.

망녕되이 세상 일 모두 다 알겠다고
나라 안 책이란 책은 자세히 모두 보려고 했다오.
태평 시대에 하필이면 활에 다친 새가 되어
남은 목숨 이제 그물에 걸린 고기 신세로구려.
천년 뒤라도 누가 있어 나를 알아 줄는지
마음 잘못 세운 게 아니라 재주 얕기 때문이라네.

4

뜬세상에 사귈 사람 몇이나 될거나
조정 사람 잘못 알고 진정으로 대했다오.
국화 그림자 아래서는 시로써 이름나고
조정 문단 속에선 잔치 모임 잦았다오.
천리마 꼬리에 붙은 파리는 좋게 보고
개미가 비늘 기어올라도 용은 그냥 놔둔다오.
세상의 온갖 꼴들엔 홀로 웃음지으며
동왕공(東王公)의 공중에 떠오른 티끌 속에 내버려 두자꾸나.

5

강직함 깊이 깨달으면 세상 살아가기 어려워
광대들이 떼로 모여 유학자들 비웃어대지.
뜨거운 속마음 전혀 없이 잔다란 봉록이나 다투고
높은 벼슬아치 섬기면서 얼굴빛은 아닌보살이라네.
붉은 살구나무 숲에선 술도 마시고
이끼 낀 집에 앉아 책을 들어 보기도 했네만
배를 삼킬 큰 고기도 큰바다 못 만나서
낚시를 덥석 물어 낚싯대에 매달리네.

6

금화(金華)거나 옥서(玉署)거나 티끌 세상 인연 풀어버리고
소내와 종산(鐘山:운길산) 노닐던 흥취 아득하네.
아내 불러 뽕나무밭 더 넓히고
아이들 기다려 채소밭 가꾸게 했네.
하늘이 점지한 복록 인색하기 그지없어도
땅이 만든 벽촌에는 풍년이 들기도 한다네.
세상의 어떤 일이 오늘의 술마심만 같으랴
내일 일 생각함이야 미친 짓이지.

7

괴로움에 지쳐 20년을 방황했더니
꿈속에 얻은 것조차 깨고 나면 사라져.
사방에 퍼진 뜬이름 모두 지나간 자취
벼슬길 떨어지자 남은 것은 빠진 머리.
옛날엔 고하(顧賀)를 양자강 좌측의 희망이라 여겼는데
지금은 채릉(蔡陵)이 농서(隴西)의 수치스러움 되었네.
운명이 기구하단 생각일랑 당장은 하지 말자
마음 따라 구름 가듯 또 물이 흐르듯 살아가리.

8

불행히 궁액을 당해도 보내려고만 말라
진정으로 그 궁액 이겨내야만 영웅 호걸이지.
재가 된 한안국(韓安國)을 누가 돌아보랴만[1]
강 건널 때는 언제나 여마동(呂馬童)을 만난다네.[2]
총애 받건 욕을 먹건 장주(莊周)의 춘몽(春夢)이요
현명하거나 어리석거나 두보(杜甫)의 취중 시에 있지.
어젯밤 바다 위에 세차게 내린 비로
잡다한 나무숲에 온갖 꽃들 붉게 폈겠다.

9

루손섬·자바섬의 담배가 동으로 동으로
바람 타고 불려오기 쑥대 연기 날리는 듯.
늘그막의 탕목읍(湯木邑)이 장기현이 되었는지
상전벽해 조금 겪은 머리 짧은 영감이네.
물고기 굴조개랑 상에 가득 박한 녹봉 아닌가 봐
대와 솔로 정원 두르고 맑은 바람 부는구나.
천권 책 읽었다 한들 어디에 쓸 것인가
구덩이에 빠져서도 탈없이 지내니 바로 너의 공이로다.

10

나불대는 주둥이 쇠도 녹인다는 말 할머니도 아는데
떼지은 주먹 돌팔매에 놀라지 말자꾸나.
사람들이 겁나서지 나야 밉지 않을 텐데.
하늘의 뜻이 참으로 그렇다면 누구를 한탄하랴.
북극에 뜬 별들은 어제와 똑같은데
서강의 물결은 어느 때나 그치려나.
막다른 길목에서 이 마음 좁아질까 겁나서
바다쪽 사립문에서 우두커니 서성거리네.

自笑

如醉如醒度半生, 到頭贏得此身名。
泥沙滿地掉鬐晚, 網罟彌天舒翼輕。
落日齊山誰繫住, 衝風楚水可橫行。
同胞未必皆同命, 自笑迂儒闊世情。

草草冠裳是汝欺, 十年驅策秪奔疲。
智周萬物愚無對, 名動千人謗已隨。

不見紅顏多薄命，由來白眼在親知。
蛇鱗蝟翼終何待，自笑吾生到底癡。

迷茫義路與仁居，求道彷徨弱冠初。
妄要盡知天下事，遂思窮覽域中書。
清時苦作傷弓鳥，殘命仍成掛網魚。
千載有人知我否，立心非枉是才踈。

浮世論交問幾人，枉將朝市作情眞。
菊花影下詩名重，楓樹壇中讌會頻。
驥展好看蠅附尾，龍顚不禁蟻侵鱗。
紛綸物態成孤笑，一任東華暗軟塵。

骯髒深知涉世難，俳優叢笑儒冠。
都無熱肺爭微祿，未作卑顏事達官。
紅杏園林留酒飲，綠苔門巷抱書看。
呑舟不遇瀛溟水，容易含鉤上竹竿。

金華玉署解塵緣，苕水鐘山興杳然。¹⁾
喚婦夸張桑柘圃，教兒經略菜苽田。
天於淸福慳無比，地設荒陬待有年。
萬事不如今日飮，思明日事是癡癲。

圉圉纍纍二十秋，夢中微獲覺來收。
浮名四達已陳跡，外物一空餘禿頭。
顧賀昔稱江左望，蔡陵今作隴西羞。
眼前莫造崎嶇想，隨意雲行又水流。

不幸窮來莫送窮, 固窮眞正是豪雄。
成灰孰顧韓安國, 臨渡常逢呂馬童。
寵辱莊生春夢裡, 賢愚杜老醉歌中。
海天昨夜霏霏雨, 雜沓林花萬樹紅。

呂宋爪哇東復東, 被風吹轉似飛蓬。
晚年湯沐長鬐縣, 小劫滄桑短髮翁。
滿案魚蝦非薄祿, 匝園松竹也淸風。
破書千卷將何措, 坎窞如夷是汝功。

衆口銷金太母知, 叢拳下石莫驚疑。
人方怯耳非憎我, 天實爲之欲恨誰。
北極星辰如昨日, 西江風浪竟何時。
窮途只怕胸懷窄, 臨海柴門竚立遲。〈권10, 1801년〉

* 원주 1) 소수(苕水)·종산(鍾山)은 광주(廣州)에 있다.(在廣州)
* 역주 1) 한안국(韓安國)을 누가 돌아보랴만 : 권좌에 있다가도 일단 실세(失勢)를 하면 주위에서는 냉대를 함. 한(漢)나라 때 양효왕(梁孝王)의 중대부(中大夫)였던 한안국(韓安國)이 무슨 일로 하여 죄를 받게 되었을 때 몽현(蒙縣)의 일개 옥리(獄吏)인 전갑(田甲)이 안국에게 욕을 했다. 이 때 안국은 그에게 말하기를 "죽은 재라고 해서 다시 불붙지 말라는 법이 있다더냐?" 하자 옥리가 대답하기를 "불이 붙기만 하면 오줌을 싸버리리라." 했다. 그로부터 얼마 후 안국은 다시 양(梁)의 내사(內史)가 되자 당시 옥리였던 전갑은 그를 찾아가 육단사죄(肉袒謝罪)를 했다.
2) 강 건널~만난다네 : 궁지에 몰렸을 때는 친구도 적으로 변함. 항우(項羽)가 패하여 오강(烏江)을 건너려 할 때 항우의 옛날 친구였던 여마동(呂馬童)이 왕예(王翳)에게 저 사람이 바로 항우라고 가르쳐 주어 그의 목을 베도록 했었다.
  [해제]
  다산이 장기 귀양지에서 자신이 살아온 모습을 뒤돌아보며 고향을 그리워한 시이다.

외로이 앉아

1

나그네 쓸쓸히 홀로 앉아 있을 때
대그늘도 끄덕 않고 왜 그리 해는 긴지
일어나려는 고향 생각 그대로 억누르고
익어가는 시구나 마무리를 짓는다.
잠시 갔다 다시 오는 꾀꼬리는 미더운데
지지배배 제비는 무슨 생각으로 입을 다무나.
다만 하나 두고두고 견디기 어려운 일은
부질없이 소동파 시 배우느라 바둑 배우지 못함이네.

2

버들가지 간들간들 주위는 고요한데
봄잠을 깨고 나니 들빛은 어둑어둑
산구름 멀리 걷히니 달빛보다 뛰어나고
수풀잎이 흔들림도 바람 탓 아니라오.
녹음방초를 향해 시선을 보내지만
마음은 바야흐로 마른나무 죽은재와 같구나.
집으로 돌아가게 나를 용서해 놓아준대도
다만당 이 모양의 한 늙은이라오.

獨坐 二首[1)]

旅館蕭寥獨坐時, 竹陰不動日遲遲。
鄕愁欲起須仍壓, 詩句將圓可遂推。

乍去復來鶯有信, 方言忽嗓鵑何思。
只饒一事堪追悔, 枉學東坡不學棋。

裊娜煙絲寂歷中, 春眠起後野濛濛。
山雲遠出强如月, 林葉自搖非有風。
眼向綠陰芳草注, 心將槁木死灰同。
縱然放我還家去, 只作如斯一老翁。<권11, 1801년>

* 원주 1) 신유년(1801) 3월 장기에 있었다.(辛酉三月 在長鬐)
[해제]
장기에 귀양 살면서 외로움을 이기지 못해 시나 지으면서 고향을 그리워하며 날을 보내는 모습을 그린 시이다. 이 때 다산은 40세이다.

울적함을 풀어내다

제각기 편당 지어 아옹다옹 다투던 일
나그네 되어 깊이 생각하니 눈물이 줄줄 흘러.
산과 강은 기껏해야 3천린데
비바람 속에서 서로 싸운 지 200년일세.
많은 영웅 호걸이 길을 잃어 슬퍼했고
어느 때나 형제끼리 전답 싸움 부끄럽게 여기랴.
만일 저 많은 은하수로 씻어낼 수 있다면
상서로운 해의 빛이 온누리를 비출 텐데.

遣興

蠻觸紛紛各一偏, 客窓深念淚汪然。
山河擁塞三千里, 風雨交爭二百年。
無限英雄悲失路, 幾時兄弟恥爭田。
若將萬斛銀潢洗, 瑞日舒光照八埏。 <권11, 1801년>

[해제]
장기에서 귀양살이하면서 지나간 200년 동안의 우리 나라 당쟁의 역사를 반추해 본 시이다. 200년이란 임진왜란 후 동서 분당이 갈라진 때로부터 200년이 흐른 것이다.

귀양살이 정취 여덟 가지

1. 바람

서풍은 고향집 지나서 오고
동풍은 나를 지나 고향길 간다오.
바람 불어오는 소리 들릴 뿐
바람 일어나는 곳 보이지 않네.

2. 달

밝은 달이 동해에서 떠오르면
금물결이 만리에 일렁이도다.
어찌하여 강물 위에 뜬 달은
고요하게 강물만을 비추고 있나.

3. 구름

뜻이 있어 구름 보는 것 아니지만
뜻없이 구름 보는 것도 아니라오.
그런 대로 뜻이야 있건 없건
석양이 되도록 쳐다본다오.

4. 비

고향은 800리나 떨어졌지만
맑거나 비가 오나 거리는 변함 없네.
맑은 날은 가까워진 듯싶고
비오는 날은 멀어진 듯하다오.

5. 산

북극이 땅 위로 솟은 것이
천리마다 4도가 틀리다네.
오히려 망향대(望鄕臺) 올라서는
서글픈 마음으로 해 지도록 있다오.

6. 물

흐르는 물 저절로 흘러가면서
콸콸 흘러 막힘이 없고녀.
생각하면 천지가 창조될 때
언덕이 무너지는 사태가 있었기에.

7. 꽃

온갖 꽃 꺾어다 구경을 해도
우리 집 꽃만은 못하구려.
꽃의 종류가 달라서가 아니라
다만 우리 집에 있었기 때문이지.

8. 버들

실버들 천 가지 만 가지
가지마다 온통 푸른 봄이구려.
가지마다 알맞은 비에 젖으면
가지마다 사람을 애태우게 하네그려.

遷居八趣[1)]

西風過家來, 東風過我去.
只聞風來聲, 不見風起處.

明月出東溟, 金波盪萬里。
何如江上月, 寂寞照江水。

有意不看雲, 無意不看雲。
聊將有無意, 留眼到斜曛。

家鄕八百里, 晴雨無增損。
晴日思如近, 雨日思如遠。

北極之出地, 千里差四度。
猶登望鄕臺, 怊悵至日暮。

流水自然去, 活活無阻礙。
憶得鴻荒初, 丘陵有崩汰。

折取百花看, 不如吾家花。
也非花品別, 秪是在吾家。

楊柳千萬絲, 絲絲得靑春。
絲絲霑好雨, 絲絲惱殺人。 <권11, 1801년>

* 원주 1) 금호자고(金壺字考)에 천인(遷人)은 귀양 사는 나그네라고 일렀다. (金壺字考云 遷人謫客也)

[해제]

귀양살이하면서 현재의 자기 처지에서 바람·달·구름·비·산·물·꽃·버들 등을 바라보고 느낀 정경을 읊은 것이다.

장마비

지겨운 비 지겨운 비 지겹게도 오는 비에
해도 나오지 않고 구름도 열리지 않네.
보리는 싹이 나고 밀도 가로눕는데
돌배와 산앵도만 커가는구나.
시골 아이 따먹으니 시큼한 물 뼈에 스며도
쓰러진 밀 보리 일어나지 못함을 누가 알랴.

苦雨歎

苦雨苦雨雨故來, 白日不出雲不開。
大麥生芽小麥臥, 只肥鼠梨與雀梅。
村童食之酸沁骨, 麥臥不起誰知哉。 <권11, 1801년>

[해제]
혼자 외로이 귀양살이하는 이에게 장마비는 얼마나 괴로울까만, 그 속에서도 아이들은 뛰놀고 돌배는 커간다는 희망을 지닌 시로 귀양살이 하는 자신을 일으켜세울 사람이 없음을 한탄했다.

아가 노래

아가야, 몸에 실오라기 하나 안 걸친 아가
맑은 연못같이 짠 바다 들락거리네.
꽁무니 들고 머리 처박고 바닷물에 자맥질하고
오리처럼 자연스레 잔물결 희롱하네.
소용돌이 무늬도 흔적 없고 사람도 보이지 않고
박 한 통만 두둥실 수면에 떠다닌다.
갑자기 물쥐같이 머리통 솟구치고서
휘파람 한번 불고 몸을 따라 돌이킨다.
손바닥처럼 큰 아홉 구멍 희고 깨끗한 소라는
고귀한 양반님네 부엌에서 안줏감으로 쓰인다오.
때로는 바위 틈에 방휼(蚌鷸)처럼 착 달라붙어
솜씨 좋은 사람도 그 때는 죽고 만다오.
아아! 아가가 죽는 거야 말할 것도 없지마는
벼슬길에 빌붙으려는 아부꾼도 모두들 물 위로 헤엄쳐 가네.

   兒哥詞[1]

兒哥身不着一絲兒, 出沒醎海如淸池。
尻高首下驀入水, 花鴨依然戲漣漪。
洄文徐合人不見, 一壺汎汎行水面。
忽擧頭出如水鼠, 劃然一嘯身隨轉。[2]
矸螺九孔大如掌, 貴人廚下充殽膳。
有時蚌鷸黏石齒, 能者於斯亦抵死。
嗚呼兒哥之死何足言, 名途熱客皆泅水。 <권11, 1801년>

* 원주 1) 토박이 사람들은 그 며느리를 아가(兒哥)라고 부른다.(土人謂其子婦
曰兒哥)
　　　2) 물쥐(水鼠)는 『운선잡기(雲仙雜記)』에 나온다.(水鼠見雲仙雜志)
　　[해제]
　경상도 장기의 해녀 풍속을 노래한 시이다. 다산은 이 밖에도 장기의
풍속을 노래한 「장기농가」를 쓴 바 있다.

솔피 노래

솔피란 놈 이리 몸통에 수달 가죽으로
가는 곳마다 열 마리 백 마리 떼지어 따른다네.
물속에서 사냥할 땐 나는 듯 재빠르기에
재빨리 덮쳐오면 고기들도 모른다오.
큰 고래 한번에 고기 천석 삼키기에
큰 고래 한번 지나가면 고기떼 자취도 없다.
고기 떼 만나지 못한 솔피 큰 고래 원망하여
큰 고래 죽이려고 계책을 헤아리고 짜내었겠다.
한 떼는 고래 머리 들이받고
한 떼는 고래 뒤를 둘러싸고
한 떼는 고래 왼편에서 기다리고
한 떼는 고래 오른편을 습격하고
한 떼는 물에 잠겨 고래 배를 치받고
한 떼는 뛰어올라 고래 등에 올라타고서
위아래 사방에서 일제히 고함을 지르며
살갗 긁어대고 살을 물어뜯고 어찌 그리 잔인하고 흉포했으랴.
우레같이 부르짖으며 입으로 물을 뿜어
바닷 물결 들끓고 맑은 하늘에 무지개 일더니
무지갯빛 점점 엷어지고 물결 점점 잔잔해지니
아아! 슬퍼라 고래 이미 죽었구나.
혼자서는 뭉친 힘을 당해낼 수 없어
약삭빠른 조무래기들 잘도 큰 재앙을 없앴네.
너희들 피 터지는 싸움 어찌 이 지경에 이르렀나

본뜻은 기껏해야 먹이 싸움 아니더냐.
가없고 끝없는 그 넓은 바다에서
너희들 왜 지느러미 날리고 꼬리 치면서 서로 좋게 살지 않느냐.

海狼行[1]

海狼狼身而獺皮, 行處十百群相隨。
水中打圍捷如飛, 欻忽挾襲魚不知。
長鯨一吸魚千石, 長鯨一過魚無跡。
狼不逢魚恨長鯨, 擬殺長鯨發謀策。
一群衝鯨首, 一群繞鯨後。
一群伺鯨左, 一群犯鯨右。
一群沈水仰鯨腹, 一群騰躍令鯨負。
上下四方齊發號, 抓膚齧肌何殘暴。
鯨吼如雷口噴水, 海波鼎沸晴虹起。
虹光漸微波漸平, 嗚呼哀哉鯨已死。
獨夫不遑敵衆力, 小黠乃能殲巨蠢。
汝輩血戰胡至此, 本意不過爭飲食。
瀛海漭洋浩無岸, 汝輩何不揚鬐掉尾相休息。〈권11, 1801년〉

* 원주 1) 해랑(海狼)은 우리말로 솔피(率皮)라고 한다.(海狼方言曰率皮)

[해제]

다산이 귀양 가서 살던 영일만에 있는 장기는 우리 나라 고래 산지로 유명한 곳의 하나다. 다산은 이곳에서 솔피와 고래의 습성을 관찰하고 이 시를 썼다. 고래는 권력의 횡포를, 솔피는 무리지은 당시의 집권층을 상징한 듯하다. 다산 우화시(寓話詩)의 하나로 기득권층의 권력 투쟁을 생생히 묘사했다.

고향 마을 소내의 상상도

소식(蘇軾)은 남해에서 귀양살면서
아미도(峨嵋圖) 그리며 병이 나았었지.[1)]
나도 지금 소내(苕溪)를 그리다 보고 싶다만
세상에 화공 없으니 누구에게 그리라 하나.
시험삼아 수묵으로 초벌 그림 그려보나
수묵 자죽 어지러이 먹칠만 뒤범벅
여러 차례 다시금 그려 봤더니 솜씨 점점 익숙해져도
산 모양과 물빛이 더욱이 모호하구나.
당돌히도 비단에다 옮겨 그려
객실의 서북 모퉁이에 걸어두었다.
푸른 산줄기 빙 둘린 곳에 철마산 서 있고
깎아지른 기암(奇巖)에서 금빛 물오리 나는구나.
남자주(藍子洲) 가에는 꽃다운 풀 푸르르고
석호정(石湖亭) 북쪽에는 맑은 모래 깔렸네.
돛단배가 저 멀리 붓여울을 지나는 것 알겠고
나룻배는 귀음(龜陰)을 달려가면서 부르는 듯하다.
검단산(黔丹山)은 반이나마 짙푸른 구름 속에 아득하고
백병봉(白屛峰) 저 멀리 석양녘에 외로이 섰구나.
하늘 가에 높다랗게 절간 보이고
수종사 지세와 더욱더 어울리네.
소나무 전나무는 망하정(望荷亭) 문을 덮어 가리고
뜰에 가득 배꽃 핀 곳이 우리 집이로구나.
우리 집이 저기 있어도 갈 수가 없어

나로 하여금 저걸 보고 서성이게 하네그려.

戲作苕溪圖

子瞻謫南海, 愈疾峨嵋圖。
我今欲畫苕溪看, 世無畫工將誰摸。
試點水墨作粉本, 墨痕狼藉如鴉塗。
粉本屢更手漸熟, 山形水色猶模糊。
唐突移描上綃面, 掛之客堂西北隅。
翠麓縈廻立鐵馬, 奇巖矗削飛金鳧。[1·2)
藍子洲邊芳草綠, 石湖亭北明沙鋪。
風帆遙識筆灘過, 津艓似趁龜陰呼。
黔山半入碧雲杳, 白屛迥立斜陽孤。[3)
天畔岧嶢見僧院, 水鐘地勢尤相符。
松檜蔭門吾亭也, 梨花滿庭吾廬乎。[4)
吾廬在彼不得往, 使我對此空踟躕。 <권11, 1801년>

---

* 원주 1) 철마산은 산 위에 철마(鐵馬)가 있어 마을 사람들이 여기에 제사를 지내기 때문에 마현(馬峴:말고개)이라고 한다.(山上有鐵馬 村人祀之 故曰馬峴)
2) 동쪽에 쌍부암(雙鳧巖)이 있다.(東有雙鳧巖)
3) 백병(白屛)은 양근(楊根)에 있는데 귀음(龜陰) 등 여러 봉우리와 함께 10여 리에 연달아 뻗어 있다.(白屛在楊根 與龜陰諸峰連延十餘里)
4) 망하정(望荷亭)은 우리 집안 정자다.(望荷亭)
* 역주 1) 소식은~나왔었지 : 소식(蘇軾)이 호주(湖州)에서 귀양살이를 할 때 그곳 겹현(郟縣)에 있는 아미산(峨嵋山)이 자기 고향 촉(蜀) 땅에 있는 아미산과 모양이 닮았다 하여 '작은 아미산'이라고 이름을 붙이고 그 아미산을 그리면서 고향을 그리워하는 마음을 달랬다고 한다.

[해제]
다산이 1801년 귀양지 장기에서 고향 산천 풍경을 그려놓고 고향을 바라보듯 바라보며 쓴 시로, 고향을 그리워하는 그 마음이 눈물겹다.

약전 형님의 편지

1

땅은 같으나 하늘 저 멀리 떨어져
같은 태양 아래서 만날 수 없네.
하늘과 땅 사이에 눈물짓는 눈들이
잘 있느냐 안부 묻는 몇줄 편지라오.
청올치로 노끈 꼬며 시름 달래
어렵사리 바다 고기 먹는답니다.
4대주가 모두 외딴 섬이니
몸뚱이 있는 곳이 바로 내 집이라구요.

2

달이 뜨면 먼저 비칠 거라고
구름 오면 구름 보며 아우 생각했다오.
모진 괴로움 어찌 없으리요마는
도리어 당신께선 평안하다 하셨네요.
그 얼굴 다른 세상에서나 뵈올는지
지난해는 전원에서 즐겼건만.
가령 술 천섬을 마신다 해도
이 마음 풀기는 어렵겠네요.

3

고래 타고 떠난 이백(李白)이 길이 부럽고
말(馬) 잃은 영감 슬퍼하지 않는다오.

지대 낮아 맑은 날도 장기가 있고
산이 트여 밤이면 바람도 많네.
병든 머리털 올올이 짧아지고
근심에 찬 시는 글자마다 드러나네.
간절하게 그리운 어린 자식들
생각사록 본성으로 보고 싶네요.

得舍兄書[1]

地共天涯盡, 人從日下疎。
乾坤雙淚眼, 存沒數行書。
寂寞綯山葛, 艱難食海魚。[2]
四洲皆絶島, 身在卽吾廬。[3]

月出知先照, 雲來憶已看。[4]
豈能無苦毒, 猶自報平安。
顔髮他生見, 田園去歲歡。
縱饒千石酒, 難使此心寬。[5]

長羨騎鯨客, 休悲失馬翁。
地卑晴有瘴, 山豁夜多風。
病髮絲絲短, 愁詩字字窮。
絶憐童穉輩, 思慕發天衷。 <권11, 1801년>

* 원주 1) 둘째형 정약전이 이 때 강진 신지도(薪智島)에서 귀양살이하고 있었다.(仲氏時在康津薪智島謫中)
  2) 편지 속에 이 말이 있다.(書中語)
  3) 불경(佛經)에 세계는 4대주(四大洲)가 있다고 했다.(佛書云 世界有四大洲)
  4) 편지 가운데 장기는 동쪽에 있다고 말했다.(書中語 長鬐在東)
  5) 보내온 편지에 술을 마시라고 권했다.(來書勸飮酒)

제4부 장기의 귀양살이

[해제]

전라도 강진 신지도에서 귀양살이하고 있던 둘째형 정약전이 서울을 통해 보낸 편지를 받고 지기(知己)와 같은 형님을 그리워하는 시로 쓴 일종의 답장이다. 가을에도 시로 답장을 쓴다.

추록이 노래

푸른 갈기에 흰눈 같은 털빛 추록이
옛날에는 조정 가는 길에 탔었는데
지금은 소와 같은 구유 쓰네.
네 뼈대는 이다지도 뛰어난데
네 운명은 왜 그리 곤궁하냐.
발 묶인 참새는 날 수가 없듯이
내가 너를 오래도록 마굿간에 처뜨렸지.
네가 전에 굴레를 벗어버리고
풀뿌리 파먹고 얼음물 마실 때
아리따운 들판엔 곳곳마다 풀밭인데
왜 멀리 달아나서 멋대로 날아오르지 않고
지금처럼 초막집에서 파리떼에 시달리냐.
훔쳐가려는 농부들 뿌리치고
길게 울며 옛주인에게 돌아왔구나.
남들이 다 죽이려 하여 마음조차 괴로운데
아아! 뭇사람들 무시 못할 준마로구나.

追鹿馬行[1)]

追鹿馬靑駿白雪毛。
昔爲朝天騎, 今與牛同槽。
汝骨何俊邁, 汝命何窮阨。
縛足之雀不能飛, 吾今使汝長伏櫪。
憶汝脫羈靮, 掘荄食河氷。

煙郊處處草如織, 何不遠遁恣騫騰, 如今蔀屋苦多蠅。

不受野人盜, 長鳴歸故主。

人皆欲殺心獨苦, 吁嗟神駿衆莫侮。<권11, 1801년>

* 원주 1) 집에서 기르는 말 한 마리가 매우 날쌔 이름을 추록(追鹿)이라 했는데, 눈 오는 어느 날 갑자기 달아나버려 석 달을 제멋대로 돌아다녔다. 금년 봄 난리통에 개·닭까지도 빼앗겼지만 말은 그 때문에 온전하였는데, 북새통이 끝나자 말이 제 우리로 돌아와 그것을 몰고 여기까지 온 것이다. 거기에 느낌이 있어 이 시를 써본 것이다.(家畜一馬驍甚號曰追鹿 雪中忽逸 三月不受羈 今春遘難 鷄犬且逢劫掠 而馬獨全 事定就棧牽來至此 感而有作)

[해제]

한편의 동화 같은 이야기가 얽힌 시다. 오늘날 우리들이 그 많은 다산의 저술을 볼 수 있게 된 행운에 이 말의 공로가 크지 않다고 말할 수 있겠는가. 이로써 보건대 하늘도 다산을 보호한 것 같다.

단옷날

1

옛날에는 단옷날이면
선자방(扇子房)에서 은혜로운 부채를 내려 주셨네.
궁중에서 새로 만든 것이기에
긴 여름도 언제나 시원했다오.
만질수록 검은 빛이 반들거리고
붉은 인주 찍힌 첩자 향기로웠네.
지금은 장기 사나운 곳에서
모기떼가 괴롭게 침상에 덤비네.

2

옛날에는 단옷날이면
임금님 부름 받고 옥당(玉堂)에 나아갔었다.
시를 짓게 하여 높은 점수로 뽑히고
옛날의 상서로운 조짐 간략히 펼쳤네.
옳은 도리 충고를 아름다운 붓으로 용납하시고
임금님 은총으로 붉은 부적도 내려 주셨네.
전각 기둥에다 성명을 써두고
오래도록 임금님 모셨었다오.

端午日述哀

舊日端陽日, 恩頒自扇房。
內家新制作, 長夏故淸凉。

漆澤摩來潤, 紅泥帖子香。
如今瘴厲地, 蚊蚋苦侵床。

舊日端陽日, 承牌赴玉堂。
徵詩必妙選, 陳古曼禎祥。
彩筆容規諫, 朱符帶寵光。[1]
姓名題殿柱, 長得侍君王。<권11, 1801년>

* 원주 1) 대궐에서 재앙을 물리치게 하려고 주사(朱砂)로 쓴 부적을 하사했다.(內賜朱符以禳災)

[해제]
다산은 1801년 단옷날이 되자 귀양지 장기에서 돌아가신 정조 임금을 회상하며 슬픔에 잠긴다.

어린 딸이 보고지고

어린 딸애 단옷날이면
옥 같은 살결 씻고 새단장했지.
치마는 붉은 치마
머리 뒤엔 푸른 창포잎 꽂았었지.
절하는 연습한다 예쁜 모습 보여 주고
술잔 전하며 웃음 띤 모습 드러냈다오.
오늘 같은 단옷날 밤에는
누가 있어 우리 딸아이를 구슬릴까.

憶幼女

幼女端陽日, 新粧洗玉膚。
裙裁紅苧布, 髻挿綠菖蒲。
習拜徵端妙, 傳觴示悅愉。
如今懸艾夕, 誰弄掌中珠。 <권11, 1801년>

[해제]
이 딸은 1812년 다산 친구 윤서유(尹書有)의 아들인 윤창모(尹昌謨)에게 시집을 간 외동딸이다. 다산이 장기에서 1801년 가을 다시 서울로 잡혀와 신문을 받고 강진으로 이배(移配)되고, 1808년 다산초당에 자리잡고 나서 1813년 「매조도」를 그려 준 그 딸이다.

칡을 캔다네

1

내가 칡을 캔다네
저 산기슭에 가서.
그 잎도 무성하여라
우리 숙부 우러러보고 있다네.
칡을 캐는 것이 아니라
우리 숙부 우러러보고 있다네.(興이다.)

2

내가 칡을 캔다네
저 산등성이에 가서.
그 마디 커다래라
우리 형 우러러보고 있다네.
칡을 캐는 것이 아니라
우리 형 우러러보고 있다네.

3

내가 칡을 캔다네
저 시냇가에 가서.
그 덩굴도 무성하여라
내 자식 바라보노라네.
칡을 캐는 것이 아니라
내 자식 바라보노라네.

4

이 마음 답답하고 근심스러워라
느긋해질 수 없다네.
아무리 바라보아도 보이지 않아
오래 서 있을 수도 없다네.
비록 맛있는 술이 있더라도
걸러 마실 수가 없다네.

* 칡을 캔다네는 4장이다. 장마다 6구이다.

采葛

我采葛兮, 于山之麓。[1]
其葉沃兮, 瞻望叔兮。[2]
匪采葛也, 瞻望叔兮。

我采葛兮, 于山之岡。[3]
其節荒兮, 瞻望兄兮。[4]
匪采葛也, 瞻望兄兮。

我采葛兮, 于澗之涘。[5]
有蕃其薔, 瞻望子兮。[6]
匪采葛也, 瞻望子兮。

心之癙矣, 不可紓兮。[7]
瞻望不見, 不可佇兮。[8]
雖有旨酒, 不可醑兮。[9]

采葛四章章六句 <권11, 1801년>

* 원제 채갈(采葛)은 귀양살이하는 사람이 자신을 슬퍼한 시이다. 아비와 자

식, 형과 아우가 떨어져 살기 때문인 것이다.(采葛 遷人自傷也 父子兄弟離析焉)

　* 원주　1) 녹(麓)은 산의 발이다. 높은 데 오르려면 낮은 데를 지나야 한다. (麓 山足也 升高由卑 : 우리말로 산발이라고도 하는데 산기슭인 것이다.)

　2) 칡잎이 나기에는 때가 이른 것이다. 숙(叔)은 작은아버지이다. 칡잎이 그 뿌리를 덮고 있는 것이 아비가 자식을 감싸고 있는 듯하다.(葉生則時早也 叔 叔父也 葉之庇根如父之雍子)

　3) 강(岡)은 산등성이다. 이미 높이 올랐다는 것이다.(岡 山脊也 已升高)

　4) 황(荒)은 크다는 뜻이다. 이미 늦은 계절임을 말한다. 같은 뿌리에서 나서 마디를 달리하고 있는 것이 바로 형제이다.(荒 大也 時已晚矣 同根異節 兄弟也)

　5) 눈길이 높은 데서 다시 내려왔는데, 어린 것들을 생각하는 뜻이다.(目高還降 思卑幼也)

　6) 유(蘲)는 덩굴이다. 덩굴이 쭉쭉 뻗는 것이 자식들과 같다는 뜻이다.(蘲 蔓也 蔓延如子姓)

　7) 서(瘏)는 근심병이다. 서(紓)는 느슨해짐이다.(瘏 憂病也 紓 緩也)

　8) 저(佇)는 오래 서 있는 것이다.(佇 久立也)

　9) 서(醑)는 거르는 것이다.(醑 盎也)

[해제]

　칡덩굴같이 서로 얽혀 살아야 할 형제나 자식과 멀리 떨어져 사는 귀양살이의 슬픔을 노래한 시이다. 장기에서 산을 바라보며 지었다.

고향 생각 1

1

저 유산(酉山) 아래는
내가 살던 집이 있네.
끝없이 넓은 한강에는
물고기 가득차겄다.
뜰도 있고 남새밭 있고
거문고 있고 책도 있다오.

2

저 모려산(毛黎山) 올라
제비쑥을 캐고지고
저 낙동강 건너고
저 주흘산(主屹山) 새재를 넘어
저 한강에 이르르면
내 답답함이 풀릴 텐데.

3

저 사나운 새를 보라
그 날개 빨라서
빨리 날아서 가면
내 고향 서북쪽에 다다르련만
빙빙 돌며 한가롭게 날다가는
주살에 맞을까 그게 두렵다오.

4

그물을 쳐 두었더니
토끼가 그물에 걸렸다네.
발에 털이 더부룩한 수토끼
암토끼 돌아본다네.
그 광경 돌아보니
내 마음도 슬퍼진다오.

     * 고향 생각은 4장이다. 장마다 6구이다.

酉山

酉山之下, 爰有我廬。[1]
洌之洋洋, 有牣其魚。[2]
有園有圃, 有琴有書。

登彼黎山, 言采其蔚。[3]
涉彼潢矣, 蹂彼屹矣。[4]
至彼洌矣, 抒我鬱矣。

瞻彼鷺鳥, 有迅其翼。
欻其逝矣, 至于西北。
將翶將翔, 畏此矰弋。

有羅其張, 有兎其離。
撲朔其股, 爰顧其雌。
盼其顧矣, 我心傷悲。

    酉山四章章六句 <권11, 1801년>

* 원제 유산(酉山)은 귀양살이하는 사람이 생각하는 곳을 말한다. 자기 가정

을 떠나 있어 마음을 정착시킬 수 없음이다.(酉山 遷人之思也 離其室家 不能安土焉)

  * 원주 1) 유산(酉山) 아래가 유자곡(酉子谷)이고 내 집이 있다.(酉子谷)

  2) 집 앞의 큰 강이 곧 열수(洌水:漢江)이다.(舍前大江 卽洌水)

  3) 여산(黎山)은 모려령(毛黎嶺)이다. 위(蔚)는 제비쑥인데 캐어도 쓸데가 없다.(黎山 毛黎嶺也 蔚 牡蒿也 采之無用)

  4) 황수(潢水)는 낙동강이고, 주흘산(主屹山)은 곧 새재이다.(潢 洛東水也 主屹山 卽鳥嶺)

[해제]

유산(酉山)은 곧 다산의 고향 마을 뒷산이다. 다산은 별호를 '열수(洌水)'로 썼고 그 아들이 '유산'이라고 썼다. 앞의 「칡을 캔다네」와 함께 연작시라 할 수 있겠다. 장기에서 북쪽을 바라보며 지은 시이다.

귀양살이 신세

1

동문의 언덕이여
어떤 길이길래 그리도 멀까.
여럿이서 무슨 말을 이러쿵저러쿵 해댈까
문수(汶水)가 흐리기만 하도다.

2

동문의 언덕이여
어떤 바위길래 그토록 높고 험할까.
무슨 유언비어를 그리 지껄이는가
한쪽으로만 기울었도다.

      * 동문 언덕은 2장이다. 장마다 4구이다.

東門

 東門之阪兮, 何路之遠兮。
 何言之嘩兮, 汶其混兮。

 東門之阿兮, 何石之嵯兮。
 何言之訛兮, 偏其頗兮。
     東門之阪二章章四句 <권11, 1801년>

 * 원제 동문(東門)은 귀양살이하는 사람이 스스로를 슬퍼함이다.(東門 遷人自悼也)

 [해제]

다산이 1801년 귀양살이하던 장기에서 지은 시로 앞의 두 시인 「칡을 캔다네」와 「고향 생각」과 연작시를 이룬다. 장기현에서 이 동문을 거쳐야 고향으로 돌아갈 수 있다.

미원(薇源) 은사의 노래

벽계(檗溪) 북쪽의 조그만 미원(薇源) 마을은
구지산(仇池山) 무릉(武陵)과 형이야 아우야 할 수 있네.
75호 모두가 나무를 심었는데
그 가운데 꽃 많은 곳이 심씨(沈氏) 정원이라오.
심씨 본디 서울의 벼슬아치 집 자식으로
어린 나이 유학하여 벼슬길을 찾다가
하루 아침 집을 팔고 인끈 찼다 노래하며
조각배에 몸을 싣고 시골 살 생각으로
당장 이곳에 내려 초가집 짓고
홈대로 물을 끌어 황무지를 개간하여
곡식을 가꾸어 생계가 넉넉해지자
애들도 몫을 나눠 갈아 마을을 이뤘다네.
돌담에 기와집에 자리를 정돈하고서는
부지런히 곡식 가꾸고 짐승 치는 방법을 배워서
뽕과 삼 닥과 칠 대추 밤에 감나무랑
망아지 송아지 오리 닭 개 돼지 길러
염정(鹽井)만 집에 없지 온갖 물건 갖추어
대문 밖 안 나가고도 제사 잔치 치른다네.
아들 낳으면 농사일 배우고 딸은 길쌈 배워
우견산(羽畎山) 속에서 주진혼(朱陳婚)[1]을 해왔는데
자식 커서 집안 다스릴 만하고 영감은 늙었기에
꽃 심고 과일 접붙이며 아침 저녁 보낸다오.
국화 가꾸는 솜씨 더욱 세상에 없이 절묘하여

기품이 높은 것만 48종인데
언제나 꽃필 때면 술이 깨지 않는다오.
흰머리로 흥겹게도 맑은 술독 앞에 있다네.
글 지을 땐 대개 미공체(眉公體:陳繼儒體)를 익혀서 쓰고
『유양잡조(酉陽雜俎)』 낙고기(諾皐記)같이[2) 기괴한 말도 많다네.
아아! 이 늙은이 세상에 숨어 잘 사니
하늘이 참 특별한 은혜로 복을 주었나봐
이미 그르친 내 인생은 미칠 수 없어
자손에게 보이려고 미친 노래나마 적는다오.

薇源隱士歌[1)

檗溪之北小薇源, 仇池武陵可弟昆。[2)
七十五家皆種樹, 就中多花稱沈園。
沈本京城宦家子, 蚤年遊學求乘軒。
一朝賣家歌敝佩, 扁舟渺然思林樊。
徑投此地結衡宇, 連筒引水開荒原。
稻粱會計饒積著, 僮指分耕列成村。
石墻瓦屋整位置, 窌經駝書學滋蕃。
桑麻楮漆棗栗柹, 駒犢鵝鴨鷄犬豚。
家無鹽井百物具, 祭祀燕飮不出門。[3)
生男學圃女學織, 犴狘山裏朱陳婚。
子壯克家翁乃老, 栽花接果度朝昏。
菊花之業尤絶世, 四十八種標格尊。
每到花開醉不醒, 陶然白髮臨淸樽。[4)
著書頗學眉公體, 酉陽諾皐多奇言。
吁嗟此老利肥遯, 天公餉福眞殊恩。
我生已誤無可及, 聊述狂歌示子孫。 <권11, 1801년>

* 원주 1) 교리 윤영희(尹永僖)가 언젠가 나를 위해 그에 관한 이야기를 해주었다. 심(沈)은 윤영희와 인척이다.(尹校理永僖 嘗爲余言此事 沈其姻家也)
2) 나의 농장이 있는 문암장(門巖莊)과는 30리 거리다.(距余門巖莊三十里)
3) 『안씨가훈(顔氏家訓)』에 나온다.(見顔氏家訓)
4) 1801년에 73세이다.(今年七十三)

* 역주 1) 주진혼(朱陳婚) : 두 성씨가 서로 계속 혼인하는 것. 중국 강소성 풍현(豐縣) 동남쪽에 주진(朱陳)이라는 마을이 있는데, 그 마을은 주(朱)씨와 진(陳)씨 두 성만이 살고 있으면서 계속 자기들끼리만 혼인을 하였다고 한다.
2) 낙고기(諾皐記)같이 : 기괴한 이야기라는 뜻. 중국 당(唐)나라 단성식(段成式)이 저술한 『유양잡조(酉陽雜俎)』는 그 내용이 기괴망측하고 황당무계한 말들이 많이 있는데, 그 여러 편(篇) 속에 낙고기(諾皐記)라는 편이 있다.

[해제]

윤영희(尹永僖)는 다산의 친구로 서로 시를 주고받음이 많았다. 미원(薇源)은 현재 양평군 북쪽 50리에 있던 지명으로 다산의 농장과 30리 떨어져 있었으니 다산 고향 마을과는 가까운 거리에 있었다. 미원은 '迷源' '迷原'으로도 쓰고 있다.

오징어 노래

오징어가 물가를 지나다가
갑자기 백로 그림자를 마주쳤다오.
새하얗기 한 조각 눈결이요
빛나기는 잔잔한 물과도 같아
머리 들고 백로에게 이르기를,
그대 뜻을 나는 깨닫지 못하겠네.
이미 고기를 잡아 먹으려면서
어찌 맑고 깨끗한 절개 지녔다 이르는가.
내 뱃속에는 늘 한 주머니 먹물 있어
한번 뿜어내 몇길을 시커멓게 물들일 수 있어
고기들 눈이 침침해져 지척을 분간 못해
꼬리 치며 가려 해도 남북을 분간 못하지.
내가 입 열어 삼켜도 고기들 깨닫지 못해
나는 늘 배부르고 고기는 늘 헷갈린다오.
그대 깃이 너무 희고 털도 너무 빼어나서
위아래가 흰옷인데 누가 의심 않겠나?
간 곳마다 고운 모습 물에 먼저 비치기에
고기 모두 멀리서 바라보고 조심스레 피해버리니
그대가 온종일 서 있은들 무얼 기대하리
네 다리만 시끈시끈 창자 늘 굶주리지.
까마귀 찾아가서 그 깃을 빌어
흰빛을 가다듬어 더러움과 섞어서 그렁저렁 살다 보면
이리 한 뒤엔 고기를 산더미같이 잡을 수 있어

암컷도 먹이고 새끼들도 먹일 테지.
백로가 오징어에게 이르기를,
네 말도 또한 이치는 맞다마는
하늘이 이미 나에게 결백함을 주었기에
스스로 보기에도 더러운 곳 없는 난데
어찌하여 이 작은 모이주머니 채우자고
형상과 모양을 그렇게야 바꿀 수 있나.
고기 온다면 먹고 간다면 쫓지 않고
나는 꼿꼿이 서서 하늘이 내리는 명을 기다릴 뿐이지.
오징어가 화를 내고 먹물을 뿜으면서,
어리석구나 백로야, 너야말로 마땅히 굶어죽으리.

烏鰂魚行

烏鰂水邊行, 忽逢白鷺影。
皎然一片雪, 炯與水同靜。
擧頭謂白鷺, 子志吾不省。
旣欲得魚噉, 云何淸節秉。
我腹常貯一囊墨, 一吐能令數丈黑。
魚目昏昏咫尺迷, 掉尾欲往忘南北。
我開口吞魚不覺, 我腹常飽魚常惑。
子羽太潔毛太奇, 縞衣素裳誰不疑。
行處玉貌先照水, 魚皆遠望謹避之。
子終日立將何待, 子脛但酸腸常飢。
子見烏鬼乞其羿, 和光合汙從便宜。
然後得魚如陵阜, 啗子之雌與子兒。
白鷺謂烏鰂, 汝言亦有理。
天旣賦予以潔白, 予亦自視無塵滓。
豈爲充玆一寸嗉, 變易形貌乃如是。

魚來則食去不追, 我惟直立天命俟。
烏鰂含墨嘆且嗔, 愚哉汝鷺當餓死。<권11, 1801년>

[해제]
　장기에 귀양살이할 때 지은 우화시(寓話詩)로, 자신을 백로에 비유했다. 정몽주의 백로가에 비해 더 구체적이다. 귀양살이를 하면서도 자기의 지조를 굳게 지킬 뜻을 드러내고 있다.

장기 농가

1

보릿고개 험준하기 태항산같이 가파르군
단오 명절 지난 뒤라야만 풋보리라도 겨우 나와.
풋보리죽 한 사발을 어느 누가 가져다가
비변사 대감께 맛보라고 나눠줄까.

2

모심기 노래 구슬프고 논물도 이드르르한데
잘못 심는다 꾸중 들은 아가는 유달리 부끄럽네.
흰 모시 새 적삼에 노란 모시 치마
장롱 속에 소중히 넣어두고 추석 명절 기다린다.

3

부슬부슬 새벽비는 담배 심기 알맞기에
담뱃모 작은 울타리 가에다 옮겨 심어야지.
올봄에는 별다르게 영양(英陽)의 담배 심는 법 배워다가
그 돈으로 금사주 사서 마시며 일년을 잘 보내세.

4

새로 돋은 호박 싹 두 잎사귀 탐스러워
밤 사이에 덩굴 뻗어 사립문 타고 갔네.
평생에 못 심을 것은 수박씨 종자로다.
강퍅한 관노(官奴)놈과의 시비가 시끄러워서.

5

갓 까놓은 병아리 주먹 같은데
연노랑 고운 털빛 너무도 사랑스러워.
어린 딸 공밥 먹는다 말하는 자 누구더냐
마당가에 붙어 앉아 솔개를 지킨다오.

6

어저귀 삼은 초벌 순 베어주고 숫삼밭 김을 매라
시어미 헝클어진 머리 밤 되어야 빗질하네.
일찍 자는 영감을 발로 차 일으켜서
풍로에 불 피우고 물레도 손봐야지.

7

상추쌈에 보리밥을 둥글게 싸 삼키고는
고추장에 파뿌리도 곁들여 먹는다오.
금년에는 넙치마저 구하기 더 어려운 건
모조리 건포 만들어 관가에 바쳤느니.

8

송아지가 외밭에 들어가지 못하도록
서편 뜰 써레 곁에 단단히 매두어라.
이정이 새벽같이 와 코를 뚫어 몰고 가며
동래(東萊)에서 일본 보낼 세미를 싣기 시작했다나.

9

뜰 절반을 떼어내어 배추를 심었는데
몹쓸 놈의 벌레 먹어 구멍이 숭숭.
어찌하면 훈련원(訓鍊院) 앞 배추 가꾸는 법 알아다가
파초같이 푸른 배추 길러볼 건가.

10

시골 사람 꽃이래야 장독대 둘레뿐인데
기껏해야 맨드라미 봉선화뿐이라오.
쓸모없는 바다 석류 붉기가 불 같기에
늦은 봄날 옮겨다가 객창 앞에 심었다오.

長鬐農歌 十章

麥嶺崎嶇似太行, 天中過後始登場.[1)]
誰將一椀熬靑麩, 分與籌司大監嘗.[2)]

秧歌哀婉水如油, 嗔怪兒哥別樣羞.[3)]
白苧新襦黃苧帔, 籠中十襲待中秋.[4)]

曉雨廉纖合種煙, 煙苗移揷小籬邊.
今春別學英陽法, 要販金絲度一年.[5)]

新吐南瓜兩葉肥, 夜來抽蔓絡柴扉.
平生不種西瓜子, 剛怕官奴惹是非.

鷄子新生小似拳, 嫩黃毛色絶堪憐.
誰言弱女糜虛祿, 堅坐中庭看嚇鳶.

襏襫初剪牡麻鋤, 公姥蓬頭夜始梳.
蹶起僉知休早臥, 風爐吹火改繅車.[6)]

萵葉團包麥飯呑, 合同椒醬與葱根.
今年比目猶難得, 盡作乾鱐入縣門.

不敎黃犢入瓜田, 移繫西庭碌碡邊。
里正曉來穿鼻去, 東萊下納始裝船。[7]

菘葉新畦割半庭, 苦遭蟲蝕穴星星。
那將訓鍊臺前法, 恰見芭蕉一樣靑。[8]

野人花草醬罌邊, 不過鷄冠與鳳仙。
無用海榴朱似火, 晚春移在客窓前。<권11, 1801년>

* 원주 1) 4월이면 민간에선 식량이 달리고 어려워 세속에서는 이 때를 보릿고개(麥嶺)라고 부른다.(四月民間艱食 俗謂之麥嶺)
 2) 우리말로 재상(宰相)을 대감(大監)이라 부른다.(方言 宰相曰大監)
 3) 우리말로 새 며느리를 '아가(兒哥)'라 부른다.(方言 新婦曰兒哥)
 4) 누런 모시는 경주에서 나온다. 치맛감이다.(黃紵布 出慶州 帔裙也)
 5) 영양현에서 좋은 담배가 산출된다.(英陽縣 産佳烟)
 6) 우리말로 자기 집 영감을 첨지(僉知)라 부르는데, 아무 직첩(職牒)이 없어도 함부로 부르고 있다.(方言 家翁曰僉知 雖無職牒 亦得濫稱)
 7) 하납(下納)이란 경상도 세미(稅米) 절반을 일본으로 실어 보내는데 그것을 '하납'이라고 불렀다.(下納者 嶺南稅米半 下納輸日本 名之曰)
 8) 서울의 배추는 훈련원(訓鍊院) 밭의 것이 가장 좋다고 한다.(京城菘菜 唯訓鍊院田最佳)
 [해제]
 장기 지방의 농촌 풍속을 읊은 노래다. 다산은 나중에 강진으로 귀양지를 옮기고 나서도 「탐진 촌요」 등을 노래하고 있다. 귀양살이를 하면서도 '채시관(採詩官)'의 역할을 하고 있는 것이다.

큰형님 약현(若鉉)에게 화답하다

1

숲속에선 외짝 꾀꼬리 지저귀고
발머리에선 제비 한 쌍 지저귀네.
좋은 소릴수록 쓸데가 없으니
분명한 건 슬픈 한탄뿐이옵니다.
집안 엎어진 것 슬퍼할 겨를도 없이
죽느냐 사느냐만 늘 그 걱정이외다.
모름지기 알아야겠네요 중녀괘(中女卦)[1]는
본디에 창과 칼 상징한다지요.

2

튀김당할 닭이 목숨만은 용서받고 살아서
학(鶴)의 소식을 오히려 전하네요.
푸른 바다 하늘 땅 작기만 해서
산 푸르고 해와 달은 밝기만 합니다.
가시나무 얽혀 땅을 좁게 만드는데
제각기 부평초처럼 떠도는 인생입니다.
막다른 길에서 다시금 통곡만 한다면
그대로 완적(阮籍)같이 되겠지요.

奉和伯氏 次杜韻二首[1]

林裏一鶯語, 簾頭雙燕聲。
好音無用處, 哀恨自分明。

未暇悲顚覆, 常疑有死生。
須知中女卦, 本自象戈兵。

湯鷄雖貸命, 風鶴尙傳聲。
滄海乾坤小, 靑山日月明。
荊榛交迕地, 萍梗各浮生。
若復窮途哭, 仍成阮步兵。〈권11, 1801년〉

* 원주 1) 달밤에 아우를 그리워한 시이다.(月夜憶舍弟)
* 역주 1) 중녀괘(中女卦) : 『주역』 8괘 가운데 이괘(離卦)를 말한다. 이괘는 불이나 해·칼·번개·창·칼 등을 상징한다.

[해제]
다산의 큰형인 정약현(丁若鉉)은 진사에 합격했으며 장남으로 다산 집안의 기둥 역할을 했다. 다른 형제들이 수난을 받았으나 이 큰형은 벼슬을 하지 않았기에 죄를 받지 않고 집안을 지켜내고 있었다.

아들에게 부치다

서울 소식 올 때마다 마음은 두근두근
집안 서찰 그 값이 만금이라 누가 말했나.
시름은 바다에 뜬 구름인 양 개었다가 다시 일고
헐뜯음은 퉁소처럼 끊겼다 또 들리네.
세상이 말세라서 소곡(巢谷)[1] 같은 추종자 없다 슬퍼 말라
가문은 쇠미해져도 채침(蔡沈) 있어 기쁘도다.
편지를 주고받을 만큼 문자 공부 되었으니
경제 가르친 경전 모아 전원 경영 해보렴.

寄兒

京華消息每驚心, 誰道家書抵萬金。
愁似海雲晴復起, 謗如山籟靜還吟。
休嗟世降無巢谷, 差喜門衰有蔡沈。
文字已堪通簡札, 會敎經濟着園林。 <권11, 1801년>

* 역주 1) 소곡(巢谷) : 열렬한 추종자(追從者)를 이른 것. 소곡은 중국 송(宋)나라 미산(眉山) 사람. 소식(蘇軾)·소철(蘇轍)이 유배를 당했을 때 걸어서 소철을 찾아보고 또 소식을 찾아보기 위해 해남(海南)으로 가다가 도중 신주(新州)에 이르러 병으로 죽었다.

[해제]
다산이 장기에 귀양 살면서 이 시를 지을 때 큰아들 학연(學淵)은 19세이고 둘째아들 학유(學游)는 16세였다. 아들에게 농장 경영을 당부하고 있다. 뒤에 큰아들 학연은 『종축회통(種畜會通)』이란 농서를 저술해 남긴다.

동해에 해가 뜨다

직녀성이 붉은 비단 장막 짜내서
동해바다 푸른 하늘 위에 걸어놨다.
붉은 빛 바닷물 비추니 고기와 용이 움직이듯이
온갖 어족들 일제히 동쪽으로 머리 돌리네.
금고리가 번득이자 잔물결이 치더니만
태양이 솟아나니 먼지 하나 없다오.
하늘로 솟아오르는 모습 사람들 함께 우러르고
푸른 안개 점점 높은 산봉우리 찾아 흩어진다.
처음에는 궁궐 호위함 같더니만
마지막엔 임금님 행차 전각에 오르자 호위를 거둔 것 같다.
그 옛날을 생각하니 이 내 마음 슬퍼진다.

東門觀日出

天孫織出紅錦帳, 掛之碧海靑天上。
赤光照水魚龍盪, 萬族齊首盡東嚮。
金鉤一閃波細漾, 銅鉦畢吐塵無障。
宛轉上天人共仰, 碧霞漸散歸峰嶂。
初如御駕出宮輿衛壯, 終如御駕上殿收儀仗。
小臣憶昔心惻愴。   <권11, 1801년>

[해제]
장기현 동문에서 해 뜨는 것을 보다가 옛날 정조 임금 모시던 때를 회상하고 슬퍼하는 시다.

홀로 서서

잡초밭 소가 다니는 길이고
뜬구름에 송골매가 하늘에 묻힌다.
늙어가자 작고 가는 지팡이 짚고
홀로 서서 흐르는 샘물 소리 듣는다.
모래 따스해지자 여기 저기 그물질이고
숲에 바람 일자 야생 덩굴 대롱대롱
평화롭게 다스려질 세상은 어느날일까
세월 흐름 생각자니 서글퍼지네.

獨立

雜草牛行逕, 浮雲鶻沒天。
漸衰依瘦杖, 獨立聽流泉。
沙暖漁罾散, 林風野蔓懸。
淸寧定何日, 惆悵念流年。 〈권11, 1801년〉

[해제]
귀양지 장기에서 읊은 시다. 『여유당전서』 시문집에는 1801년 3월 9일 장기에 도착하고 같은 해 10월 20일 다시 서울로 잡혀 오기까지 8개월 동안 지은 60여 편 160수의 시가 실려 있다. 하릴없이 시나 지으며 쓰라린 마음을 달랠 수밖에 없었다.

수선화 노래

뭇 나무는 넓디넓은 진토에 뿌리 박았는데
맑은 물에 뿌리 내린 너 혼자 맑구나.
한 점의 진흙에도 더럽힘 받지 않고
희디힌 얼굴빛 세속을 벗어났다.
기어코 이름 날려 혼탁한 세상 일깨우려고
꽃향기 가려 숨기고 깊은 골에 있는 건 못견딘다오.
깊은 겨울 차가운 날 화분 물이 얼 때면
꽃병을 깊이깊이 더운 방에다 간직하네.
궁벽한 시골에 처음 와서 얼굴이 붉어지니
농부들이 서로 보고서도 어린 싹에 살이 많아
무우가 잎이 이리 곱냐고 다투어 말들 하고
마늘인데 매운 냄새가 부족타고 다시 말하네.
그 전신은 이래봬도 능파선(凌波仙)[1]으로서
비단버선 먼지 날리며 사뿐사뿐 곱고 맑은 자태
지렁이 창자 채우는 흙덩이 먹기는 부끄럽고
매미 배를 적셔주는 맑은 이슬만 마신다오.
하얀 꽃은 설 안에 피는 매화 마침내 압도하고
푸른 잎은 서리 맞은 대나무와 참말 같구나.
몸 전체가 대체로 차가움이 뼈까지 미쳐
일생 눈을 즐겁게 하는 아리따움 지녔다.
묻노니, 우뚝 솟은 모습이 무엇과 같냐 하면
서촉의 아미산 눈빛이라오.
우스워라 섬돌 앞에 서 있는 옥잠화야

네가 그를 배우려다간 각곡(刻鵠)²⁾같이 되리라.
어느날 밤 연못 누각에 보살필 사람 없어
가슴 깊이 슬픈 원한 맺히게 만들었을까.
흰바탕 시들어서 모래 먼지에 버려지면
기어다니던 개미떼들이 서로 와서 더럽히리.

水仙花歌 復次蘇韻¹⁾

塵土坱漭寄衆木, 清水托根清且獨.
一點泥滓不受涴, 顔色皎然離時俗.
苦要揚名驚濁世, 不耐韜芳在幽谷.
盛冬天寒盆水凍, 膽瓶深深藏暖屋.
僻鄕初來面發騂, 野客相看眼多肉.
爭言萊菔葉正鮮, 復道葫蒜蕫不足.²⁾
前身只是凌波仙, 羅襪生塵姿艶淑.
羞食槁壤充蚓腸, 但吸清露濡蟬腹.
白華終壓臘前梅, 翠葉眞同霜後竹.
全身大抵寒到骨, 一生不解嬌悅目.
借問孤標誰得似, 峨眉雪色遙生蜀.
顧笑階前玉簪花, 爾欲學彼如刻鵠.
一夜池館無人護, 坐令哀恨纏衷曲.
素質蔫然委塵沙, 行蟻勃勃來相觸. <권11, 1801년>

* 원주 1) 정조 24년(1800) 봄에 복암(茯菴) 이기양(李基讓)이 북경(北京)에 사신으로 갔다 돌아왔는데, 사사로이 가져온 값진 비단이라곤 아무것도 없었고 다만 수선화(水仙花) 한 뿌리를 가지고 와 그를 분수(盆水)에다 꽂아두었다. 나와 소릉(少陵) 이가환(李家煥)이 둘러앉아서 관상까지 했었는데, 유락(流落)한 이후로는 남북이 서로 갈려 멀기도 하려니와 그 꽃도 이미 말라버렸을 것이다. 그 옛날이 생각나서 서글픈 마음으로 이 시를 읊어보았다.(庚申春 茯菴李公 回自燕京 金繒無所私 唯帶水仙花一根 揷之盆水 余與少陵 環坐賞玩 流落以來 朔南遼夐 而此

花亦已槁矣 咸念疇昔 惻然有述)

2) 온 손님들이 수선화를 몰라보고 이렇게 나쁜 쪽에다 비유했다.(來客不知水仙 猜擬如此)

* 역주 1) 능파선(凌波仙) : 수선화의 다른 이름.

2) 각곡(刻鵠) : 진짜는 아니라도 모양이 비슷함을 뜻한다. 고니를 조각하다 그대로 안 되더라도 집오리 정도는 되지만, 호랑이를 그리다가 그대로 안 되면 도리어 개 모양이 되어버린다.

[해제]

귀양지에서 혼자 외로이 살다 보니, 꽃 하나를 보아도 옛날이 생각나는 모양이다. 수선화의 희고 깨끗함을 노래했다. 다산은 귀양 오기 1년 전인 1800년 북경에 사신으로 갔다가 온 복암 이기양이 중국에서 가져다 선물한 수선화를 화분에 길렀었다. 이기양이 북경으로 떠날 때 써준 「이기양을 북경에 떠나보내며(送李參判基讓使燕京序)」가 『다산문학선집』에 실려 있다.

보리타작

새로 거른 막걸리 젖빛처럼 뿌옇고
큰 사발에 보리밥은 높이가 한 자로세.
밥 먹은 뒤 도리깨 잡고 타작마당 둘러서면
검게 그은 두 어깨가 햇빛에 번들번들
호야호야 소리치며 발맞추어 두드리니
잠깐 동안에 보리 이삭 온마당에 가득해라.
주고받는 잡가소리 갈수록 높아지고
보이느니 처마 위에 흩날리는 보릿대 가루.
그 기색 살펴보니 즐겁고도 즐거워
육신의 노예가 된 마음들이 아니로다.
낙토(樂土)가 멀리 있지 않거늘
어찌하여 괴로운 벼슬길 떠나버리지 않으리오.

打麥行

新篘濁酒如湩白, 大碗麥飯高一尺。
飯罷取耞登場立, 雙肩漆澤翻日赤。
呼邪作聲擧趾齊, 須臾麥穗都狼藉。
雜歌互答聲轉高, 但見屋角紛飛麥。
觀其氣色樂莫樂, 了不以心爲形役。
樂園樂郊不遠有, 何苦去作風塵客。 <권11, 1801년>

[해제]
귀양지 장기의 농가 풍속을 읊은 노래로, 봄에 귀양 온 다산이 이제 여름을 맞이한 것이다.

여름날 울적함을 풀려고

1. 세검정(洗劍亭)

창의문(彰義門) 앞엔 돌길이 뚫려 있고
삼각산 세 봉우리 하늘 가운데 솟아 있다.
굽이진 시내 쉼없이 흘러 마음 씻는 물
키 큰 버드나무에 바람 불면 얼굴에도 스치네.
명사들이 잔치 열어 기상을 돋우며
인조반정 때 칼 씻은 영웅호걸 생각했다네.
지금은 장기 열기 오르는 일본 접경에
대나무 그늘 낮은 처마에 바다 해만 붉구나.

2. 천연정(天然亭)

서교로 달리는 협착한 선 기다란데
뜨거운 여름날 해질녘에 그 길로 나가네.
사통오달 덩그런 집 외진 골에 열려 있고
한 무리 말탄 손님 꽃다운 못에 비춘다.
활터에는 날 따뜻하니 잔디싹이 푸르르고
물고기 벌에 부는 미풍 연꽃도 향기롭다.
오얏 담그고 참외 띄우고 웃고 즐기다가
언제나 석양이 가까워서야 나는 돌아왔다오.

3. 유하정(流霞亭)

유하정(流霞亭)은 중년에 가까이 임금 모시는 신하들에게 딸리고
꾸민 담장가의 화초들이 봄을 뽐냈지.

용산의 고운 돛배에 풍류는 이어지고
규장각의 금패(金牌)는 새로 만든 제도라네.
묵은 약속 저절로 흔적도 없어졌으나
마음속에야 누구인들 농어회와 순채나물 생각 없으랴.[1]
먼 변경에 떨어진 신세 먼지 일어나는 바닷가
서울 쪽으로 머리 향하니 손수건에 눈물만 가득.

4. 서향각(書香閣)

석거각(石渠閣) 서쪽 자그마한 서향각(書香閣) 있어
밤마다 동쪽 벽에 별들이 나직했지.
언제나 붉은 안개 임금님 기상 서려 있고
푸른 연못은 봉황이 지내도록 오래 전에 허락했네.
임금님 얼굴 공손히 우러르며 종종걸음 가까이 가니
조용히 내려주신 상아 첨대 임금께서 손수 쓰셨네.
듣기에는 화영전(華寧殿)을 새로 본받아 지었다는데
유대(乳臺) 앞길에는 풀들이 무성하리.

5. 읍청루(挹淸樓)

파릉(巴陵)의 물빛이 검단천까지 닿아 있고
강 위의 붉은 누각 반공중에 솟아 있다.
나룻배 떠 있는 곳 안개 낀 버드나무 밖
어촌의 물가와 섬 푸른 창 앞에 있네.
승정원의 승지(承旨)로 임금님 행차 시종했고
호조(戶曹)의 관리이던 아버님께 교훈 받았죠.
임금님과 아버님 돌아가셨으니
객지에서 울며 제 올리자니 다시금 눈물이 그렁그렁.

6. 망해정(望海亭)

노량진 작은 토성 강을 가로 둘러 있고
임금님 수렛길이 구불구불 화성(華城)까지 닿아 있지.
물가 언덕 정자 하나 구름 일어 장막 되고
한강 나룻배 돛 내리고 배다리가 그림처럼 이루어졌다오.
임금님 타신 수레 움직이려면 화살 셋이 날았으며
타고(鼉鼓)가 울리면서 두 곳 군영이 풀리었지.
병조(兵曹) 벼슬 임시로 띠고 임금님 행차 시위했을 때는
내반에서 채찍과 활을 들고 대궐 기둥 앞에 섰었다오.

7. 군자정(君子亭)

서쪽으로 금호문(金虎門) 나서면 북영(北營)이 높고
주합루(宙合樓)를 동으로 보면 왕기가 서려 있었네.
복도로 흐르는 시내 소리 대낮에도 시끄럽고
황단 주위 나무들은 녹음이 짙었었다.
사장(射場)을 자주 열어 비단 이불 옮겨오고
곁에다는 서루 지어 한림(翰林)으로 삼았었다.
연꽃에 늘 취해서 못가에 가 누웠었는데
애태우며 나무에 기대 해변의 노래 읊조리네.

8. 세심대(洗心臺)

인왕산이 비스듬히 세심대(洗心臺)를 끼고 있어
임금님 수레 해마다 한번씩 꽃구경을 하셨다오.
구름이 산중턱을 가려 임금님 막차를 열고
꽃다운 시내 흐르는 물에 술잔을 띄운다오.
고요한 선희궁(宣禧宮)엔 드문드문 수양버들
깊숙한 서씨 정원 멀리 매화가 비쳤다오.
독보(獨步)라는 휘호를 지척에서 하시면서

몇번이나 돌아보시며 이 못난 저를 권장했다오.

夏日遣興 八首[1)]

彰義門前石迳通, 華峯三角挿天中。
回谿不斷澄心水, 高柳長吹拂面風。
名士開筵關氣象, 寧王洗劍想豪雄。
如今瘴熱鰕夷界, 竹壓矬檐海日紅。[2)]

西郊馳道夾城長, 朱夏追隨趁晚凉。
四達軒楹開僻巷, 一群鞍馬照芳塘。
射臺日煖莎苗綠, 魚檻風微菌苔香。
沈李浮瓜欣笑傲, 常時歸影逼斜陽。[3)]

中歲流霞屬近臣, 粉墻花木媚青春。
龍山錦帆風流遠, 鳳閣金牌制度新。
宿約自然成鯽墨, 本心誰不憶鱸蓴。
窮荒落跡塵生海, 故國回頭淚滿巾。[4)]

書香小閣石渠西, 東壁星辰夜夜低。
紫霧常留龍虎氣, 碧池曾許鳳凰棲。
恭瞻玉躞天顔近, 密降牙籤御手題。
聞道華寧新象設, 乳臺前路草萋萋。[5)]

巴陵水色接黔川, 江上朱樓落半天。
漕步帆檣煙柳外, 漁村洲嶼綠窓前。
銀臺職從鸞輿日, 地部官臨鯉對年。
弓劍杳然風樹隕, 客牀吟朓重汪然。[6)]

露梁津堡帶江橫, 輦路迆迤接華城。

水岸亭孤雲幕起, 海門帆落畫橋成。
鸞鑣欲動飛三箭, 鼉鼓交鳴解兩營。
憶忝兵曹陪羽衛, 內班鞭弭列朱楹。[7]

虎門西出北營深, 宙合東瞻御氣臨。
閣道溪聲喧白日, 皇壇樹色暗濃陰。
數開射埒移綾被, 旁起書樓作翰林。
每醉藕花池上臥, 傷心扶木海邊吟。[8]

仁王斜抱洗心臺, 玉輦看花歲一廻。
雲擁翠微開幕次, 水流芳澗汎觴杯。
李嬪宮靜垂疎柳, 徐氏園深映遠梅。
咫尺揮毫稱獨步, 幾回天語獎菲才。[9] <권11, 1801년>

* 원주 1) 여름철에 병들어 누워 있으려니 숨통이 꽉 막힌다. 한양에 있는 누각과 정자들, 바람이 소리내며 문으로 솔솔 들어오던 일들이 그리워 왁하고 소리지르며 발광을 해보아도 아무런 소용이 없다. 그러나 그 옛날을 생각하고 지금의 현실을 슬퍼할 때 옛날 두보(杜甫)가 가을을 흥겨워했던 그 뜻을 잊을 수가 없다 하겠다.(暑月臥病 擁塞有懷 漢陽樓亭風門 颯沓無補 發狂大叫 然憶舊傷 今不失老杜 秋興遺意云)
 2) 세검정(洗劍亭)은 창의문(彰義門) 북쪽 5리에 있다.(洗劍亭 在彰義門北五里)
 3) 천연정(天然亭)은 돈의문(敦義門) 밖에 있다.(天然亭 在敦義門外)
 4) 유하정(流霞亭)은 광희문(光熙門) 밖 10리 두모포(豆毛浦) 위에 있다. 정조임금 때 유하정을 내각(內閣)에 귀속시키고 용산 독서당(龍山讀書堂)을 수리하였던 고사가 있다.(流霞亭 在光熙門外十里豆毛浦上 先朝屬之內閣 命修龍山讀書堂故事)
 5) 서향각(書香閣)은 춘당대(春塘臺) 북쪽에 있다. 내부(內府)의 서적과 임금의 초상을 모셔 둔 곳이고, 화영전(華寧殿)은 화성(華城)에 있는데 또한 임금의 초상을 모셔 두었다.(書香閣 在春塘臺北 藏內府書籍兼奉御眞 華寧殿 在華城 亦奉御眞)

6) 읍청루(挹淸樓)는 숭례문(崇禮門) 밖 10리 용산(龍山) 위에 있는데, 아버님께서 호조(戶曹)에 계실 때 한번 이 누각에 올랐었고, 또 정조 임금이 읍청루에 가셨을 때 나는 승지로 뒤따라 갔었다.(挹淸樓 在崇禮門外十里龍山之上 先人爲戶部時 一登斯樓 又先朝駕臨 余以承旨扈從)

7) 망해정(望海亭)은 노량진에 있는데, 정조 임금께서 화성에 행차했다가 돌아오실 때면 늘 그 정자에서 잠시 쉬었다가 배다리에 오르곤 했다.(望海亭 在露梁 先朝每幸華城 還至此亭小憩 方渡舟橋)

8) 군자정(君子亭)은 요금문(耀金門) 밖에 있는데, 황단(皇壇)·주합루(宙合樓)와 마주 보고 있으며, 거기가 바로 북영(北營)이다.(君子亭 在耀金門外 皇壇及宙合樓相對 卽北營也)

9) 세심대(洗心臺)는 경복궁(景福宮) 서쪽에 있는데, 그 아래 선희궁(宣禧宮)이 있다.(洗心臺 在景福宮之西 宣禧宮在其下)

* 역주 1) 농어회~없으랴 : 중국 진(晉)나라 때 장한(張翰)이 자기 고향의 순채나물과 농어회가 생각나 벼슬을 버리고 고향으로 돌아간 일이 있었다. 고향을 그리워하는 마음이 간절함을 뜻한다.

[해제]

장기에서 긴긴 여름철을 병들어 누워 답답하게 보내면서 그 옛날 서울에서 정조 임금님을 모시고 여러 정자와 누대를 유람하던 일을 회상한 시이다.

뜻이 꺾인 아픔의 노래

내 인생의 좋은 때를 만나지 못함이여
자주 재앙을 당해 나아가기 어려웠네.
진기한 재주 품고서 방황함이여
뭇사람들 하찮게 여겨 재앙만 남았네.
자신을 반성하며 행실 더욱 닦았었건만
나를 괴롭힘이 멈추지 않네.
대궐문이 이미 막혀 뜻을 이루지 못함이여
쇠스랑과 괭이로써 논밭인들 어찌 다스리나.
애초에는 작은 소리로 은밀히 퍼뜨렸음이여
마침내는 시끌짝 떼지어 소란 피운다네.
스스로 반성해 보아도 뚜렷이 밝기만 함이여
허물 들추어 고발한들 어찌 다치랴.
공야장(公冶長)은 새소리 듣고 오랏줄에 묶였음이여
공자께서 억울함 변호해 이름이 드날렸었네.[1]
장재(張載)는 부처를 믿어 중년에 숨었음이여
주자(朱子)가 스승으로 받들자 공격이 그쳤다네.
아름답고 좋은 사람 끌어당겨 흔들어대는 애달픔이여
방정하지 못하도록 어지럽히고 서로 꺾었네.
입으로는 말하고 싶어도 말을 잘 못함이여
숨길도 불안하여 가슴에 맺혔네.
검게 물들여도 의를 지켜 검게 물들지 못함이여
나더러 더러움 씻기 어렵다 이르더군.
그들의 어리석음 어떻게 탓하지 못함이여

내 죄를 애써 살펴 장차 잘하면 그만이지.
용은 꿈틀꿈틀 높이 올라 달려감이여
도마뱀은 피곤하여 머리 숙이고 배회하네.
준마 발굽 씩씩하여 드넓은 길 치달음이여
두꺼비는 엉금엉금 제 신세 슬퍼하네.
두 아름다움 지니고서 이를 모두 놓쳐버림이여
곡식이 무성하게 농사나 짓기 바란다네.
맛좋은 오자(五齊)[2] 음식 놓아두고 맛보지 못함이여
맛없는 걸 씹으며 어찌 만족할 수 있으리.
아득히 넓은 바다 들고 나는 조수 없음이여
고래가 모두 쓸어 한입에 삼킨 탓이리.
가난을 이기려는 한유(韓愈)에게 더 한층 가난함이여
재주 뽐낸 소식(蘇軾) 또한 좌천을 당했었네.
이미 임금 명령 받들어 어기지 못함이여
또한 혐의를 받아들였으니 어떻게 하리.

惜志賦[1]

慭余生之不際兮, 數迍邅以離尤。
抱瓌瑋而徊徨兮, 衆芥視而詒災。
聿反躬而篤修兮, 逊僝僽其靡休。
閽旣閴而弗達兮, 何銚鋙以治疇。
始嘑譚而微吹兮, 迺詢擾而群啾。
余內視其的皪兮, 雖糾譑亦何傷。
治聆禽而速縲兮, 尼訟枉而名揚。[1]
載信釋而中遜兮, 晦師崇而息攻。
悲嫿嬈之倖躓兮, 紛攟挈而脊折。
口欲言而詻譳兮, 氣墜蜳而內結。
義雖緇而不涅兮, 謂吾涴其難雪。

彼恂愁其奚訕兮, 蘷省戾以追來。
龍蚴蟉以上騰兮, 蝘委頓而低回。
驥馭騊以騁康兮, 蟾蜍蠢而自哀。
執兩美而並遺兮, 冀峻茂而栽培。
旨五齊其莫況兮, 曰饕濊而可厭。²⁾
海漫漫其無潮兮, 鯨鯢噞而欲餂。
愈餕窮而益附兮, 瞻詡才亦遭貶。
旣戴命而莫違兮, 又何爲乎內慊。<권1, 1801년>

* 원주 1) 이 시는 순조 1년(1801) 여름 장기(長鬐)에 있을 때 지었다.(辛酉夏在長鬐作)
* 역주 1) 공야장~드날렸었네 : 공야장(公冶長)은 새와 짐승의 울음소리를 잘 알아들었다. 그가 위(衛)나라에서 노(魯)나라로 가던 도중 "시냇가에서 죽은 사람의 고기를 먹자"고 지저귀는 까마귀 소리를 듣고 마침 아이를 잃고 길가에서 울고 있는 한 노파를 만나 시냇가에 한번 가서 보라고 일러 준 일이 동티가 되어 살인범으로 몰려 감옥에 갇혀 있다가 죄가 없음이 밝혀져 풀려났다. 공자가 "공야장은 딸을 시집 보낼 만하다. 포승줄에 묶여 옥에 갇혔었으나 그의 죄가 아니다."라고 하고, 그의 딸을 아내로 삼게 했다고 한다.
  2) 오자(五齊) : 나물을 잘게 썰어 요리한 다섯 가지 술안주로 맛좋은 음식이다.

[해제]
  다산은 부(賦)를 두 편만 남겼다. 이 부는 다산이 1801년 신유사옥(辛酉邪獄)에 걸려 경상도 장기로 귀양 가서 자기의 신세를 슬퍼한 노래로, 한유(韓愈)나 소식(蘇軾)도 피할 수 없었던 액운이 닥친 것이라고 스스로를 추스르고 일어난다. 이 부는 『여유당전서』 시문집 제일 앞에 실려 있던 것인데, 시와 섞어서 이리로 옮겨 실은 것이다.

약전 형님을 생각하며

1

외딴 섬 작기가 공 같은데
무심결에 대인이 살고 계시네.
아무튼 사는 게 죽기보다 낫겠지만
어찌 꿈이라고 꼭 현실이 아니리까.
푸른 해조류로 늘 배를 채우고
붉은 깃털의 새 가까운 이웃 만들었다오.
초가을에야 보내신 편지 받았는데
이 서신 띄운 때는 2월이라오.

2

조물주가 참으로 호방하군요
산과 바다 이처럼 넓은 땅이니.
단산(丹山)의 봄도 어렴풋하고
빙해(氷海)의 밤은 길기도 해라.
달이 이지러졌다고 깊이 아까워 마오
차가운 별을 자세히 볼 수 있어요.
아무리 그림 솜씨 뛰어난 자라도
이 그림 이대로 그리긴 어려울 테지.

3

도연명(陶淵明)은 왜 자식을 꾸중했을까
소씨(蘇氏) 집에서는 본디 아이들 추켰는데[1)]

그때 물가에서 작별하면서
하늘을 의심하지 않을 수 있었겠습니까.
미물(微物)이 현괘(礥卦)[2]를 만났는데
꽃다운 나이에 궤시(佹詩)[3]를 말했더군요.
푸르디푸른 완도(莞島) 밖에도
마땅히 자식이 와서 교훈 받을 때가 있겠지요.

4

어느 사이에 백발이 이르다니
푸른 하늘이여, 이를 어찌할거나!
이주(二洲)에는 좋은 풍속 많다는데
외딴섬에서 홀로 슬픈 노래라니요.
건너가려도 배와 노가 없으니
이 귀양살이 그물을 어느 때나 벗어날까요.
편하고 즐거운 저 물오리와 기러기는
푸른 물결 타고 잘도 노닐고 있네.

5

아득히 먼 신지섬도
분명히 이 세상에 있겠지.
수평으로 궁복(弓福)의 바다와 닿아 있고
비스듬히 고금도(古今島) 산과 대했다네.
달이 져도 소식이 없고
뜬구름만 스스로 오락가락하네.
어느 해에 서울 아래 모여서
서로 기쁜 얼굴로 형제끼리 만나나.

秋日憶舍兄

絶島如丸小, 天然載大人。
亦云生勝死, 何必夢非眞。
翠組充常食, 紅衣作近鄰。
新秋得手字, 書發是中春。

造物眞豪縱, 山河恁地寬。[1]
丹山春淡淡, 氷海夜漫漫。[2]
缺月休深惜, 寒星可細看。
雖逢能畫手, 摸畫此圖難。

陶令何譏子, 蘇家本譽兒。
方其臨水別, 能不視天疑。
微物逢礥卦, 英年述俛詩。[3]
蒼蒼淸海外, 應有鯉趨期。[4]

白髮於焉至, 蒼天奈此何。
二洲多善俗, 孤島獨悲歌。
欲渡無舟楫, 何時解網羅。
優哉彼鳧雁, 游戲足滄波。

眇眇薪支苫, 分明在世間。[5]
平連弓福海, 斜對鄧龍山。[6·7]
落月無消息, 浮雲自往還。
他年九京下, 兄弟各歡顔。〈권12, 1801년〉

* 원주 1) "조물주가 참으로 호방하군요(造物眞豪縱)"는 소식(蘇軾)의 시구다. (造物眞豪縱 東坡句)
  2) 단산(丹山)은 『이아(爾雅)』에 이르기를 "남쪽의 해가 떠 있는 그 아래가 단혈(丹穴)이라" 했다.(爾雅云 南戴日爲丹穴)

3) 육아(六兒:學樵)가 궤시(佹詩)의 뜻을 편지로 물었다.(六兒書問佹詩之義)

4) 완도(莞島)가 옛날에는 청해(淸海)였다.(莞島古淸海)

5) 송나라 서긍(徐兢)이 고려에 사신으로 왔다가『고려도경』을 지어 바쳤는데 거기에는 '島'를 '섬(苫)'이라고 기록했다.(徐兢使高麗 島曰苫)

6) 신라 시대에 궁복(弓福)이 완도에 청해진(淸海鎭)을 치고 있던 것이『당서(唐書)』에 나온다.(新羅時 弓福 留陣莞島 見唐書)

7) 조선 선조 30년(1597) 명나라 선봉장 등자룡(鄧子龍)이 진린(陳璘)을 따라나와 고금도(古今島)를 지키고 있었다.(萬曆丁酉 鄧子龍 從陳璘來鎭古今島)

* 역주 1) 소씨~추켰는데 : 중국 송(宋)나라 때 소순(蘇洵)이 자기 아들 소식(蘇軾)과 소철(蘇轍)의 좋은 점을 각기 거론했다.

2) 현괘(䷖卦) : 양기(陽氣)가 아주 약해서 뚫고 나오려 해도 나오지 못하는 괘상이다.

3) 궤시(佹詩) : 내용이 기발하고 파격적인 시로 순경(荀卿)이 지었다.

[해제]

장기에서, 신지도에서 귀양살이하고 있던 둘째형 정약전의 편지를 봄에 받고 나서 답장 쓰듯 쓴 시가 있는데, 이렇게 가을이 오자 또 2월에 쓴 편지를 초가을에 받고 답장을 쓰듯 쓴 시이다.

다산 정약용 시 연보

연도/연령	다산시 연보	주요 산문 및 저술
1762/1 영조 38 壬午	◇6월 16일(음력) 京畿道 廣州郡 草阜面 馬峴(마재), 지금의 南楊州市 瓦阜面 陵內里에서 아버지 丁載遠, 어머니 海南 尹氏(孤山 尹善道와 恭齋 尹斗緖의 후손)의 4남으로 출생. 본관은 羅州(押海), 初字는 歸農, 冠名은 若鏞, 字는 美庸·頌甫(용보), 호는 三眉子·茶山·俟菴·紫霞道人·苔叟·門巖逸人·籜翁·鐵馬山樵 등이며, 堂號는 與猶堂·四宜齋이다.	
1765/4 영조 41	◇千字文을 배우기 시작했다.	
1767/6 영조 43	◇아버지를 모시고 漣川 任所로 따라갔다.	
1768/7 영조 44	◇五言詩를 짓기 시작했다. 어렸을 적 시에 "작은 산이 큰 산을 가렸으니, 멀고 가까움이 다르기 때문(小山蔽大山 遠近地不同)"이라는 구절이 있는데, 아버지가 기특히 여겨 "分數에 밝으니 자라면 틀림없이 曆法과 算數에 통달할 것이다"라고 했다. ◇천연두를 순조롭게 앓아 한점 흔적도 없었는데, 다만 오른쪽 눈썹 위에 흔적이 남아 눈썹이 세개로 나뉘었으므로 호를 三眉子라 하였다. 10세 이전의 시집으로『三眉子集』이 있다.	
1770/9 영조 46	◇어머니 淑人 尹氏가 돌아갔다.(11월 9일) 어머니는 恭齋 尹斗緖의 孫女로 茶山에게는 외증조부가 된다. 이분의 초상화가 남아 있는데, 茶山의 얼굴 모습과 수염이 이분을 많이 닮았다고 한다. 茶山도 일찍이 말하기를 "나의 精分은 외가에서 받은 것이 많다"고 했다.	
1771/10 영조 47	◇經書와 史書를 아버지에게 受學했다. 아버지는 이때 관직에서 물러나 있었다. 經典과 史書를 본뜬 1년 동안 지은 글이 자기 키만큼이나 되었다.	
1775/14 영조 51 乙未	懷東嶽 游水鐘寺	

연도/연령	다산시 연보	주요 산문 및 저술
1776/15 영조 52 丙申	◇2월에 豐山 洪氏에게 장가를 들었는데 바로 2월 22일이었다. 장인은 武科 출신으로 承旨를 지낸 분으로 이름은 和輔(1726~1791)이다. ◇아버지가 복직되어 집을 세내어 서울에서 살았다. 春日陪季父乘舟赴漢陽　　送外舅洪節度和輔謫雲山 會賢坊同洪雲伯飮　　　　中秋月夜於洪元伯(雲伯改 夏日挹淸樓陪睦正字祖永　　其字)池上同洪復元樂貞 　諸公飮　　　　　　　　崔季章粹綱諸公飮 元陵輓詞　　　　　　　　田廬臥病	
1777/16 정조 1 丁酉	◇星湖 李瀷의 遺稿를 처음으로 보았다. 자식이나 조카들에게 항상 "꿈속 같은 내 생각이 星湖를 따라 私淑하는 가운데 깨달은 것이 많다"고 말했다. ◇가을에 아버지를 모시고 和順 임소로 갔다. 아버지가 화순현감이 되었다. 立春日題龍衙屋壁　　　　別諸父諸兄 春日過崔氏溪上草堂　　　行次興元倉陪韓監察光傳 崔注書顯重蘭谷書樓同崔　　丈夜話 　釋度弘重士舒養重諸公　過族父承旨公範祖法泉山 　飮　　　　　　　　　　居 贈李檗　　　　　　　　　宿荷潭 過族父主簿公述祖宗簿寺　悲西原 　直廬　　　　　　　　　行次公州逢李丈偕行 外姑李淑夫人輓詞　　　　過全州 早秋濟用監池上陪諸公飮　次潭陽陪李都護寅燮丈飮 將赴和順陪家君至苕川留　琴嘯堂同曹進士翊鉉作	
1778/17 정조 2 戊戌	春日烏城雜詩　　　　　　可愛與曹司馬松下飮酒 陪家君同尋曹氏溪亭　　　仍賦此松 夏日曹氏溪亭宴集　　　　讀書東林寺 遊赤壁亭子　　　　　　　贈有一上人 登瑞石山　　　　　　　　智異山僧歌示有一 憶李兄　　　　　　　　　雪夜同曹司馬飮 此君亭下有古松一株蟠屈	◇「東林寺讀書記」 「遊勿染亭記」「遊瑞石山記」
1779/18 정조 3 己亥	◇아버지의 명을 따라 서울로 와서 功令文(科文)의 여러 체를 공부하였다. ◇겨울에 成均館에서 시행하는 陞補試에 뽑혔다.	

연도/연령	다산시 연보		주요 산문 및 저술
	過景陽池	武放火箭火砲恭述所覩	
	登淳昌池閣	銅雀渡	
	行次鹽巖	行次成歡	
	踰龍谿阪	熊津懷古	
	燕岐途中作	尼岑道中	
	還苕川居	次長城	
	入漢陽	重過光州	
	同沈孺瞻諸友藥園晚眺	登聖住菴	
	同諸友游西園	奉和家大人韻簡寄有一上	
	夏日還苕川	人	
	大駕幸英陵還至南漢城閣		
1780/19 정조 4 庚子	◇醴泉현감으로 있는 아버지를 임소로 찾아뵙다. ◇아버지가 벼슬을 그만두고 廣州로 돌아오게 되어 모시고 돌아왔다. ◇마재에서 글을 읽었다.		◇「伴鶴亭記」 「晉州義妓祠記」「仙夢臺記」
	賦得堂前紅梅	陪家君訪朴徵士孫慶金谷	
	春日領內赴晉州將離和順	幽居	
	悵然有作	訪族父進士公載老山居	
	次同福縣	夏日池亭絶句	
	暮次光陽	秋日快賓樓陪朴佐郞趾慶	
	豆卮津	申注書完及鄕中諸長老	
	矗石懷古	宴	
	陪外舅洪節度汎舟	陪家君赴聞慶觀外舅洪公	
	舞劍篇贈美人	鳥嶺練兵	
	訪朴氏芝潭別業	冬日領內赴京踰鳥嶺作	
	登陜川溪亭	到荷潭	
	登月波亭	苦寒行	
	陪家君登仙夢臺	踰二婦嶺	
1781/20 정조 5 辛丑	◇서울에 살면서 科詩를 익혔다. ◇7월에 딸을 낳았는데 5일 만에 죽었다.		
	陪家君還苕川	夏日苕川雜詩	
	同友人李德操檗乘舟入京	入漢陽	
	倦遊	秋日乘舟出豆毛浦	
	截瘧詞示李醫	冬日乘舟到渼陰得病入京	
	尾泉歌	鯉魚篇贈張生	

다산 정약용 시 연보　353

연도/연령	다산시 연보		주요 산문 및 저술
1782/21 정조 6 壬寅	◇처음으로 서울 倉洞(棣泉)에 집을 사서 살았다. ◇가을에 봉은사에서 경의과문을 익혔다.		
	壬寅歲仲春僑居棣泉作	同溪父飮酒	
	述志二首	苦熱行示溪父	
	春日棣泉雜詩	早秋陪仲氏遊奉恩寺	
	莫春由豆毛浦還苕川舟中 　作	宿寺	
		過叔父齋居	
	春日游水鐘寺	寺居雜詩	
	篙工歎	棣泉冬日同洪養仲義浩韓	
	古意	溪父會	
	夏日同韓溪父致應諸人飮	洪判書山亭夕眺	
1783/22 정조 7 癸卯	◇2월 세자책봉 경축으로 열린 增廣 監試의 經義 初試에 합격하다. 4월에 會試에서 生員으로 합격, 3등으로 7번째였다. 宣政殿에 들어가 은혜를 감사할 때 正祖가 특별히 얼굴을 들라 하고 나이가 몇이냐고 물었다. 聖君과 賢臣의 최초의 상면이었다. ◇4월에 성균관에 들어갔다. ◇會賢坊으로 이사하여 在山樓 아래서 살았다. ◇9월 12일에 큰 아들 學淵이 태어났다.(어릴 적의 자는 武䍧)		◇「游水鐘寺記」　「族曾王 母朴叔夫人九十五壽序」
	國子監試放榜日志喜	上雲吉山	
	司馬試放榜日詣昌德宮上 　謁退而有作	宿水鐘寺	
		陪家君行次驪州於淸心樓	
	陪家君出豆毛浦睦佐郞萬 　中亦至同赴苕川廣州尹 　爲送管絃一部舟中次睦 　丈韻	陪牧使權公以綱夜宴	
		到荷潭	
		行次鎭川縣謁三從祖父志 　德官齋	
	登狎鷗亭和睦公韻	次龍仁題從祖父蒲谷新 　居	
	宿奉恩寺		
	放船	紀行絶句	
	次廣津	過刻村李先生舊宅	
	挂帆	自苕川乘舟抵漢陽	
	過孤山亭遺墟	送尹上舍	
	宿汀村	夏日樓山雜詩	
	三灘絶句	仲氏登司馬試將赴苕川陪	
	過分湖亭	家君出豆毛浦韓禮安光	

연도/연령	다산시 연보	주요 산문 및 저술
1784/23 정조 8 甲辰	傅吳承旨大益二丈亦偕　墅夜宴 舟中有作　　　　　　冬日樓山精舍同金士吉秀 陪家君同韓禮安尹掌令弼　臣會 秉二丈於吳承旨龍津別　武兒生百日識喜 ◇여러 士友들과 西郊로 나가 鄕射禮를 행했다. ◇李檗을 따라 배를 타고 斗尾峽을 내려가면서 처음으로 西敎(天主敎)에 관한 얘기를 듣고 책 한 권을 보았다. ◇6월 16일 泮製에 뽑혔다. 임금이 三下의 점수를 주고 종이와 붓을 하사했다. ◇9월 28일, 庭試 初試에 3등 첫번째로 합격했다.	◇「宋洞看花詩序」, 「中庸講義補」
1785/24 정조 9 乙巳	孟春歸自苕川　　　　　南瓜歎 讀孫武子　　　　　　秋日洪復元樂貞山齋同洪 題鄭石癡畵龍小障子　養仲韓徯父會 夏日太學應敎進箋蒙賜紙　歲春 　墨諸生共辦酒饌以昭聖　送外舅洪公江界都護之行 惠仍述十韻 ◇2월 25일 泮製에 뽑혔다. 27일에도 泮製에 뽑혔다. ◇4월 16일, 泮製에 뽑혔다. ◇10월 20일, 庭試 初試에 수석으로 합격했다. ◇11월 3일, 柑製의 初試에 합격했다.	
1786/25 정조 10 丙午	孟春同諸生春塘臺侍宴　季華濯殷賚弼東會 春日澹齋雜詩　　　　夏日龍山雜詩 陪家君於澹齋講周易　同諸友乘舟至月波亭汎月 夏夜對月　　　　　　友人李德操輓詞 洪復元山亭避暑　　　秋日書懷 李基慶龍山亭同金士吉　冬日熙政堂上謁進而有作 權純百永錫權稺琴必鄭 ◇2월 4일, 別試 初試에 합격했다. ◇7월 29일, 둘째아들 學游가 태어났다.(어릴 때 字는 文牂) ◇8월 6일, 倒記의 초시에 합격했다. 春日澹齋讀書　　　　伏聞東宮薨逝卽日乘舟赴 感興二首　　　　　　京 春日舟還苕川　　　　秋日春塘臺上謁退而有作 孟夏領妻子還苕川　　文兒生百日識喜 苕川四時詞效張南湖賞心　冬日過龍山亭子 樂事	

연도/연령	다산시 연보	주요 산문 및 저술
1787/26 정조 11 丁未	◇1월 26일, 泮製에 뽑혀『八子百選』을 상으로 받았다. ◇3월 14일, 泮製에 수석으로 뽑혀『國朝寶鑑』1질과 白綿紙 100장을 하사받았다. ◇8월 21일, 泮製에 高等으로 뽑혀『兵學通』을 하사받았다. ◇門巖에 鄕莊을 샀다. 首春書懷　　　　　重熙堂上謁退而有作 金獻納敍九輓　　　東城吟 熙政堂夜對退而有作　秋日門巖山莊雜詩 巴塘行　　　　　　孟冬自山莊乘舟還京 陪仲氏同閔生游門巖莊　醉歌行 就龍洞居	「月波亭夜游記」
1788/27 정조 12 戊申	◇1월 7일, 人日製에 합격했다. ◇3월 7일, 泮製에 수석으로 합격했다. 人日熙政堂上謁退而有作　苦雨行 洪校理樂貞輓　　　題金營將深河射敵圖 三月三日熙政堂上謁退而　秋日游門巖山莊 　有作　　　　　　自南一源乘舟還門巖莊 蚯珍詞七首贈內　　呈外舅洪節度關北營中 豌豆歌　　　　　　冬日權純百水亭同諸公集	
1789/28 정조 13 己酉	◇1월 7일, 人日製에 합격했다. ◇1월 26일, 泮試에서 表를 지어 수석을 차지하고 곧바로 殿試에 나아가 수석으로 급제했다. ◇3월에 殿試에 나아가 探花郞의 예로써 7품관인 禧陵直長에 제수되었다. ◇봄에 抄啓文臣으로 임명되어『大學』을 강의하게 되었다. ◇5월에 副司正으로 임명되었다. ◇6월에 假注書에 제수되었다. ◇閣課文臣으로 蔚山 任所로 아버지를 찾아뵈었다. ◇겨울에 舟橋의 規制를 만들었다. ◇12월에 셋째아들 懼牂이 태어났다. 人日誠正閣上謁退而有作　到金灘奉別家君赴蔚山還 正月十七日賜第熙政堂上　　至嘉興宿 　謁退而有作　　　　探花宴 陪家君還苕川　　　禧陵山齋作 訪族父承旨法泉山居　院中對雨 次荷潭　　　　　　內閣同諸講官退朝	「送震澤申公光河游白頭山序」「地理策」「文體策」「南湖汎舟記」「熙政堂大學講義」

연도/연령	다산시 연보		주요 산문 및 저술
1790/29 정조 14 庚戌	將赴蔚山晏發抵南漢城 次長湖院 踰鳥嶺 鷄林懷古 南浦月夜同諸君汎舟 陪家君至慶州於州尹林公 　濟遠新樓夜宴 陪家君至永川訪李氏溪亭 陪家君游銀海寺 登安東暎湖樓 訪金佐郎翰東典籍熙稷仍 　於佐郎宅陪雞谷權丈同 　金熙周熙洛李氏諸友夜 　宴 榮川茁坡訪族父進士協祖 　處士載鍾山居	踰竹嶺 丹陽絶句五首 登淸風寒碧樓 次慶安驛奉柬舍兄 顯隆園改葬輓詞 內閣應敎 又應敎進詩 內閣應敎 內閣應敎 內閣應敎 同徐李二僚應敎獻詩並蒙 　奇才之褒不勝愧恧爲示 　此篇 奉旨於尙衣院讀書 雪夜閣中賜饌恭述恩例	
	◇2월 26일, 翰林會圈에 뽑혀 29일 翰林召試를 치르고 藝文館 檢閱로 單付되었다. ◇3월 8일, 海美縣으로 定配되어 13일 配所에 이르렀고, 19일에 용서를 받고 풀려났다. ◇5월 3일 예문관 검열로 도로 들어갔다가 5일 龍驤衛副司果로 승진되었다. ◇7월 4일 司諫院 正言으로 추천되어 11일 正言에 제수되었고, 19일 閣課의 일을 하도록 체임되었다. ◇9월 6일 正言에 제수되어 雜科 監臺에 나아갔고, 10일에 司憲府 持平에 제수되어 武科 監臺에 나아갔다. ◇12월 閣課 親試에 합격하여 세 번이나 상을 받았다.		◇「丹陽山水記」,「十三經策」「問律度量衡」「辭翰林疏」「辭翰林再疏」「辭翰林三疏」「送尹无咎出守祥原序」「海美南相國祠堂記」
	大殿春帖子 大駕詣太學謁聖恭記所覩 翰林召試被選就院中夜直 奉旨謫海美出都門作 行次銅雀渡 暮次水原 海美謫中雜詩 泰安郡守柳獻可諰見訪同 　至開心寺東臺眺望一宿	而別 在謫十日特蒙赦旨 還至德山同知縣鄭公厚祚 　飮 溫泉志感 溫宮有莊獻手植槐一株當 　時命築壇以俟其陰歲久 　擁腫壇亦不見愴然有述 送尹无咎赴祥原	

연도/연령	다산시 연보	주요 산문 및 저술
	家君晬辰陪諸公宴集　　日試事畢奉示諸公 六月十八日伏聞慶喜蹈舞　大駕至鍊戎臺閱武觀馬上 　有作　　　　　　　　　才有述 破屋歎爲白澤申佐郞作　　仲氏登第赴蔚山奉贈一詩 題陶林子左右長廊圖　　　內閣應敎 1~6 同金尙集判書閔鍾顯參判　閣課畢猥居第一蒙賜廄馬 　沈煥之參議鎖院禮部十　文皮	
1791/30 정조 15 辛亥	◇봄에 진주목사로 있는 아버지에게 근친했다. ◇ 5월 23일 司諫院 正言에 제수되었다. ◇10월 22일 司憲府 持平에 제수되었다. ◇12월, 親試에서 7등 을 차지하고, 課試에서 10등을 차지했으며, 課講 에서 6등을 차지하여 모두 상을 받았다.	◇「再遊蘆石樓記」「游洗 劍亭記」「北營罰射記」「石 岬山丁氏六塚辨」『詩經講 義』「詩經講義序」「與李 判書(鼎運)」
	首春大駕自華城還同諸學　蹜秋風嶺 　士於露梁南岸祗候　　　渡荊水 熙政堂侍宴之作示諸僚　　憶汝行 同蔡郞將赴晉州至果川道　外舅洪節度輓詞 　中作　　　　　　　　　柄鑿行 登南原廣寒樓　　　　　　試院奉示沈煥之安廷玹二 讀荒山大捷碑　　　　　　　丈 蹜八良嶺　　　　　　　　九月瑞蔥臺試射日作 重游矗看樓　　　　　　　舟橋行 陪家君行次星州　　　　　奉旨就北營直宿~ 至中牟縣家君赴鳳山書院　戲作巓疾歌示醫師 　余與蔡郞前行奉詩爲別	
1792/31 정조 16 壬子	◇3월 22일 弘文館錄에 뽑혔으며, 28일 都堂會圈 에서 뽑혀 29일 弘文館 修撰에 제수되었다. ◇4월 9일, 晉州牧使로 있던 아버지가 任所에서 돌아가 셨다. 5월에 忠州로 返葬하였다. ◇겨울에 水原城 規制를 지어 바쳤다.	◇「城說」「起重總說」「起 重圖說」「故平安道觀察使 延陵君李公畫像贊」「知中 樞府事申公義淸百歲壽序」
	銅雀渡送別家君還赴晉州　大酉舍同金義淳金履喬李 過舟橋　　　　　　　　　　明淵諸僚奉旨寫御製詩 玉堂違召述懷　　　　　　　卷 講筵退有作	
1793/32 정조 17 癸丑	◇4월에 아버지의 小祥을 지내고 練服으로 갈아 입었다.	

연도/연령	다산시 연보	주요 산문 및 저술
1794/33 정조 18 甲寅	◇6월에 아버지의 3년상을 마쳤다. ◇7월 23일, 成均館 直講에 제수되었다. ◇8월 10일, 備邊郞에 임명하는 啓가 내렸다. ◇10월 27일, 弘文館 校理에 제수되었다가 28일 修撰에 제수되었다. ◇10월 29일 誠正閣에서 京畿暗行御史의 命을 받고 11월 15일에 復命하였다. ◇12월 7일, 景慕宮에 尊號를 추존해 올릴 都監의 都廳郞에 啓下되었다. ◇12월 13일, 弘文館 副校理에 제수되었다. 七月八日夜 次韻奉寄族父吏部公西池 　席上 李參判鼎運宅次韻留題 寄謝鄭滀贈山茶一本 秋夜 寄贈尹佐郞持範 除國子直講赴館 沽暇還家作 送李都事儒修掌試關西 國子監同金道以~ 秋夜絶句 秋風八首次杜韻 秋心五首 郊行偶吟 送李承旨益運謫黑山島 秋雨期南皐不至簡邀 樊翁宅讌集見招不赴 罷官 鳴鳳篇贈韓獻納致應 九月十八日陪仲氏與尹彛 　敍无咎李輝祖游北漢山 　城 山映樓 宿中興寺 登白雲臺 詠紅葉絶句	詠水石絶句 溪上夜坐 望行宮 歷僧伽寺 自北漢回至洗劍亭戲爲六 　言 五沙李參判鼎運園亭作 南城夕眺 秋夜同南皐 大駕幸西陵日郊門祗候 洪內翰時溥宅小集 簡寄南皐兼貢豉醬 鸎書有作奉示貞谷 夜與尹彛敍韓溪父飮酒賦 　菊花 同數子游西園 博學 冬日赴午嶠出東門作 玉堂夜直詠故事 奉旨廉察到積城村舍作 登羽化亭 暮抵朔寧郡 漣川縣閣 還抵露梁候旨同別將飮酒 賞雪有作時鄭校理履綏 　亦以御史候旨 鍛人行奉示都監諸公	「成均館直講時論照訖講 　疏」 「京畿暗行御史狀啓」 「京畿暗行御史復命後論事 疏」 「望荷樓記」

다산 정약용 시 연보

연도/연령	다산시 연보	주요 산문 및 저술
1795/34 정조 19 乙卯	◇1월 17일 司諫院 司諫에 제수되었다. 品階가 通政大夫에 오르고 同副承旨에 제수되었다. ◇2월 17일, 兵曹參議에 제수되어 水原 顯隆園에 陪從하고 奉壽堂에서 잔치를 베풀 때 화답하는 시를 지었다. ◇3월 3일, 儀軌廳 纂輯文臣으로 啓下되었다. ◇3월 20일, 右副承旨에 제수되었다. ◇4월, 奎瀛府 校書職에서 정직되었다. ◇7월 26일, 忠淸道 洪州에 있는 金井道 察訪으로 外補되었다. ◇12월 20일, 龍驤衛副司直으로 옮겨졌다. 騎省作　　　　　　　杏壇吟 飢民詩　　　　　　　丹陽山水歌示南皐 騎省應敎賦得王吉射烏詞　苦熱三十韻 　一百韻　　　　　　大陵三老歌 奉和聖製奉壽堂進饌(並　大陵三老學畫歌 　序)　　　　　　　　苦雨歎示南皐 奉和聖製將臺閱武　　　游洗劍亭 奉和聖製洛南軒養老　　愁亦 奉和聖製內苑賞花(並序)　醉歌行 奉和聖製夜登芙蓉亭小樓　題畫五首 　復申甲寅詩令與舟中嶼　對雨寄南皐 　中人分韻口呼　　　　秋至 奉和聖製洗心臺賞花　　游西池 奉和聖製周甲誕辰識喜　重游西池 春雲　　　　　　　　李氏林亭同諸友 送李護軍格爲晉陽節度使　送別李持平還丹山 李季受宅與南皐共賦　　李左尹命俊輓詞 對雨寄南皐　　　　　　四六八言 懷田園五首酬南皐韻　　釋子 懷江居二首次杜韻　　　題畫 懷荷丘　　　　　　　古詩二十四首 歎貧　　　　　　　　有嚴旨出補金井道察訪晩 題蜘蝶圖　　　　　　　渡銅雀津作 夜坐憶南皐戲呈　　　行次華城恭憶春日陪扈之 登北嶽　　　　　　　　事悵然有作 同南皐杏壇小飮　　　　次平澤縣	◇「鳳谷寺述志詩序」, 「西巖講學記」, 「釣龍臺記」, 「游烏棲山記」, 「梧竹軒記」, 「陶山私淑錄」 33칙, 「植木年表跋」, 「芙蓉亭侍宴記」, 「永保亭宴游記」, 「華城五星池記」, 「上樊巖蔡相公濟恭書」, 「答五沙(李鼎運)」, 「上木齋書」

연도/연령	다산시 연보	주요 산문 및 저술
	到金井驛 金井懷古 驛樓前有植物四種戱爲絶 　句 永保亭遇申進士宗洙 登永保亭 亭前汎月 將還驛舍留別柳節度心源 寄題蔡而順屋壁名弘逹 螢 過方山李逸人道溟 奉示木齋李先生森煥 過龍鳳寺 申進士宗洙至 自笑 李聞達別去遇雨再至 九月三日同申進士游烏棲 　山過花廠作 登天井菴 觀日入 登烏棲山絶頂 山中絶句 寺夜同石門申進士聯句 龍淵午憩 山樓夕坐 贈金生光甲 歲暮 行次靑陽縣 馬上戱吟 歇雞田村舍 訪北溪尹進士就協 讀蘇定方平百濟塔 扶餘懷古 釣龍臺 過鄭氏亭子	訪皐蘭寺 同扶餘縣監韓元禮百源自 　皐蘭寺下汎舟至自溫臺 　舟中戱吟示元禮 自溫臺下汎月 登公州拱北樓 贈吳友國鎭 贈權友夔 冬日吳權二友~ 孟華堯臣盛言公州倉穀爲 　弊政民不聊生試述其言 　爲長篇三十韻 聞默齋許相國積復其官爵 十一月一日於西巖鳳谷寺 　陪木齋~ 贈姜士賓 贈沈仲深 贈李汝昂 贈李佩謙 贈姜用民 贈姜伯徵 詠盆梅寄大陵四老 讀退陶遺書 驛樓四面皆山也~ 近日習靜漸久~ 擬古二首 是日風日暄暢~ 伏聞內移有命晚發離金井 　驛 尹彛敍以特旨爲正言旣至 　京遞職過余于明禮坊戱 　爲一篇 賡和內賜中和尺兼簡御詩 　韻	

연도/연령	다산시 연보		주요 산문 및 저술
1796/35 정조 20 丙辰	◇10월에 奎瀛府 校書에 임명되었다. ◇12월 1일 兵曹參知에 제수되었다. ◇12월 3일, 右副承旨에 제수되고 다음날 左副承旨에 올랐다가 副護軍으로 옮겨졌다.		◇「淸時野草堂記」, 「故領議政梧里李公畵像贊」, 「故右議政眉叟許公畵像贊」, 「奎瀛府校書記」, 「承文院副正字尹公命相墓誌銘」
	廣詩	舟中作	
	和沙谷尹逸人用謙留別韻 　二首	滯雨宿梨厓 早發梨厓	
	送李公鼎運觀察湖西	過漁家	
	蔡相國每至華城~	滯風宿大灘	
	奉和聖製遲遲臺駐蹕韻	楊江遇漁者	
	奉和聖製親享大報壇韻	舟過粵谿	
	將赴忠州出國東門作	望龍門山	
	到舊廬述感	簡寄尹南皐尋敍	
	苕川遇尹逸人用謙	朴穉玉斗采至次金佐賢四	
	行次藍子洲	郡游覽之作	
	訪堂叔父玉泉山居	送許子翁歸忠州	
	宿紫眞浦	贈別李士元廷模歸永川	
	登淸心樓	憶南皐對雨	
	題尹逸人池亭	題李周臣山亭	
	謁道東祠	山亭値雨	
	留題族父海左翁山居	酬洪七樂眞	
	到荷潭	酬金佐郞商雨	
	贈朴君斗采	重寄洪七	
	木溪訪金佐郞商雨不遇	和蔡邇叔弘遠洗劍亭之作	
	離荷潭	酬金佐賢商雨	
	猗蘭　美友人也	奉簡樊巖相公北垣宴席	
	嘉興江放船	竹欄社會賦得新晴	
	族父吏部公山莊賦得庭前	奉簡海左翁	
	怪石	奉簡椶廬尹參判弼秉	
	留題族父禮山公山居	奉簡岐川蔡判書弘履	
	贈叔胤	奉簡五沙李參判鼎運	
	汎舟至蟾江口懷族父海左	奉簡鶴麓李承旨益運	
	範祖宅	對月走筆寄南皐	
	簡寄黃進士德正隱居	重寄南皐	
	登神勒寺東臺	寄无咎	

연도/연령	다산시 연보		주요 산문 및 저술
	又寄南皐五絶句	南皐至	
	飮酒二首	李季受宅陪大陵諸老飮	
	申承旨光河輓詞	同南皐竹欄小飮	
	同諸友游龍山亭子	溪閣	
	前湖汎月	秋夜竹欄小集每得一篇~	
	奉簡海左	竹欄月夜同南皐飮	
	奉簡伯氏	送南皐還華城	
	竹欄小集與者五人各賦四	竹欄菊花盛開同數子夜飮	
	詩爲四人月朝之評不得	花下獨酌	
	自贊	許去非是先生遷葬輓詞	
	月夜懷李兄	申進士宗洙輓詞	
	李季受宅同諸公賦	憶金佐賢簡寄二首	
	月夜又懷李兄	送別蔡邁叔參議寧越謁陵	
	竹欄小集賦得積雨新晴奉	之行	
	示樊巖大老	冬日奉旨直奎瀛府校書同	
	李周臣宅小集	李晩秀直學李翼晉承旨	
	周臣宅賦得退朝花底散奉	蒙賜內饌恭述恩例	
	示樊巖大老	重熙堂賜對論史記漢書退	
	奉和伯氏望荷樓之作	述玉音爲詠史詩五首	
	贈別柳士鉉台佐歸安東	不亦快哉行二十首	
	秋日竹欄遣興	詩四言	
1797/36 정조 21 丁巳	◇3월에 大酉舍에 참석하고 春秋經傳을 교정하였다. ◇擒文院에 들어가 杜詩를 校正하라는 명을 받았다. ◇校書館에 入直하면서『春秋左氏傳』을 교정하였다. ◇節日製의 對讀官의 명을 받고 熙政堂에 入侍했다. ◇6월 22일, 同副承旨에 제수되었으나 상소하여 사직하였다. ◇윤6월 2일, 谷山府使에 제수되었다.		◇「辨謗辭同副承旨疏」「游天眞菴記」『麻科會通』「上樊巖相公書」
	南皐至	將游苕川陪伯氏晩出蘂洲	
	奉旨同李書九承旨尹光顔	作	
	李相璜諸僚就外閣校春	過虉䎹洲舟中戱爲絶句三	
	秋	首	
	春日小酉舍侍宴	上瀨	
	擒文院同諸學士校杜詩	乘小艇泝流宿渼陰村	
	夏日獨坐簡寄蔡邁叔	端午日陪二兄游天眞菴	

연도/연령	다산시 연보		주요 산문 및 저술

	寺夕
	早起
	山中感懷
	李周臣山亭值雨~
	送尹无咎謫鐵原
	纔十日无咎有還復次前韻
	竹欄小集與尹彛紋李周臣
	  韓侯父賦得田家夏詞八
	  十韻
	夏日述懷奉簡族父吏曹參
	  判
	將赴谷山辭殿日悵然有作
	臨津城樓避暑示南溪遂安
	松京懷古五首
		青石谷行
		海州芙蓉堂同鄭述仁判官
		  飲
		至金川領妻子還府途中有
		  作
		赤驥行示崔生
		九日游文城堡
		烏淵汎舟五首
		笏谷行呈遂安守
		戲贈瑞興都護林君
		龍淵
		馳馬谷
		鳥吟洞
		老人嶺	

1798/37
정조 22
戊午
	◇谷山府使로 재직.
	北蘇宮春感
	贈朴生
	政閣成漫題五首
	天慵子歌
	偶題東閣
	池閣絶句
	池閣值雨遣懷
	池閣夜坐
	夏日郊行
	游資孝寺
	赴遂安途中作
	示新溪瑞興二邑宰
		芙蓉堂夜坐
		曉發青丹驛
		自江西寺乘舟至碧瀾渡
		過延安城
		金郊李察訪漢喬池亭留別
		獨游高達寺懷李察訪再用
		  前韻
		八月十五日陪李觀察義駿
		  汎舟紫霞潭~
		和崔斯文游獵篇
		縱鷹篇
		夜游資孝寺
			◇「史記纂註」「史記選纂
			注啓」「谷山政堂新建記」
			「書香墨味閣記」「芙蓉堂
			記」「紫霞潭汎舟記」「谷
			山北方山水記」「題兼濟院
			節目後」「詞林題名錄序」
			「尹季軫墓誌銘」「象山政
			事堂上梁文」

1799/38 정조 23 己未	◇2월에 黃州迎慰使로 임명하는 교지를 받았다. ◇3월에 本道를 按廉하라는 密旨를 받았다. ◇4월 24일, 내직으로 옮겨져 兵曹參知에 제수되고, 상 경 도중 5월 4일에 同副承旨를 제수받고 副護軍 에 옮겨졌으며, 서울에 들어온 5일에 다시 刑曹參 議에 제수되어 많은 獄事를 처리했다. ◇6월에 臺 言으로 인하여 상소하여 자신의 입장을 밝히고 遞任시켜 주기를 상소했다. ◇7월 26일에 체직을		◇「蒼玉洞記」「辭刑曹參議 疏」「送李參判使燕京序」 「送韓校理使燕序」「押海家 乘序」「西園遺稿序」「嶺南 人物考序」「兵曹參判吳公 大益七十一壽序」「兵曹判 書葉西權公襨七十一壽序」 「黃州月波樓記」「觀寂寺

연도/연령	다산시 연보	주요 산문 및 저술
	허락받았다. ◇12월에는 특별한 敎旨에 의해 洗書禮 때의 御製詩에 화답하는 시를 지어 올렸다. ◇이 달에 넷째아들 農牂이 태어났다. 黃州月波樓同趙榮慶牧使飮 太白山城東樓同豐川長淵二都護飮 樊巖蔡相公輓 春日池閣與諸生飮 四月三日游觀寂寺二兒隨之 籠淵瀑布歌 自籠淵東見峻壁呀開溪流噴出~ 溪行絶句四首 題張逸人溪亭 山行書懷 晚泊月峴嶺下 觀諸生施罠 重游高達窟 入葛玄洞 下嶺訪立巖寺値雨 承召赴京於政堂宴集留別諸生 重熙堂夜對退而有作 遭臺參陳疏乞解日書懷 竹欄遣興 次韻奉簡伯氏 八月二日因仲氏挈眷東還 同尹无咎上舟偕行次朱竹坨鴛鴦湖櫂歌諸韻 宿平邱 花下獨酌憶金正言商雨簡寄 次韻寄河進士鎭伯 菊花同溪父无咎竹欄宴集 送別韓溪父書狀大淵進士赴燕 送別諫議大夫金公翰東還山 輓李承旨景溟 禹君文燮跋險遠訪古道不泯爲之感悅贈詩遣之 奉和聖製洗書禮識喜	記」「田論」
1800/39 정조 24 庚申	◇봄에 田園으로 돌아갈 계획을 굳게 세웠다. ◇6월 28일 正祖 宣皇帝가 승하하였다. 이보다 앞서 6월 12일 內閣의 胥吏가 『漢書選』 10질을 茶山에게 가지고 와서 "이 책 5질은 남겨서 家傳의 물건을 삼도록 하고, 5질은 제목을 써서 도로 들여보내라"고 하였다. 이 12일 밤에 특별히 서리를 보내 책을 내려주시고 안부를 물은 것이 바로 永訣의 恩典이었고 君臣의 誼는 이날 저녁에 영원히 끝나버렸다. ◇겨울에 임금의 卒哭을 지낸 뒤 고향으로 돌아가기로 결심하고 초하루·보름에만 哭班에 나아갔다. ◇고향 苕川으로 돌아와 堂에 '與猶'라는 편액을 달았다.	「文獻備考刊誤」,「中書社約序」,「荷潭禁松帖序」,「刑曹判書弘文館提學丁公七十八壽序」,「送鄭瀚赴結城序」,「游石林記」,「書題漢選」,「曺台瑞(翊鉉)墓表」,「上海左書」,「與猶堂記」

연도/연령	다산시 연보		주요 산문 및 저술
	大駕回自華城恭候舟橋之 北 東宮冊封日迎春軒恭覩盛 儀 同茨菴訪李郞重植病廬仍 賦玉流洞花輝祖亦至 洪判書周萬輓詞 四月七日早出興仁門作 上峽 苕川早發 訪尹逸人用謙 到法泉判書宅次韻 江邊道中作 木溪贈洪丈樂一 贈李丈之謙 贈金正言商雨 贈洪丈樂顔樂眞 汎舟下蟾江口 夜泊神勒寺登東臺 舟發廣陵 追和季父山莊小集韻 晩出江皐 次季父遣愁韻 江亭晩集	苦風 示无咎 重集江亭 奉和季父韻 乘小舟捕魚得兒書知有召 命明日下峽恭述微忱 出峽同无咎 尹弼秉參判宅陪葉西權襒 判書五沙李鼎運判尹諸 公宴集 權襒判書宅陪諸公宴集 夏日竹欄小集射韻 古意 新自苕川還簡尹无咎 李廷年學官見訪 六月十二日蒙賜漢書恭述 恩念(幷序) 送尹尙玄兄弟歸海南 送妻子舟還苕川 五沙李鼎運判書輓詞 啓引日述哀 卒哭日歸苕川 次韻舍兄述懷 詠木氷	
1801/40 순조 1 辛酉	◇2월 8일, 司諫院의 啓로 9일 새벽에 잡혀 獄에 갇혔다. 27일 慶尙道 長鬐로 流配되었다. 이 때 仲兄 巽菴 丁若銓은 薪智島로 유배되고 바로 위 의 형인 若鍾은 獄死했다. 3월에 장기에 도착했다. ◇10월, 黃嗣永帛書 사건으로 다시 체포되어 조사 를 받고 康津으로 移配되었다. 이 때 丁若銓도 같 이 체포되어 조사를 받고 黑山島로 옮겨졌다. 巽 菴과 羅州 栗亭店에서 서로 길이 나뉘었다. 石隅別 沙坪別 荷潭別 過彈琴臺	蕪橋 鳥嶺 兎遷 空骨陂	◇「百諺詩」(후에 『耳談續 纂』으로 수정 보완), 『爾 雅述』「守吾齋記」「己亥 邦禮辨」 「村病或治序」 「惜志賦」

연도/연령	다산시 연보		주요 산문 및 저술
	鬢城雜詩二十六首	長鬢農歌十章	
	楡林晚步二首	奉和伯氏次杜韻二首	
	自笑	竹醉日	
	芙蓉亭歌	夏至	
	我思古人行三章章六句	寄兒	
	古詩二十七首	夜起二首	
	獨坐二首	東門觀日出	
	堤上	獨立	
	烟	不識	
	夜	晚晴	
	遣悶	復陰	
	愁	偶至溪上見玫瑰一樹嫣然	
	遣興	獨開因憶東坡於定惠院	
	遷居八趣	賦海棠花遂次其韻	
	苦雨歎	水仙花歌復次蘇韻	
	兒哥詞	打麥行	
	海狼行	白髮	
	戲作茗溪圖	快雨行	
	田園	得新瓜書懷	
	別家五十有八日始得家書志喜寄兒	有懷薦苽復衍前韻奉簡伯氏	
	得舍兄書	復次前韻寄二子	
	家僮歸	夏日遣興八首	
	有歎	秋懷八首	
	寂歷	秋日憶舍兄	
	穉子寄栗至	秋夜獨坐鄰人餽魚羹以侑	
	聞家人養蠶	酒欣然一醉	
	追鹿馬行	白雲	
	端午日逑哀	夢得屯之復聊題一詩	
	憶幼女	獄中和東坡西臺詩韻	
	薄醉	出獄復和前韻	
	采葛	夜過銅雀渡	
	酉山	驚雁	
	東門之阪	渡錦水	
	薇源隱士歌	栗亭別	
	烏鰂魚行	客中書懷	

연도/연령	다산시 연보		주요 산문 및 저술
1802/41 순조 2 壬戌	◇尹光宅이 자기 조카 詩有를 시켜 자주 물품을 보내주며 안부를 물었다. ◇큰아들 學淵이 와서 근친하였다. ◇겨울에 넷째아들 農牂이 요절했다.		◇「農兒壙志」「立後論」1~3
	新年得家書	耽津漁歌十章	
	奉簡叔父	五雜組	
	鵝籠曲四首擬贈李周臣	兩頭纖纖	
	耽津村謠十五首	三聲詞	
	讀尙書五首	奉簡伯氏	
	耽津農歌	霹靂行	
1803/42 순조 3 癸亥	春晴	晚春獨坐	◇「檀弓箴誤」「弔奠考」 『禮箋喪儀匡』(17권)「跋三遷帖」「四宜齋記」
	哀絕陽	贈甫里子	
	蟲食松	九日登寶恩山絕頂望牛耳島	
	黃漆		
	田家晚春	又爲五言示僧	
	和東坡聞子由瘦		
1804/43 순조 4 甲子	春晴	七月三日寫景	◇「兒學編訓義」「喪禮四箋序」「跋耽津農歌」
	送人游南原	獨笑	
	馬生角	蛾生	
	四月二十六日遊金谷作	憂來十二章	
	午酌	遣憂十二章	
	七懷	久雨	
	憎蚊	八月十九日夢得一詩唯第七第八句未瑩覺而足之	
	道康瞽家婦詞		
	夏日對酒	九月一日天氣甚佳~	
	曉坐	九月五日復遊金谷作	
1805/44 순조 5 乙丑	◇겨울에 큰아들 學淵이 강진으로 와서 뵈었다. 寶恩山房에서『周易』『禮記』등을 가르쳤다.		◇「正體傳重辨」「耽津對」「僧菴問答」
	送別	山居雜興二十首	
	春日遊寶恩山房	憶昔行寄惠藏	
	過野人村居	和蘇長公東坡八首(次韻)	
	對雨用前韻	懷檜七十韻寄惠藏(並序)	
	四月十七日游白蓮寺	惠藏至高聲寺遣其徒相報 余遂往逆之値小雨~	
	贈惠藏上人		
	次韻寄惠藏	送惠藏	
	寄贈惠藏上人乞茗	滯寺六月三日値雨	
	藏旣爲余製茶適其徒賾性 　有贈~	病鍾	
		晚晴	
	謝賾性寄茶		

연도/연령	다산시 연보		주요 산문 및 저술
	次韻寄黃裳寶恩山房	學稼來攜至寶恩山房有作	
	九月十六日攜兩少年游淨	題寶恩山房	
	水寺過南城作	立春後三日余在寶恩山房	
	過南塘浦	藏上人~	
	暮踰椴嶺作	將學稼在寶恩山院遂値歲	
	抵寺	除除之夜心緒怊悵率爾	
	絶句	成篇示兒	
	題石峯賢長老房		
1806/45	丙寅歲春日山房述懷示兒	浣溪沙	◇「靈石辨」「題讀易要旨
순조 6	過山陰書屋	水調歌頭	後」「周易四箋」
丙寅	宿修道菴惠藏不期而至	如夢令(2首)	
	山行雜謳二十首	一半兒(3首)	
	靈山	更漏子	
	采蘋	五月七日余在寶恩山房~	
	滿江紅	久雨次瞵九韻	
	浪淘沙	贈賀鎰上人	
	長相思	登月出山絶頂	
	菩薩蠻	映湖亭八景爲長興丁氏作	
1807/46	◇5월에 長孫 大林이 태어났다. ◇7월에 仲兄의		◇「兄子學樵墓誌銘」『禮
순조 7	아들 學樵의 訃音이 왔다.		箋喪具訂』(6권)「一鉢菴
丁卯	惠藏至	有作	記」「沙村書室記」
	黃裳之父仁聊輓詞	四月三日游白蓮社	
	賦得菜花蛺蝶	池上絶句	
	對雨示達典	淡泊	
	奉簡巽菴	琴湖尹奎濂至	
	和東坡過嶺韻	喜尹弟滯雨	
	和寄餾合刷瓶韻	南浦行次杜韻	
	和子由新修汝州龍興寺吳	種竹	
	畫壁韻	八月一日作	
	和子由初秋韻	小雨對菊花示公潤	
	和寄諸子姪韻	又贈公潤	
	四月一日惠藏至欲偕游白	題西湖浮田圖	
	蓮社爲念供其己之悵然	題東施效響圖	
1808/47	◇봄에 茶山으로 거처를 옮겼다. 茶山은 康津縣		◇「茶山問答」「祭禮考定」
순조 8	남쪽에 있는 萬德寺 서쪽에 있는데 處士 尹博의		『周易心箋』24권(戊辰本)
戊辰	山亭이다. 동쪽·서쪽에 두 암자를 짓고 '丁石' 두		「與金公厚(金履載)」

연도/연령	다산시 연보	주요 산문 및 저술
	글자를 石壁에 새겼다. ◇다산의 여러 학생들에게 훈계하는 '贈言'을 써주었다. ◇봄에 둘째아들 學游가 茶山에 왔다. ◇'家誡'를 썼다. 三月十六日游尹文擧魯奎 僧拔松行 　茶山書屋~　　　　　獵虎行 絶句　　　　　　　　夏日 茶山八景詞　　　　　采藥詞 茶山花史二十首　　　種蓮詞 越鸞巢於堂上屢塗屢毁退 牛腹洞歌 　丐屋椊憐而許之感作一 游尹氏山莊 　詩　　　　　　　　敗荷 四月二十日學圃至相別已 試步東林 　八周矣　　　　　　爌卿至 群甫攜酒相過　　　　將游淨水寺晚過粤姑津 池閣月夜　　　　　　轉游水精寺 龍穴行　　　　　　　讀帝典	
1809/48 순조 9 己巳	◇이 해는 남도에 심한 가뭄이 들었다. 梅花開憶公潤簡寄其兄弟 簡寄南皐尹持範持平 梅花三首　　　　　　寄惺叟三十韻 忽漫　　　　　　　　十一月六日於茶山東菴淸 春日游白蓮寺　　　　齋~ 再游白蓮寺　　　　　茶山景物(石假山/丁石/藥 晩春　　　　　　　　泉/茶竈) 4편(全書無) 一日散步梅下隱其榛蕪~	◇『禮箋喪服商』『詩經講義』『詩經講義補遺』(3권)「玄坡尹興緖行狀」「與金公厚(金履載)」3편
1810/49 순조 10 庚午	◇봄·여름·가을에 각기 '家誡'를 썼다. ◇9월에 큰아들 學淵이 바라를 두드려 아버지의 억울함을 하소연했기 때문에 특별히 용서해 주는 은총을 입었으나 洪命周의 상소와 李基慶의 臺啓가 있었기 때문에 귀양이 풀려 석방되지 못했다. 元日書懷　　　　　　采蒿 簡寄皆甫　　　　　　拔苗 皆甫饋梅實竹笋以山田新 蕎麥 　瓜謝之　　　　　　熬麩 貍奴行　　　　　　　豺狼 山翁　　　　　　　　有兒 寄穉敎　　　　　　　龍山吏 松風樓雜詩　　　　　波池吏	◇『冠禮酌儀』『嘉禮酌儀』『小學珠串』「小學珠串序」「題霞帔帖」「弔蠅文」「尙書古訓序例」「鹽雨賦」

연도/연령	다산시 연보	주요 산문 및 저술
1811/50 순조 11 辛未	海南吏	◇『我邦疆域考』(10권) 「禮 箋喪期別」「朝夕樓記」「題 疆域考卷端」
1812/51 순조 12 壬申	◇봄에 茶山의 季父 稼亭公 丁載進의 訃告를 받았다. ◇茶山의 딸이 翁山 尹書有의 아들 尹昌謨에게 시집갔다. 寄題白雲洞(李氏幽居/玉 貞蘗岡/流觴曲水) 9편 版峰/山茶徑/百梅塢/翠 (全書 無) 微禪房/牡丹砌/蒼霞壁/	◇『春秋考徵』(12권) 「兒菴 藏公塔銘」 「季父稼翁行 狀」「尹晃采誄」「全羅道 倡義通文」『民堡議』(3권) 『備禦撮要』(3권)『日本考』 (4권)
1813/52 순조 13 癸酉	◇『論語古今注』 40권이 완성되었다. 李綱會와 尹峒이 도왔다. 圖梅鳥(假題)	◇『論語古今注』(40권) 「贈 別李重協虞侯詩帖序」「爲 尹鐘心贈言」「爲草衣僧意 洵贈言」
1814/53 순조 14 甲戌	◇여름 4월에 臺啓가 처음으로 정지되었다. 掌令 趙章漢이 특별히 정지시켰다. 그래서 義禁府에서 關文을 발송하여 석방시키려 했는데 姜浚欽의 상소로 막혀서 발송되지 못했다. ◇겨울에 李○으로 하여금 集注케 한 『大東水經』(2권)이 이루어졌다. ◇文山 李載毅와 學問과 思辨의 功에 대한 편지를 주고받았다.	◇『孟子要義』(9권)『中庸自 箴』(3권) 『中庸講義補』(6 권)「海南政事堂記」「爲尹 鍾文鍾直鍾敏贈言」「答李 汝弘(李載毅)」(4편) 「與李 汝弘」『大學公議』(3권)『大 東水經』(2권)
1815/54 순조 15 乙亥		◇『小學枝言』(2권)『心經密 驗』(1권)
1816/55 순조 16 丙子	◇6월에 巽菴 丁若銓의 訃音을 들었다. 朴載宏을 羅州의 黑山島로 보내 영구를 모시게 했다.	◇『樂書孤存』(12권) 「題檀 弓箴誤」「答李汝弘」(3편)
1817/56 순조 17 丁丑	◇『邦禮艸本』(『經世遺表』, 49권)을 저술하기 시작 했는데 미완이다.	◇『喪儀節要』 6편 「甲乙論 1·2」「與李汝弘」(2편)『經 世遺表』(48권, 未完, 45권) 「邦禮艸本序」
1818/57 순조 18 戊寅	◇가을 8월에 李泰淳의 상소로 關文이 와서 茶山을 떠나 14일에 비로소 고향에 돌아왔다.(8월 15일)	◇『牧民心書』(48권) 『國朝 典禮考』(2권) 『喪禮外編』 「孝婦 沈氏 墓誌銘」

연도/연령	다산시 연보		주요 산문 및 저술
1819/58 순조 19 己卯	攜尹書有監察嚴下小泛 東皐夕望 東皐曉望 冬日陪伯氏過一鑒亭夕乘 ◇봄에 배를 타고 南漢江을 거슬러 올라가 忠州 荷潭에 있는 先山에 성묘하였다. ◇가을에 龍門山에 유람했다. 四月五日同禮安金商儒布 　衣泛舟鈔羅潭轉至藍子 　洲亭鮮 四月十五日陪伯氏乘漁家 　小艓向忠州效錢起江行 　絶句 上墓 閏四月十二日同李約菴游 　門巖莊舟中作 到莊舍 經鼎坡 七月七日一鑒亭申丈攜二 　瞽能吹者乘舟相過 金正言商雨爲米廩主簿旣 　五日棄而歸次韻送行 送韓益相正言赴鏡城判官 八月十八日乘舟宿楊根郡 卄九日同趙可敎李時泰二 　翁游斜川寺 登龍門白雲峰	舟還 次韻二子與三友分賦 奉簡堂叔父霞川幽居 留題李淵心草堂 留題李舜卿草堂 簡寄沙谷尹友養謙 戱呈西鄰李叟 十月十三日夜 江村賞雪懷申學士兄弟走 　筆寄呈 旣歸數日追述鄙懷奉呈申 　學士兄弟 簡寄尹永僖校理江居 對雪重寄申學士兄弟 夜 簡寄鄭元善正言 簡寄呂知縣東根井邑官居 徂年惜衰暮也尤悔積衷遷 　改無日怒然自悼冀友相 　憐 石林李禮卿魯和月夜來訪 次韻蘇東坡定慧院月夜 　步出	「品石亭記」「海潮論」「海潮對」「樂書孤存序」 ◇『欽欽新書』(처음 이름은 『明淸錄』, 30권) 『雅言覺非』(3권) 「題漢書選」「雅言覺非序」「答申在中(申綽)」「與申在中」
1820/59 순조 20 庚辰	◇봄에 배를 타고 汕水(北漢江)를 거슬러 春川 淸平山 등을 유람했다. 穿牛紀行(25首) 和杜詩十二首(早發南一 　原和同谷縣/虎吼灘和 　木皮嶺/笠川渡和白沙 　渡/超然閣和飛仙閣/三 　嶽和五盤/縣燈峽和龍 　門閣/石門和劍門/新淵	渡和桔柏渡/昭陽渡和 　水廻渡/馬跡山和鹿頭 　山/幾落閣和石櫃閣/牛 　首州和成都府) 昭陽亭懷古 夜宿淸平寺和東坡蟠龍寺 淸平寺觀瀑四首	◇「爲李仁榮贈言」「翁山尹正言 墓誌銘」「耳談續纂」

연도/연령	다산시 연보	주요 산문 및 저술
	出淸平洞口　　　　　船嶺 贈李棨參奉丈　　　堂叔父山居次韻去年之作 贈尹鍾遠唯靑　　　第八弟鍵山居 出峽　　　　　　　閔伯善山居戱題 菜花亭新成權左衡適至次 陪叔父遊龍門寺 　韻東坡聊試老筆　一疊 龍門寺 　～五疊　　　　　鵰村趙丈要余先遊鳳凰臺 又令左衡作隨試老筆次韻 中路相招待之不至 　東坡 一疊～五疊　趙丈至追話前年斜川之遊 簡寄閑邸趙逸人　　寺夜鬻敊乳 字義詩(仁字二首/恕字二 出寺 　首/敬字二首/性字四首) 登鳳凰臺 經義詩(詩五首/書五首/禮 鳳凰臺望趙逸人新居遂與 　五首/樂五首/易五首/春 　共往 　秋五首)　　　　　馬谷尹逸人山居 楊根道中作　　　　過尹逸人善戒牛川新居 竹節嶺	
1821/60 순조 21 辛巳	◇9월에 伯氏 丁若鉉의 상을 당했다.	◇『事大考例刪補』 「先伯氏 丁若鉉 墓誌銘」「南皐 尹持範 墓誌銘」「牧民心書序」「與金德叟(金邁淳)」
1822/61 순조 22 壬午	◇회갑을 맞아 「自撰墓誌銘」(集中本·壙中本 2종)을 지었다. ◇石泉 申綽과 鼎山 金基敍와 편지로 경서 해석에 대해 토론했다.	◇「自撰墓誌銘」「无咎 尹持訥 墓誌銘」「錦里 李儒修 墓誌銘」「鹿菴 權哲身 墓誌銘」「貞軒 李家煥 墓誌銘」「先仲氏 丁若銓 墓誌銘」 「答申在中」(2편) 「答金德叟(2편)」「與金德叟(5편)」「欽欽新書序」
1823/62 순조 23 癸未	◇4월 15일부터 4월 25일까지 學淵이 大林을 데리고 春州에서 며느리를 맞아 올 때 따라가 汕水를 거슬러 유람했다. ◇9월 28일 承旨 후보로 落點되었으나 다시 취소되었다.	◇「汕行日記」「汕水尋源記」「松京志序(代人作)」
1824/63 순조 24 甲申	消暑八事(松壇弧矢/槐陰　雨日射韻/月夜濯足) 鞦遷/虛閣投壺/淸簟奕 再疊(松壇弧矢/槐岸鞦遷/ 棋/西池賞荷/東林聽蟬/ 虛閣投壺/淸簟奕棋/西	

연도/연령	다산시 연보		주요 산문 및 저술
	池賞荷/東林聽蟬/雨日 射韻/月夜濯足) 三疊(松壇弧矢/槐岸鞦遷/ 虛閣投壺/淸簟奕棋/西 池賞荷/東林聽蟬/雨日 射韻/月夜濯足) 又消暑八事(劉木通風/決 渠流水/挂松作壇/升菊 續檐/調僮曬書/聚兒課 詩/句船跳魚/凹銚爇肉) 又消暑八事(劉木通風/決 渠流水/挂松作壇/升菊 續檐/調僮曬書/聚兒課	詩/句船跳魚/凹銚爇肉) 新秋八詠(稻花細風/瓠籬 微月/草根蟲吟/樹梢螢 飛/高林漲痕/懸崖樵飾/ 石溪浣衣/沙汀曬網) 題寒岸聚市圖 寒溪返樵圖 寒江泛舟圖 寒厓遠騎圖 寒菴煮菽圖 寒房燒肉圖 寒潭浴鳧圖 寒山嗾鷹圖	
1825/64 순조 25 乙酉			

1826/65
순조 26
丙戌
	淞翁至(8首)
	淞翁以病還
	九月卄八日夜復用前韻
	贈愚山崔斯文
	弟鏤無家漂泊用前韻
	酬靑灘(2首)
	夕坐
	次韻陳后山雪意(2首)
	次韻呂榮川江亭(2首)
	靑灘聞余有下堂之疾以詩
	  相慰次韻却寄(2首)
	幽事(2首)
	次韻劉元煇方萬里初寒夜
	  坐二首
		淞翁以詩寄我未和者三年
		  今始追和(5首)
		冬溫(2首)
		十一月六日大風雪猝寒(2
		  首)
		擬贈契東樊
		十一月八日舍弟鑛與東樊
		  黃坡蒲洲至泊翁有抵兒
		  書感而有述
		次韻山中對月簡寄玄溪
		次韻山雪中讀書簡寄玄溪
		玄谷雜詠和呂承旨
		又玄溪雜詠十絶
		族弟公睿回甲之作	

1827/66 순조 27 丁亥	◇10월에 尹克培가 '冬雷求言'으로 상소하여 茶山을 참혹하게 무고하는 것이 끝이 없었다.		
	七月旣望於蓼亭候月晚有 小雨 少焉諸友並至和其舟中韻 五葉亭歌 再疊	蓼亭十詠 題卞相璧母鷄領子圖 簡寄開平村趙逸人 寄第六弟鏶 簡寄玄溪	

연도/연령	다산시 연보		주요 산문 및 저술
1828/67 순조 28 戊子	病伏十有二旬適逢玄谿令 公~ 夜宿天眞寺寺破無舊觀余 蓋三十年重到也 山木 出山門 次韻憩銚鈷潭 次韻題石泉屋壁 四月二十一日上寺二十二 日出山宿江村二十三日 泛舟斗尾擧網不得魚悵 然有作 次韻斗尾舟中 斗尾舟中聞松坡尹學士至 相與來會又用前韻 戲爲俳體示楊山又用前韻 三疊 臨別又示玄谿 次韻酬石泉 五月十二日乘舟到松坡擬 題尹友屋壁 臨別又題 舟過夢烏亭 斗尾値逆風 斗尾値驟雨 斗尾値大雷 贈西鄰韓生員 尹正言輓詞 端午日次韻陸放翁初夏閒 居八首寄淞翁 又次陸放翁農家夏詞六首 又次韻田家夏詞六首 南城志感六首簡寄淞翁 次韻范石湖丙午書懷十首 簡寄淞翁 次韻范石湖病中十二首簡	示淞翁 六月無花唯木槿擅場使人 感念率爾有作遂次東坡 定惠院海棠韻奉示淞翁 廣州判官李公鼎民金相喜 敎官同泛藍子洲 藍子洲打魚 贈惺叟 久雨傷稼次韻東坡久旱甚 雨之作三首奉示淞翁 病中對雨次韻楊誠齋秋雨 十絶句戲效其體鈍劣可 哈又寄淞翁 病中苦熱次韻楊誠齋雪聲 十絶句以當亦脚層冰之 想又寄淞翁 贈稷山李斯文祖延 次韻山陰申逸人敎善 簡寄春川李參奉榮 秋晚金友喜香閣寄水仙花 一本其盆高麗古器也 追和文山綠陰卷 賦得水中新苗 八卦峯詩題趙正言山亭額 示朴景儒 再疊 炭村金始漢共賦 十二月三日文山至越三日 夜設饅頭侑以長句 幼孫於洛渭二妙席上賦詩 而還~ 呂榮川東根回甲日兼寄席 上諸友 學山草堂 山中値雨	

연도/연령	다산시 연보		주요 산문 및 저술
1829/68 순조 29 己丑	戲示朴景儒兄弟乞暑月簡 禮 再疊爲悶旱作 六月卄四日坤方現奇雲竟 亦不雨 雲月 楚堂鄭美元至 喜朴大卿回次山亭雅集韻 七月二日甚熱見放翁初秋 驟涼之詩因共次韻以祈 驟涼 山亭雅集又次韻	金衛率故宅雅集又次韻 次韻呂榮川友晦懷其弟友 濂之作 次韻呂友晦贈李友時泰之 作 次韻呂友晦江上草亭之作 蟬唫三十絶句 八月十九日待玄溪 九月十六日待玄溪 南湖詞三首寄玄詞伯 雪意	
1830/69 순조 30 庚寅	◇5월 5일 藥院에서 翼宗의 환후가 회복되지 못 하여 湯劑의 일로 副護軍에 單付되었다. 그러나 약을 달여 올리기도 전에 翼宗이 돌아가서 다시 집으로 돌아왔다.		
	謝桑村朴逸人惠桑葉四絶 句 送金直閣邁淳入檗溪次三 淵韻 海居都尉洪公顯周偕東樊 至 次韻示海居 嘲絅堂尹承旨正鎭有約不 至 爲海尉飭漁人網鱸僅得一	魚 海尉將游水鐘寺以雨而止 海尉游練帶亭余不能從令 小童傳韻賦詩(6首) 題永明尉畵帖十絶句 同永明尉山亭小集 秋日海尉至前江泛月(2首) 次韻酬海尉 洌水故多鱸魚鹵莽不知~ 庚寅除夕同諸友分韻(7首)	
1831/70 순조 31 辛卯	夏日田園雜興效范楊二家 體二十四首 賀棠沙若鍵回甲之宴 一鑑亭申丈景玄輓詞 次韻兒輩送客 次韻兒輩赴安許諸友之會 九月十二日淵子弧辰示靑 歈館 贈金斯文始漢 喜文山李進士至	寄題李而遠屋壁八首 獨立 九月十二日憶子淵示子游 令次韻 酬李淸風德鉉 隨崔虞山 歲暮 贈鄭美元 酬朴聖宗 酬許仲明	

연도/연령	다산시 연보		주요 산문 및 저술
1832/71 순조 32 壬辰	送朴季林鍾儒南游 雲實李輝永至 效詠物體賦得浴凫 辛卯歲十月十六日海居都尉至次其平丘道中韻 都尉將游水鐘寺余老不能從 山閣夜集 次韻送都尉以下諸人上水鐘寺 文山李汝弘回甲之詩(幷序) 始晴 平康縣令洪吉周至山齋夜話二首 送悍叟還山 潭上夕泛 次韻漫唫三首呈泊翁 次韻呈泊翁 偶成一首 肩輿歎 老人一快事六首效香山體(6首) 先朝紀事 寄三陟都護李廣度 寄平陵察訪族人志鶴 荒年水村春詞十首	夜臥無聊戲爲十絶以抒幽鬱 十八日曛黑都尉一行始下 來次韻東樊 一疊~四疊 對海尉有懷洪判書奭周燕槎之行 又疊前韻 獨臥三首戲爲放翁體 賦得山北讀書聲(3首) 八月十四日蒸雲始晴 秋夕鄕村紀俗 夜涼 到山亭 八月十六夜月色最清 默數 酬葛山尹逸人喆健 次韻李淸風復鉉秋日相過之作 江天半晴圖 九月二日悍叟至 次韻靑獻金在崑潭上夕泛 次韻蕉翁朴參判蓍壽秋日見過之作 次韻雲實李輝永禱雨之作 久雨撥悶 示汝成	
1833/72 순조 33 癸巳	癸巳六月卄七日東樊至(4首) 老甚自嘲五絶句 練帶亭十二絶句 *연대 미상시 9편 七月四日欲與數子亟游蔘亭因兒輩緩圖不果行厥明復雨遂止之戲爲長句	朝與數子讀禮箋又用前韻 夏日鄭美元至鄰友皆會 苦雨示美元 和寄陟州都護李廣度見寄之作 三月卄七日乘小艓赴忠州 舟中雜吟 次韻答寄李獻納南奎長連謫中	◇『我邦疆域考』에 2권을 더 보완해 12권으로 완성했다.

연도/연령	다산시 연보	주요 산문 및 저술
1834/73 순조 34 甲午	寄題洪伯凝鼎周杜潭新居 靑歗金在崑匡山朴鍾儒小 　　　六首　　　　　集設饌 ◇11월에 純祖의 환후로 다시 召命이 있어 급히 대궐로 들어가려는데 弘化門에서 초상이 났다는 말을 듣고 그 이튿날 고향으로 돌아왔다.	◇『尙書古訓』과 『尙書知遠錄』을 改修하여 합편했는데 모두 21권이다.『梅氏書平』(10권)을 개정했다.
1835/74 헌종 1 乙未		
1836/75 헌종 2 丙申	◇2월 22일 辰時에 洌上의 正寢에서 생애를 마쳤다. 이 날은 茶山의 回婚日이어서 族親이 모두 왔고 門生들이 다 모였다. 이날 문인 李綱會가 서울에 있었는데 큰 집이 무너져 내리누르는 꿈을 꾸었다. ◇茶山은 회갑 때 장례 절차에 관한 遺命을 적어 두고 그에 따르도록 했다. ◇4월 1일에 집 동산에 장사지냈는데 장례 절차 등은 오직 遺命에 따랐다. 回巹詩	
1910 庚戌 1921 辛酉 1934~ 1938	◇7월 18일 正憲大夫 奎章閣 提學을 추증하고 文度公이라는 시호를 내렸다. ◇『俟菴先生年譜』가 완성되다.(玄孫 丁奎英 撰) ◇新朝鮮社에서 『與猶堂全書』 76冊이 鄭寅普·安在鴻 등의 교열로 간행되었다.	

일러두기

1. 다산시 연보는 『여유당전서』 시문집에 수록된 것을 가지고 작성했다.
2. 유배에서 풀려 고향으로 돌아온 뒤의 시 작품은 시작 연대별로 수록되지 않아 연도가 밝혀진 것을 가지고 유추해서 배열했다. 혹시 한두 해의 착오가 생길 수도 있겠다.
3. 연대를 밝힐 수 없는 10여 편의 시는 1833년 뒤에 배열해 그 앞뒤에 지었음을 짐작토록 했다.
4. 주요 산문 및 저술은 연대가 밝혀진 것만을 수록해서 다산의 저술 연표를 만드는 예비 단계로 삼았다.

人名·書名 해설

ㄱ

가공언(賈公彦): 중국 당(唐)나라 때 학자. 벼슬은 태학박사(太學博士)를 지냈다. 저서로 『의례의소(儀禮義疏)』『주례의소(周禮義疏)』가 있다.

가의(賈誼): 중국 한(漢)나라 때 문장가로「진정사소(陳政事疏)」「조굴원부(弔屈原賦)」등의 유명한 글이 있고,『신서(新書)』10권과 명대에 편집한『가장사집(賈長沙集)』이 있다.

갈홍(葛洪): 중국 진(晉)나라 구용(九容) 사람. 자는 치천(稚川)으로 나부산(羅浮山)에서 연단(煉丹)을 만들었다. 호를 포박자(抱朴子)라 해서 그의 저술을『포박자(抱朴子)』라 일컫는다. 이 밖에도『신선전(神仙傳)』집이전(集異傳) 등이 있다.

감승(甘蠅): 중국 고대 사람으로 활을 잘 쏘았다. 만궁(彎弓)으로 짐승이나 새를 쏘아 잡았다.

강백(姜柏): 숙종 16~정조 1(1690~1777). 자는 자청(子靑), 호는 우곡(愚谷), 본관은 진주로 강석주(姜碩周)의 아들이다. 영조 3년(1727) 문과에 장원, 한성부 우윤을 지냈다. 시를 잘 지었으며, 저서로『가훈(家訓)』『해사록(海槎錄)』이 있고 문집『우곡집(愚谷集)』이 있다.

강서(姜緖): 중종 33~선조 22(1538~1589). 자는 원경(遠卿), 호는 난곡(蘭谷), 본관은 진주로 강사상(姜士尙)의 아들이다. 선조 2년(1569) 문과에 급제 인천부사를 지냈다.

강성(康成)→정현(鄭玄)

강세구(姜世龜): 인조 10~숙종 29(1632~1703). 자는 중보(重寶), 호는 삼휴당(三休堂), 시호는 문안(文安), 본관은 진주, 강호(姜鎬)의 아들이다. 숙종 4년(1678) 문과에 급제, 예조참의와 대사간을 지냈다. 1701년 장희빈을 사사하려 하자 이를 반대하다가 홍원에 유배되어 그곳에서 죽었다.

강세륜(姜世綸): 영조 37(1761)~?. 자는 문거(文擧), 본관은 진주, 강필악(姜必岳)의 아들. 정조 7년(1783) 문과에 급제하여 장령(掌令)을 지냈다.

강세황(姜世晃): 숙종 39~정조 15(1713~1791). 서화가로 자는 광지(光之), 호는 표암(豹菴), 본관은 진주(晋州). 영조 52년(1776) 한성부 판관으로 기로과(耆老科)에 장원, 벼슬은 병조참판에 이르렀다. 시호는 헌정(憲靖). 글씨를 잘 썼고 사군자(四君子)에 뛰어났다.

강이오(姜履五): 영조 41(1765)~? 자는 백휘(伯徽), 본관은 진주, 전 교리 강침(姜忱)의 종자(從子). 1795년 다산이 금정찰방으로 목재 이삼환(李森煥)을 모시고 성호유서(星湖遺書)를 정리할 때 참여했다.

강이인(姜履寅): 영조 33(1757)~?. 자는 사빈(士賓), 본관은 진주. 강세구(姜世龜)의 현손이다. 1795년 다산이 금정찰방으로 가서 목재 이삼환(李森煥)을 모시고

人名·書名 해설   379

성호유서(星湖遺書)를 정리할 때 참여했다.

강이중(姜履中) : 영조 41(1765)~?. 자는 용민(用民), 본관은 진주, 강세구(姜世龜)의 현손. 1795년 다산이 금정찰방으로 목재 이삼환(李森煥)을 모시고 성호유서(星湖遺書)를 정리할 때 참여했다.

강총(江總) : 중국 진(陳)나라 사람. 자는 총지(總持)로 양(梁)나라에 벼슬하여 태자중사인(太子中舍人)으로 있다가 후경(侯景)의 난으로 진(陳)나라로 가서 태자첨사(太子詹事)가 되었다. 진후주(陳後主)가 즉위하자 복야상서령(僕射尙書令)에 발탁되어 후주와 더불어 연회하고 놀기만 해서 진이 멸망했다. 수(隋)나라가 세워지고 강도령(江都令)으로 죽자 세상에서는 강령(江令)이라고 불렀다.

강침(姜忱) : 영조 8(1732)~?. 자는 성오(誠吾), 본관은 진주, 강수우(姜守愚)의 아들. 영조 49년(1773) 문과에 급제, 교리를 지냈다.

개갈로(介葛盧) : 중국 춘추(春秋) 시대 국군(國君)으로 희공 29년 노(魯)나라에 조회했다. 소의 말에 능통했다.

걸익(桀溺) : 중국 춘추(春秋) 시대 초(楚)나라 엽(葉) 사람. 세상을 피해 숨어 장저(長沮)와 더불어 농사지으며 살았다. 공자가 지나가다가 자로를 보내 나루를 물었다는 전설이 있다.

검남(劍南)→육유(陸游)

계연(季淵) : 미상.

고시(高柴) : 중국 춘추(春秋) 시대 위(衛)나라 사람. 제(齊)나라 사람이라고도 한다. 자는 자고(子羔·子皐)로 공자의 제자. 성품이 어질고 효성스러웠으며 스승의 그림자도 밟지 않았다.

고염무(顧炎武) : 중국 청(淸)나라 때 학자. 자는 영인(寧人), 호는 정림(亭林)이다. 육경(六經)과 고증학(考證學)을 정밀히 연구했으며, 『일지록(日知錄)』을 비롯하여 많은 저서가 있다.

고중영(顧仲瑛) : 미상.

고하(顧賀) : 미상.

공리(孔鯉)→백어(伯魚)

공손자(公孫子)→공손홍(公孫弘)

공손홍(公孫弘) : 중국 한(漢)나라 때의 관리. 현량과(賢良科)로 발탁되어 승상을 지내고 평진후(平津侯)에 봉해졌다.

공수(龔遂) : 중국 한(漢)나라 때 산양(山陽) 사람으로 순리(循吏). 자는 소경(少卿). 선제 때 발해태수(渤海太守)가 되어 기민을 구제하고 농상(農桑)에 힘쓰고 닭과 돼지를 기르게 하여 백성이 점차 잘살게 되고 도적이 없어졌다. 벼슬은 위수도위(衛水都尉)에 이르렀다.

공야장(公冶長) : 중국 춘추(春秋) 시대 제(齊)나라 사람. 자는 자장(子長)이다. 『공자가어(孔子家語)』에는 노(魯)나라 사람으로 이름은 장(萇), 자는 자지(子芝)로 공자의 제자라 했다. 새소리에 능통했다.

공영달(孔穎達) : 중국 당(唐)나라 때 경학자(經學者)로 자는 충원(冲遠). 벼슬은 국자사업(國子司業)·국자좨주(國子祭酒) 등을 역임했고, 당 태종의 명으로 『오경정의(五經正義)』를 편찬했다.

곽거병(霍去病) : 중국 한(漢)나라 명장으로 표요장군(嫖姚將軍)이 되어 흉노(匈奴)를 정벌하여 큰 공훈을 세웠다.

곽광(霍光) : 중국 한(漢)나라 때 사람으로 곽거병(霍去病)의 이복동생. 자는 자맹(子孟). 원초(元初) 때 대사마(大司馬)·대장군이 되어 유조를 받고 유주(幼主)를 보필하여 박륙후(博陸侯)에 봉해졌고 정사는 곽광이 13년 동안이나 모두 처리했다.

곽박(郭璞) : 중국 진(晉)나라 문희(聞喜) 사람. 자는 경순(景純)이다. 박학고재(博學高才)로 사부(辭賦)에 능했다. 『이아(爾雅)』 『산해경(山海經)』 『초사(楚辭)』 등에 주석을 냈으며, 『동림(洞林)』 『신림(新林)』 『복운(卜韻)』 등의 저서가 있다.

관설당(觀雪堂)→허후(許厚)

관중(管仲) : 중국 춘추 시대 제(齊)나라 정치가·법가. 안휘(安徽) 출생, 이름은 이오(夷吾). 친구 포숙아(鮑叔牙)의 권유로 제 환공(桓公)을 섬기고 부국강병책을 추진하여 환공이 패자(覇者)가 되게 했다. 포숙아와의 사귐은 '관포지교'라는 유명한 말이 있게 했으며 『관자(管子)』 24권의 저자로 알려져 있다.

광문(廣文)→정건(鄭虔)

광운(廣韻) : 본이름은 절운(切韻). 중국 수(隋)나라 육법언(陸法言)이 편찬했는데 모두 5권이다. 총 12158자를 206운(韻)에 나누었다.

굉보(紘父)→이강회(李綱會)

구장(懼牂) : 다산의 아들로 어려서 죽었다.

구준(丘濬) : 중국 명(明)나라 사람으로 자는 중심(仲深), 호는 경산(瓊山), 시호는 문장(文莊). 벼슬은 문연각 태학사(文淵閣太學士)에 이르렀다. 국가의 전고(典故)에 밝았으며 학문을 좋아했다. 『대학연의보(大學衍義補)』는 그의 대표적 저술이다.

궁복(弓福)→장보고(張保皐)

권기(權夔) : 영조 41(1765)~? 자는 요신(堯臣), 본관은 안동, 전 대제학 권유(權愈)의 현손(玄孫). 1795년 다산이 금정찰방으로 목재 이삼환(李森煥)을 모시고 성호유서(星湖遺書)를 정리할 때 참여했다.

권유(權愈) : 인조 11~숙종 30(1633~1704). 자는 퇴보(退甫), 호는 하계(霞溪), 본관은 안동, 권단(權僐)의 아들이다. 현종 6년(1665) 문과에 급제, 예조판서와 대제학을 지냈다. 시문에 뛰어났으며 청빈했다. 『열성어제(列聖御製)』 편찬에 참여했다.

규염객(虯髥客) : 중국 당(唐)나라 태종 때 부여에 침입하여 왕을 죽이고 자신이 왕이 되었다는 전설상의 인물로, 당나라 사람 장열(張說)이 지은 전기 「규염객전」이 있다.

극곡(郤縠) : 중국 춘추 시대 진(晉)나라 사람인데, 장군 조사(趙衰)가 극곡은 예악과 시서(詩書)에 밝으니 반드시 군사를 쓰는 도리를 알고 있으리라고 진문공(晉文公)에게 추천하여 중군장이 되었다.

금일제(金日磾) : 중국 한(漢)나라 때 흉노 휴도왕(休屠王) 태자로 자는 옹숙(翁叔). 한 무제 초기에 한나라로 귀화하여 마감(馬監)으로 있다가 시중(侍中)이 되었고 택후(秺侯)에 봉해졌다. 시호는 경(敬).

금장(金張)→금일제(金日磾)·장탕(張湯)

급암(汲黯) : 중국 한(漢)나라 경제와 무제 때 사람. 자는 장유(長孺), 동해(東海)·회양(淮陽)의 태수를 지냈으며 황로학(黃老學)에 심취하였다.

급장유(汲長孺)→급암(汲黯)

기공(己公)→제기(齊己)

기천(岐川)→채홍리(蔡弘履)

김매순(金邁淳) : 영조 52~헌종 6(1776~1840). 자는 덕수(德叟), 호는 대산(臺

山), 본관은 안동(安東). 정조 19년(1795) 정시문과에 급제, 예조참판을 지냈다. 문장은 여한십대가(麗韓十大家)의 한 사람으로 호론(湖論)에 속했다. 시호는 문청(文淸)이며 저서로『열양세시기(洌陽歲時記)』『대산집』이 있다.

김생(金生) : 성덕왕 10~원성왕 7(711~791). 신라 때 명필로 자는 지서(知瑞), 별명은 구(玖)로 일생을 서예에 바쳤으며, 예서·행서·초서에 능하여 해동의 서성(書聖)이라 일컬었고, 송나라에서도 왕희지를 능가하는 명필로 알려졌다. 글씨로 백률사석당기(栢栗寺石幢記)·창림비(昌林碑)·백월서운탑비(白月棲雲塔碑) 등이 있다.

김이재(金履載) : 영조 43~헌종 13(1767~1847). 자는 공후(公厚), 호는 강우(江右), 본관은 안동, 이교(履喬)의 아우로, 정조 14년(1790) 증광문과에 급제, 1800년 고금도(古今島)에 유배되었다가 1805년 풀려, 이조판서를 지냈다. 시호는 문간(文簡).『중경지(中京誌)』를 편찬했다.

김정희(金正喜) : 정조 10~철종 7(1786~1856). 자는 원춘(元春), 호는 완당(阮堂)·추사(秋史)·예당(禮堂)·시암(詩盦)·과파(果坡)·노과(老果)·농장인(農丈人)·천축고선생(天竺古先生) 등 500가지에 이른다. 본관은 경주, 김노경(金魯敬)의 아들로 노영(金魯永)에게 입양되었다. 순조 19년(1819) 문과에 급제, 병조참판과 성균관 대사성을 지냈다. 추사는 고금도의 유배 생활을 비롯하여 제주도와 북청 등에서 유배 생활을 했다. 실사구시(實事求是)의 학문을 대성했으며, 글씨에도 뛰어나 추사체(秋史體)를 이룩했다. 그림도 잘 그려 추사란(秋史蘭)이 유명하다. 저서로『완당선생전집(阮堂先生全集)』10권 5책이 간행되어 전한다. 조선 말기의 천재적인 학자와 예술가로 꼽히고 있다.

김창협(金昌協) : 효종 2~숙종 34(1651~1708). 자는 중화(仲和), 호는 농암(農巖)·삼주(三洲), 시호는 문간(文簡), 본관은 안동으로 김수항(金壽恒)의 아들이다. 숙종 8년(1682) 문과에 장원, 벼슬은 청풍부사로 있다가 기사환국 때 아버지가 진도 배소에서 사사되자 영평(永平)에 은거하고, 대제학과 판서에 임명되었으나 사퇴했다. 유학의 대가로 문장에 능했고 글씨도 잘 썼다. 저서로『농암집』과『농암잡지』등 여러 가지가 있다.

김창흡(金昌翕) : 효종 4~경종 2(1653~1722). 자는 자익(子益), 호는 삼연(三淵), 시호는 문강(文康), 본관은 안동으로 김수항의 아들이며 창집·창협의 아우이다. 현종 14년(1673) 진사시에 합격하고 벼슬에는 나가지 않고 성리학 연구에 몰두 율곡 이후의 대학자로 명성을 떨쳤다. 저서로『삼연집』『심양일기(瀋陽日記)』『문취(文趣)』가 있고,『안동김씨세보』를 편찬했다.

김천일(金千鎰) : 중종 32~선조 26(1537~1593). 자는 사중(士重), 호는 건재(健齋)·극념당(克念堂), 시호는 문열(文烈), 이항의 문인이다. 임진왜란 때 의병을 일으켜 싸우고 진주성 싸움에서 성이 함락당하자 남강에 투신 자살했다. 삼장사(三壯士)의 한 사람이다. 저서로『건재집(健齋集)』이 있다.

ㄴ

나여재(羅汝才) : 중국 명(明)나라 섬서

(陝西) 사람. 장헌충(張獻忠)을 좇아 도적이 되고 나중에 이자성(李自成)에게 돌아갔다. 호를 선전(善戰)이라 했고, 이자성이 수족처럼 여기다가 중원(中州)을 얻자 나여재를 꺼려 죽였다.

낙서(駱西)→윤덕희(尹德熙)

남고(南皐)→윤규범(尹奎範)

노긍(盧兢) : 영조 14~정조 14(1738~1790). 자는 여림(如林)·신중(愼仲), 호는 한원(漢源), 본관은 교하, 노명흠(盧命欽)의 아들이다. 영조 41년(1765) 진사가 되었고, 과시에 명성을 떨쳐 호서 지방 선비들의 추앙을 받았다. 한문소설 「화사(花史)」를 썼다.

노담(老聃)→노자(老子)

노자(老子) : 중국 춘추 시대의 철학자. 도가(道家)의 시조로 성은 이(李), 이름은 이(耳), 자는 백양(伯陽), 초(楚)나라 사람. 『노자도덕경(老子道德經)』이 전해진다.

노자(老子) : 중국 춘추 시대 말기 노자(老子)가 지은 책으로 『노자도덕경(老子道德經)』이라고 한다. 실제로는 전국 시대의 도가 사상가들의 언설(言說)을 집성(集成)한 것으로 추측된다.

노조린(盧照隣) : 중국 당(唐)나라 범양(范陽) 사람. 자는 승지(昇之)이다. 신도위(新都尉)를 지냈는데 병으로 벼슬을 버리고 태백산(太白山)에 살다가 구차산(具茨山) 아래로 옮기고 병이 오래 끌자 영수(潁水)에 투신 자살했다. 그 문장은 왕발(王勃)·양형(楊烱)·낙빈왕(駱賓王)과 같이 이름나 사걸(四傑)이라 일컬었다.

노천(老泉)→소순(蘇洵)

노팽(老彭)→팽조(彭祖)

논어고훈외전(論語古訓外傳) : 일본 학자 태재순(太宰純)이 저술한 『논어』 주석서.

능엄경(楞嚴經) : 불경(佛經)의 하나로 선종(禪宗)의 주요 경전이다. 인연(因緣)과 만유(萬有)를 설명했다. 모두 10권인데 세조 8년(1462) 간경도감(刊經都監)에서 10권 10책으로 『능엄경언해』를 간행하기도 했다.

ㄷ

단목(端木)→자공(子貢)

대릉삼로(大陵三老)→윤필병·채홍리·이정운

대동(臺仝) : 중국 후한(後漢) 업(鄴) 사람. 자는 효위(孝威)로 무안산(武安山)에 은거해서 굴을 뚫고 살았다. 약을 캐며 살았는데, 고을 벼슬로 불렀으나 나가지 않고 숨어버렸다.

대옹(戴顒) : 중국 남조(南朝) 송(宋)나라 때 사람. 자는 중약(仲若). 그 형 대발(戴勃)과 함께 거문고를 잘 탔다. 오하(吳下)에 살면서 『장자(莊子)』의 큰 뜻을 서술한 『소요론(逍遙論)』을 지었다. 『예기』 중용편(中庸篇)을 주석했다.

도보(道甫)→이광사(李匡師)

도산(陶山)→육전(陸佃)

도잠(陶潛) : 중국 진(晉)나라 때 시인으로 자는 연명(淵明), 호는 오류선생(五柳先生)으로 팽택령(彭澤令)이 되었으나 80여 일 뒤에 「귀거래사(歸去來辭)」를 남기고 고향으로 돌아갔다. 자연의 아름다움을 노래한 시가 많으며, 중국 서경시를 발달시켰다. 저서로 『도팽택집』이 있다.

도척(盜跖) : 중국 춘추 시대의 큰 도둑의 이름. 현인 유하혜(柳下惠)의 아우였다. 무리 수천 명을 이끌고 천하를 횡행하며 포악한 짓을 해서 몹시 악한 사람을 비유하는 말로 쓰인다. '도척(盜蹠)'으로도 쓴다.

동방삭(東方朔) : 중국 한(漢)나라 때 염차(厭次) 사람. 자는 만천(曼倩)으로 해학과 골계를 잘했다. 무제(武帝) 때 태중대부급사중(太中大夫給事中)을 지냈고 「논설객난(論說客難)」 등의 글이 있다. 삼천 갑자를 살았다는 전설이 있다. 우리 나라 속담에는 육십갑자(六十甲子) 동방삭이란 말도 있다.

동왕공(東王公) : 동화제군(東華帝君)으로 흔히 일컫는다. 신선의 우두머리로 서왕모(西王母)와 함께 일컫는다. 서왕모는 여자 신선을 거느리고 동왕공은 남자 신선을 거느렸다고 한다.

두계량(杜季良) : 중국 후한(後漢) 경조(京兆) 사람. 이름은 보(保)인데 자로 알려졌다. 월기교위(越騎校尉)를 지냈는데 원수진 사람이 부박(浮薄)하며 군중을 현혹시킨다고 상서하여 벼슬이 떨어졌다. 천하 '경박자'라는 모함을 입었다.

두보(杜甫) : 중국 당(唐)나라 때 유명한 시인. 자는 자미(子美)로 두릉(杜陵)에 살면서 두릉포의(杜陵布衣)라 자칭했고 또 소릉야로(少陵野老)라고도 했다. 벼슬은 검교공부원외랑(檢校工部員外郞)을 지냈다. 시집으로 『두공부집(杜工部集)』이 있다. 이백(李白)을 시선(詩仙)이라 일컫고 두보를 시성(詩聖)이라 일컫는다.

등공(滕公)→하후영(夏侯嬰)

등자룡(鄧子龍) : 중국 명(明)나라 풍성(豐城) 사람. 자는 무교(武橋)이며 효용(驍勇)이 뛰어났다. 임진왜란 때 전봉(前鋒)으로 수군(水軍)을 거느리고 힘껏 싸우다가 전사했다. 글씨를 잘 쓰고 시를 짓기 좋아했다. 저서로 『횡과집(橫戈集)』이 있다.

ㅁ

마원(馬援) : 중국 후한(後漢) 때 사람. 자는 문연(文淵), 시호는 충성(忠成)으로 건무(建武) 연간에 복파장군(伏波將軍)이 되어 교지(交趾:월남)를 정복했다. 신식후(新息侯)에 책봉되었다.

마융(馬融) : 중국 후한(後漢) 때의 학자. 자는 계장(季長). 삼경과 삼례를 비롯한 많은 책에 주석을 냈다.

막내 숙부→정재진(丁載進)

매고(枚皐) : 중국 한(漢)나라 때 매승(枚乘)의 서자로 자는 소유(少孺)이다. 해학을 잘하고 부송(賦頌)에도 뛰어나 그때 당시에는 동방삭(東方朔)에 비유했다.

매복(梅福) : 중국 한(漢)나라 수춘(壽春) 사람으로 자는 자진(子眞)이다. 『상서(尙書)』『춘추곡량전(春秋穀梁傳)』에 밝아 군문학(郡文學)이 되고 남창위(南昌尉)에 임명되었다. 나중에 벼슬을 버리고 살다가 성제·애제 때는 자주 상소했다. 왕망이 정권을 잡자 처자도 버리고 구강(九江)으로 가서 신선이 되었다고 전한다.

맹교(孟郊) : 중국 당(唐)나라 때 무강(武康) 사람. 자는 동야(東野). 시에 이치가 있었고, 한유(韓愈)가 망년교(忘年交)를 삼았다. 나이 50에 진사에 급제, 율양위(溧陽尉)가 되고 정여경(鄭餘慶)이 흥원(興元)을 진수할 때 주서참모(奏署參謀)로 죽었다. 저서로 『맹동야집(孟東野集)』이 있다.

맹사성(孟思誠) : 공민왕 9~세종 20 (1360~1438). 자는 (自明), 호는 고불(古佛), 본관은 신창, 맹희도(孟希道)의 아들

이다. 우왕 12년(1386) 문과에 급제, 조선이 건국되고 나서 좌의정에 이르렀다. 효성이 지극하고 청백하였으며 출입할 때에는 늘 소를 타고 다니기를 좋아했다.

맹정승→맹사성(孟思誠)

맹화(孟華)→오국진(吳國鎭)

모기령(毛奇齡) : 중국 청(淸)나라 소산(蕭山) 사람. 자는 대가(大可), 호는 추청(秋晴)·서하(西河)이다. 박학했으나 남에게 이기려 하여『고문상서원사(古文尙書寃詞)』를 지어 염약거(閻若璩)의 설을 반박하고『고문상서』가 진본이라 주장했다. 저서로 경집(經集) 50종 243권이 있다.

모장(毛嬙) : 중국 고대 서시(西施)와 함께 손꼽히던 미인이라 한다.

목재(木齋)→이삼환(李森煥)

목재(牧齋)→전겸익(錢謙益)

미로(米老)→미불(米芾)

미불(米芾) : 중국 북송(北宋) 때 서화가. 자는 원장(元章), 호는 해악(海岳)으로 양양(襄陽) 출신. 필법은 침착 통쾌하고 준마를 탄 듯하다고 한다. 그림은 독특한 수묵의 산수화를 잘 그렸는데, 후세에 남화(南畫)의 대표로 불렸다.『서사(書史)』『화사(畫史)』『연사(硯史)』등을 저술했다.

민종현(閔鍾顯) : 영조 11~정조 22(1735~1798) 시호는 문목(文穆). 정조 6년 수원부사(水原府使)를 역임하고 정조 22년 12월 평안도 관찰사로 재직 중에 죽었다.

ㅂ

박경유(朴景儒) : 미상.

박장설(朴長卨) : 영조 5(1729)~? 자는 치교(稚敎), 호는 분서(汾西), 본관은 밀양(密陽), 도현(道顯)의 아들. 영조 50년(1774) 증광문과에 급제하여 삼사(三司)의 벼슬을 두루 거쳐 대사간(大司諫)·호조참의(戶曹參議)에 이르렀다. 공서파(攻西派)로 활약했다.

박효긍(朴孝兢) : 영조 33(1757)~?. 자는 사옥(嗣玉), 본관은 밀양, 박장한(朴長漢)의 아들로 효성(孝成)의 아우이다. 다산이 금정찰방으로 가서 목재 이삼환(李森煥)을 모시고 성호유서(星湖遺書)를 정리할 때 참여했다.

박효성(朴孝成) : 영조 24(1748)~?. 자는 백능(伯能), 본관은 밀양, 박장한(朴長漢)의 아들. 정조 9년(1785) 문과에 급제, 교리를 지냈다.

반야심경(般若心經) : 반야바라밀다심경(般若波羅蜜多心經)의 약칭. 전문 14행의 작은 경이며, 대반야경(大般若經)의 정요(精要)를 뽑아 모았다. 중국 당(唐)나라 때 현장(玄奘)이 번역했다. 1권.

방옹(放翁)→육유(陸游)

백거이(白居易) : 중국 당(唐)나라 때 태원(太原) 사람으로 자는 낙천(樂天), 호는 취음선생(醉吟先生)·섭유옹(囁嚅翁), 시호는 문(文)이다. 벼슬은 형부상서(刑部尙書)를 지냈으며 만년에는 시주(詩酒)로 지내며 향산거사(香山居士)라 했다. 저서로『백씨경집(白氏慶集)』『백씨육첩사유집(白氏六帖事類集)』등이 있다.

백어(伯魚): 공자(孔子)의 아들로 자가 '백어'이고 성명은 공리(孔鯉)이다. 백어가 태어나자 마침 노 소공(魯昭公)이 잉어를 하사해서 공자가 영광스럽게 여겨 그 이름을 삼았다. 나이 50에 공자보다 먼저 죽었다.

백이(伯夷) : 중국 은나라 말기 사람으로 주 무왕이 은을 치려는 것을 말리다가 듣지 않으므로 주나라 녹을 먹기를 부끄럽게 여겨 아우 숙제와 수양산으로 들어가 고사리를 뜯어 먹으며 숨어 살다가 죽었다.

백향산(白香山)→백거이(白居易)

번쾌(樊噲) : 중국 한(漢)나라 때 패(沛) 사람. 개를 잡고 살았다. 한나라 고조를 도와 한나라가 천하를 차지하게 했다. 한 고조가 항우(項羽)와 홍문(鴻門)에서 모일 때 범증(范增)이 고조를 죽이려 하자 번쾌가 이를 구했다. 좌승상에 오르고 무양후(舞陽侯)에 봉해졌으며 시호는 무(武)이다.

범관(范寬) : 중국 송(宋)나라 때 화원(華原) 사람. 한 이름은 중정(中正), 자는 중립(仲立). 그림 그리기를 좋아하고 산수화는 이성(李成)·형호(荊浩)를 스승으로 삼고, 술을 좋아했으며 세상 일에 구애받지 않았다.

범려(范蠡) : 중국 춘추 시대 월(越)나라 재상으로 초(楚)나라 사람. 자는 소백(少白). 월왕 구천(句踐)을 잘 도와 오왕(吳王) 부차(夫差)를 죽여 회계(會稽)의 치욕을 씻게 했다. 뒤에 제(齊)나라에서 크게 치부하여 '도주공(陶朱公)'의 부를 쌓았다.

범성대(范成大) : 중국 송(宋)나라 오현(吳縣) 사람. 자는 치능(致能), 호는 석호거사(石湖居士), 시호는 문목(文穆), 숭국공(崇國公)이 됨. 벼슬은 참지정사(參知政事)에 이르렀으며, 저서로 『석호집』『오선록(吳船錄)』등이 있다.

범양(范楊)→범성대(范成大)·양만리(楊萬里)

범중엄(范仲淹) : 중국 송(宋)나라 때 명신으로 자는 희문(希文), 시호는 문정(文正)이다. 벼슬은 참지정사를 지냈다.

변계량(卞季良) : 공민왕 18~세종 12 (1369~1430). 자는 거경(巨卿), 호는 춘정(春亭), 시호는 문숙(文肅), 본관은 밀양. 1407년 문과중시에 급제, 대제학·예조판서 등을 역임, 문장과 시에 뛰어났다. 거창의 병암서원(屛巖書院)에 제향.

변상벽(卞相璧) : 화가로 자는 완보(完甫), 호는 화재(和齋), 본관은 밀양. 숙종 때 화원을 거쳐 현감에 이르렀다. 고양이와 닭을 잘 그려 '변고양이' '변계'라는 별명이 붙었다.

병길(丙吉) : 중국 한(漢)나라 때 승상으로 자는 소경(少卿), 시호는 정(定)으로 박양후(博陽侯)에 봉해졌다.

병위(丙魏)→병길(丙吉)·위상(魏相)

복희(宓羲)→포희(庖犧)

본초강목(本草綱目):중국 명나라 때 이시진(李時珍)이 지은 본초학(本草學)에 대한 연구서로 총 52권. 1590년에 간행되었다. 흙·옥(玉)·돌·초목·금수·충어 등 1892종을 7항목에 걸쳐 해설하였다.

봉건론(封建論) : 중국 당(唐)나라 때 유종원(柳宗元)이 지은 글로 봉건제도는 성인의 뜻이 아니라고 했다.

부열(傅說) : 중국 고대 은(殷)나라 때의 현상(賢相)이다.

비장(飛將)→이광(李廣)

ㅅ

사기(史記) : 중국 고대 황제(黃帝)로부터 한(漢)나라 무제(武帝)까지의 역대 왕조의 사적(史蹟)을 기전체(紀傳體)로 적은 역사책으로 한(漢)나라 사마천(司馬遷)이 지었다. 모두 130권으로 재래의 전설이나 기록 외에 널리 여행하여 사료(史料)를 수집하여 만들어 사서(史書)로서뿐만이 아니라 문학적으로도 높이 평가되며, 중국 정사(正史) 기전체의 남상이라 일컫는다.

사마광(司馬光)→사마온공(司馬溫公)

사마상여(司馬相如) : 중국 전한(前漢)의 문인. 자는 장경(長卿)으로 사천(四川) 출신. 『자허지부(子虛之賦)』를 지어 이름을 떨침. 그의 사부(辭賦)는 화려한 것으로 유명하며 후세에 많이 모방되었다.

사마온공(司馬溫公) : 중국 송(宋)나라 때 명신(名臣). 이름은 광(光), 자는 군실(君實). 왕안석(王安石)의 신법(新法)에 반대하였고 상서좌복야(尙書左僕射)를 지냈으며 온국공(溫國公)에 봉해졌다. 『자치통감(資治通鑑)』을 지었다.

사마천(司馬遷) : 중국 한(漢)나라 때 사람. 자는 자장(子長), 벼슬은 낭중(郞中)·태사령(太史令)을 지냈다. 『사기(史記)』를 저술했다.

사양자(師襄子) : 중국 춘추(春秋) 시대 노(魯)나라 사람. 북과 거문고를 잘 탔다. 공자가 일찍이 거문고를 배웠다.

삼장사(三壯士)→김천일·최경회·황진

상관걸(上官桀) : 중국 한(漢)나라 상규(上邽) 사람. 무제 때 태복(太僕)으로 있다가 좌장군이 되어 유조(遺詔)를 곽광(霍光)과 함께 받아 어린 임금을 보필했다. 안양후(安陽侯)에 봉해졌다. 뒤에 소제(昭帝)를 폐하려다 발각되어 일족이 죽음을 당했다.

상산(象山)→육구연(陸九淵)

상홍양(桑弘羊) : 중국 한(漢)나라 때 낙양(雒陽) 사람. 13세에 무제를 섬겨 시중(侍中)이 되었다. 어사대부(御史大夫)에 이르렀으나 상관걸(上官桀)과 모반하여 죽음을 당했다.

서긍(徐兢) : 중국 송(宋)나라 사람. 자는 명숙(明叔)으로 18세에 태학(太學)에 들어갔다. 산수(山水)·신물(神物)을 잘 그렸고 전서(篆書)도 더욱 잘 썼으며 선화(宣和) 때 고려에 사신으로 왔다가 『고려도경(高麗圖經)』을 저술해 바쳤다. 벼슬은 대종승(大宗丞)에 이르렀다.

서시(西施) : 중국 춘추(春秋) 시대 월(越)나라 미녀. 중국 고대의 대표적인 미녀로 꼽힌다.

서왕모(西王母) : 중국 고대 선인(仙人)으로 성(姓)은 양(楊) 또는 후(侯)이며 이름은 회(回)인데, 또 한 이름은 완금(婉衿)이다. 곤륜산에 살았으며 주 목왕(穆王)이 서정(西征)하자 서왕모는 요지(瑤池)에서 시를 읊으며 왕래했다. 한 무제 때 서왕모가 선도(仙桃) 세 개를 주니 무제가 그 씨를 거두었다. 그러자 서왕모는 이 복숭아는 3천년에 한번 열매를 맺고 중하(中夏) 지방은 땅이 척박해 심어도 살지 않는다고 해서 그만두었다.

서희(徐熙) : 중국 남당(南唐) 강녕(江寧) 사람. 대대로 강남 사족을 이루었는데 꽃·대·수목·초충 따위를 잘 그렸다. 후주(後主)가 특별히 사랑해서 궁중에서 그림을 그리게 했는데 그것을 포전화(鋪殿花) 또는 장당화(裝堂花)라 일렀다.

석분(石奮) : 중국 한(漢)나라 때 온(溫) 사람. 한 고조가 하내(河內)를 지날 때 그의 나이 15살이었는데 소리(小吏)가 되어 고조를 모셨고, 문제(文帝) 때에는 태중대부(太中大夫)에 이르렀고, 경제(景帝) 때에는 구경(九卿)이 되어 복록을 누렸다. 복록이 좋은 사람으로 역사에 일컬어진다. 시집으로『장강집(長江集)』이 있다.

석씨(石氏)→석분(石奮)
석천(石泉)→신작(申綽)
석치(石癡)→정철조(鄭喆祚)
선위(仙尉)→매복(梅福)
설총(薛聰) : 신라 학자로 자는 총지(聰智), 호는 빙월당(氷月堂), 경주 설씨의 시조, 원효(元曉)의 아들이다. 어머니는 요석공주(瑤石公主)로 신라 십현(十賢)의 한 사람이다. 이두(吏讀)를 창제했다는 설이 있고「화왕계(花王戒)」로 신문왕(神文王)을 충고한 일화가 전한다. 현종 13년(1022) 홍유후(弘儒侯)에 추봉되었다.
성선봉(成善封) : 다산이 1801년 경상도 장기로 귀양 갔을 때 마산리(馬山里)에 숙소를 정했는데, 숙소 주인으로 늙은 이교(吏校)였다.
성수(惺叟)→이학규(李學逵)
성안군(成安君)→진여(陳餘)
소곡(巢谷) : 중국 송(宋)나라 미산(眉山) 사람. 자는 원수(元修)로 진사에 급제하고 힘이 많았다. 옛 병법을 배우고, 나중에 소식과 소철이 유배를 당했을 때 걸어서 소철을 찾아보고 또 소식을 보기 위해 해남(海南)으로 가다가 신주(新州)에 이르러 병으로 죽었다.
소릉(少陵)→이가환(李家煥)
소무(蘇武) : 중국 한(漢)나라의 충신(忠臣). 자는 자경(子卿). 19년 동안 흉노족에게 붙잡혀 억류되어 있으면서도 한나라 신하의 절개를 굽히지 않고 지내다 풀려서 돌아왔다. 벼슬이 중랑(中郞)이어서 소중랑(蘇中郞)이라고도 한다.

소보(巢父) : 중국 고대의 은사. 나무 위에서 살았다고 하며, 요(堯) 임금이 그에게 나라를 맡기려 했으나 받지 않았다고 한다.
소순(蘇洵) : 중국 송(宋)나라 때 학자로 소식(蘇軾)의 부친. 자는 명윤(明允), 호는 노천(老泉)이다.
소식(蘇軾) : 중국 북송(北宋)의 문인으로 아버지 순(洵), 아우 철(轍)과 함께 삼소(三蘇)라 불린다. 호는 동파(東坡)로 당송팔대가(唐宋八大家)의 한 사람으로 서화(書畫)에도 능했다. 고려에 서적을 금수(禁輸)해야 한다는 주장을 폈다. 저서로『적벽부(赤壁賦)』『동파전집(東坡全集)』이 있다.
소옹(邵雍) : 중국 송(宋)나라 때 사람으로 자는 요부(堯夫), 시호는 강절(康節), 안락선생(安樂先生)이라 불렸다. 그의 학파를 백원학파(百源學派)라 했다. 신안백(新安伯)에 추봉하고 소자(邵子)라고도 했다. 저서로『관물편(觀物篇)』『어초문답(漁樵問答)』등 다수가 있다.
소자경(蘇子卿)→소무(蘇武)
소정방(蘇定方) : 중국 당(唐)나라 때 무읍(武邑) 사람. 이름은 열(烈)이며 자가 '정방'이다. 백제(百濟)를 평정하고 형국공(邢國公)에 봉해지고 양주안집대사(凉州安集大使)를 여러 차례 지냈다. 시호는 장(莊)이다.
소철(蘇轍) : 중국 송(宋)나라 때 사람으로 소식(蘇軾)의 아우. 자는 자유(子由), 호는 영빈유로(潁濱遺老), 시호는 문정(文定)이다. 소식과 같이 진사과에 급제해 대중대부(大中大夫)로 치사(致仕)했다. 그 아버지 소순(蘇洵)과 형 소식과 함께 삼소(三蘇)로 불렸다. 저서로『시전(詩傳)』

『춘추전』『논어습유(論語拾遺)』『맹자해(孟子解)』『고사(古史)』『노자해(老子解)』『용천지략(龍川志略)』『난성집(欒城集)』 등이 있다.

손목(孫穆) : 중국 송(宋)나라 때 사람으로 고려에 사신으로 왔다 가서 고려의 말을 모은『계림유사(鷄林類事)』를 지었다.

손무(孫武) : 중국 춘추(春秋) 시대 제(齊)나라의 병법가(兵法家)로 존칭하여 손자(孫子)라고 한다. 그의 병서『손자』는 인의(仁義)를 전쟁의 이념으로 하여 전술의 비의(秘義)를 서술했다. 병법(兵法)의 조종으로 불린다.

손숙오(孫叔敖) : 본성명은 위오(蔿敖)로 쌍두사(雙頭蛇)를 만났는데 위험을 무릅쓰고 잡아 죽여 음덕(陰德)을 쌓았다는 고사(故事)가 있다.

송시열(宋時烈) : 선조 40~숙종 15(1607~1689). 아명은 성뢰(聖賚), 자는 영보(英甫), 호는 우암(尤菴)·화양동주(華陽洞主), 시호는 문정(文正), 본관은 은진, 송갑조(宋甲祚)의 아들이다. 김장생(金長生)·김집(金集)의 문인으로 인조 11년(1633) 생원시에 1등으로 합격 경릉참봉이 되었다. 노론(老論)의 영수이며 우의정과 영중추부사를 지내고 1683년 치사(致仕)하여 봉조하(奉朝賀)가 되었다. 1689년 왕세자가 책봉되자 이를 시기상조라 하여 반대하는 상소를 했다가 이어 국문을 받기 위해 상경 도중 제주에 안치되고, 정읍(井邑)에서 사사(賜死)되었다. 글씨를 잘 썼으며, 주자학 연구에 종사한 거유(巨儒)로 기호학파의 주류였다. 저서로『송자대전(宋子大全)』이 있다. 문묘(文廟)와 효종묘(孝宗廟)에 배향되고, 화양서원 등 여러 서원에 제향되었다.

송옹(凇翁)→윤영희(尹永僖)

수운(修雲) : 다산이 1820년경 용문산 기행을 할 때 사천사(斜天寺) 선원(禪院)에서 참선하던 스님.

숙중(叔重)→신밀(辛謐)

순우의(淳于意) : 중국 한(漢)나라 임치(臨淄) 사람. 제태창장(齊太倉長)이 되어 세상에선 창공(倉公)이라 일컫는다. 젊어서 의술과 방술을 좋아했으며 금방(禁方) 및 맥서(脈書)를 전수받아 의술에 정통해졌다. 의술을 시행하다 죄를 얻었으나 딸이 상소하여 육형(肉刑)을 모면했다.

신각(申恪) : ?~선조 25(1592). 본관은 평산으로 무과에 급제, 영흥부사·연안부사 등을 거쳐 경상도 방어사로 왜구에 대비했다. 임진왜란이 일어나자 도원수 김명원의 부원수로서 한강 수비에 실패, 양주로 피해 있다가 양주 해유령에서 함경북도 병마절도사 이혼(李渾)과 일본군을 요격 대파했으나 도원수 김명원의 무고로 참형당했다.

신광하(申光河) : 영조 5~정조 16(1729~1796). 자는 문초(文初), 호는 진택(震澤), 광수(光洙)의 아우. 정조 16년(1792) 식년문과에 급제, 벼슬은 좌부승지에 이르렀다. 문장에 능하고 시에 뛰어났으며 명산에 오르기를 좋아했다.

신기(申耆) : 영조 17(1741)~?. 자는 국로(國老), 본관은 평산, 신헌조(申獻祖)의 아들. 정조 7년(1783) 문과에 급제했다. 문학에 뛰어났다.

신돈(辛旽) : ?~공민왕 20(1371). 중으로 법명은 편조(遍照), 자는 요공(耀空), 본관은 영산, 옥천사(玉川寺) 사비(寺婢)의 아들. 왕이 내린 법호로 청한거사(淸閑

居士)가 있다. 공민왕의 신임을 얻어 전민변정도감(田民辨正都監)을 설치케 하여 판사(判事)로 취임하고 문란한 토지제도의 개혁을 단행했다. 진평후(眞平侯)에 봉해지고 판서운관사(判書雲觀事)에 이르렀다. 1367년 집현전대학사가 되어 귀족세력의 기반을 없애고자 천도를 건의했으나 왕과 대신들의 반대로 실패했다. 수원에 유배당했다가 참형되었다.

신립(申砬) : 명종 1~선조 25(1546~1592). 자는 입지(立之), 시호는 충장(忠壯), 본관은 평산, 신화국(申華國)의 아들이다. 선조 즉위년(1567) 무과에 급제, 한성부 판윤에 이르렀다. 임진왜란이 일어나자 삼도도순변사(三道都巡邊使)가 되어 충주 탄금대에서 배수진을 치고 왜군과 대전했으나 참패하고 자결했다.

신밀(辛謐) : 중국 진(晉)나라 적도(狄道) 사람. 자는 숙중(叔重)으로 박학하고 초서·예서에 뛰어났다. 유총(劉聰)이 태중대부(太中大夫)를 삼았으나 받지 않고, 석진(石晉) 때에도 나가지 않았으며, 염민(冉閔)이 태상경(太常卿)으로 불렀으나 글을 지어 풍자하고 음식을 먹지 않아 죽었다.

신작(申綽) : 영조 36~순조 28(1760~1828) 자는 재중(在中), 호는 석천(石泉). 본관은 평산, 신대우(申大羽)의 아들. 승지·예조 참의 등을 제수받았으나 나가지 않았다. 경전을 고증학적으로 연구하여 많은 저서를 남겼다. 다산 노년기의 학문적 친구였다. 저서로『상서고주(尚書古注)』7권 2책과『시차고(詩次故)』가 있다.

신좌랑(申佐郎)→신광하(申光河)

신증동국여지승람(新增東國輿地勝覽) : 중종 27년(1532)에 완성된 관찬 인문지리서(人文地理書)로서 총 55권이다.

신학사(申學士) 형제→신작(申綽)·신현(申絢)

신현(申絢) : 영조 40(1764)~?. 자는 수지(受之), 본관은 평산, 신대우(申大羽)의 아들이며 신작(申綽)의 아우이다. 정조 18년(1794) 문과에 급제하여 한림을 지냈다.

심로(沈潞) : 영조 37(1761)~?. 자는 중심(仲深), 본관은 청송, 심액(沈詻)의 현손이다. 1795년 다산이 금정찰방으로 목재 이삼환(李森煥)을 모시고 성호유서(星湖遺書)를 정리할 때 참여했다.

심액(沈詻) : 선조 4~효종 6(1571~1655). 자는 중경(重卿), 호는 학계(鶴溪), 시호는 의헌(懿憲), 본관은 청송(靑松), 심우승(沈友勝)의 아들로 우준(友俊)에게 입양되었다. 선조 29년(1596) 문과에 급제, 벼슬은 이조판서와 좌참찬을 지냈다.

심유경(沈惟敬) : 중국 명(明)나라 사람으로 1592년 임진왜란 때 명·일 양국의 강화 교섭을 자원하여, 일본에 왕래하며 교섭을 한 인물로, 화의가 결렬되자 일본에 투항하려다 의령(宜寧)에서 명나라 장수 양원(楊元)에게 체포되어 사형당했다.

심환지(沈煥之) : 영조 6~순조 2(1730~1802). 자는 휘원(輝元), 호는 만포(晚圃), 본관은 청송(靑松). 1771년 정시문과에 급제, 벽파(僻派)의 영수로 1800년 정순왕후(貞純王后)의 수렴청정으로 벽파가 득세하게 되자 영의정에 올라 이듬해 신유박해(辛酉迫害) 때 시파(時派)의 천주교인에게 무자비한 박해와 살육을 감행했다.

○

아기발도(阿只拔都) : 고려 말기 왜구가 극심할 때 왜구의 장수로 이성계(李成桂)에게 패전하여 죽었다.

악전(偓佺) : 중국 도당(陶唐) 시대 괴산(槐山) 채약부(採藥父). 소나무 열매를 먹기 좋아해 온몸이 털북숭이였다. 날아서 달리는 말을 쫓아갈 수 있었으며, 요(堯)에게 솔방울을 남겨 주었으나, 요는 먹을 겨를이 없었다. 당시 그것을 받아 먹은 사람은 모두 2,3백세를 살았다 한다.

안기생(安期生) : 중국 진(秦)나라 때 낭야 부향(阜鄕) 사람으로 선인(仙人)이다. 하상장인(河上丈人)에게 배웠다. 그때 사람들이 모두 천세옹(千歲翁)이라고 말했으며, 진 시황이 동유(東游)할 때 청해서 3일 밤낮을 더불어 이야기하고 금벽(金璧) 수천만을 주었는데 부향정(阜鄕亭)에 그대로 놓아두고 떠났다.

안씨(顔氏)→안회(顔回)

안씨가훈(顔氏家訓) : 중국 북제(北齊) 때 사람 안지추(顔之推)가 지었으며, 모두 20편이다.

안정현(安廷玹) : 영조 6(1730)~?. 자는 언진(彦珍), 본관은 순흥, 안성희(安聖希)의 아들. 영조 41년(1765) 문과에 급제, 강계부사와 승지를 지냈다.

안회(顔回) : 공자의 수제자로 자는 자연(子淵), 노(魯)나라 사람으로 공자의 제자 가운데 가장 행실이 뛰어났다.

양녕대군(讓寧大君) : 태조 3~세조 8(1394~1462). 이름은 제(禔), 태종의 장남, 자는 후백(厚伯), 어머니는 원경왕후(元敬王后) 민씨로 태종 4년(1404) 세자로 책봉되었으나 품행이 문제되어 폐위, 양녕대군으로 봉해지고, 충녕대군(忠寧大君:世宗)이 세자로 책봉되었다. 세종과 우애가 지극했다. 시에 능하고 글씨를 잘 써서 서울 남대문의 현판인 숭례문(崇禮門)을 썼다는 설도 있다. 시호는 강정(剛靖)이다.

양만리(楊萬里) : 중국 남송(南宋) 때 길수(吉水) 사람으로 자는 정수(廷秀), 호는 성재(誠齋), 시호는 문절(文節), 벼슬은 보문각대제(寶文閣待制)를 지냈다. 저서로『성재집』『성재역전(誠齋易傳)』등이 있다.

양신(楊愼) : 중국 명(明)나라 때 사람. 자는 용수(用修), 호는 승암(升菴), 시호는 문헌(文憲)이다. 저서로『단궁총훈(檀弓叢訓)』『고음총목(古音叢目)』등이 있다.

양웅(揚雄) : 중국 전한(前漢) 때 학자. 자는 자운(子雲)이며, 저서로『양자법언(揚子法言)』『태현경(太玄經)』『양자방언(揚子方言)』이 있다.

양주(楊朱) : 중국 전국 시대 사람으로 자는 자거(子居). 위아설(爲我說)을 주장했다.

양형(楊炯) : 중국 당(唐)나라 화음(華陰) 사람. 신동으로 천거되어 교서랑(校書郞)이 되었다. 숭문관 학사(崇文館學士)에 뽑혔다가 영천령(盈川令)으로 좌천당해 임지에서 죽었다. 왕발·노조린·낙빈왕 등과 사걸(四傑)이라 일컬었으며, 저서로『영천집(盈川集)』이 있다.

엄공(嚴公)→의엄(義嚴)

엄광(嚴光) : 중국 후한(後漢) 여요(餘姚) 사람. 본성은 장(莊), 일명 준(遵), 자는 자릉(子陵). 광무제와 같이 유학(游學)했다. 광무제가 즉위하자 성명을 바꾸고 숨자, 그의 어짊을 생각하고 찾아 간의대부(諫議大夫)로 불렀으나 오지 않고 부춘산(富春山)에 밭갈고 살다 80여세에 죽었다.

여공저(呂公著) : 중국 송(宋)나라 때 사람. 자는 회숙(晦叔). 사마광(司馬光)과 함께 선정을 베풀었으며 신국공(申國公)에 봉해졌다.

여동식(呂東植) : 영조 50~순조 29(1774~1829). 자는 우렴(友濂), 호는 현계(玄溪), 본관은 함양, 여춘영(呂春永)의 아들로 양근(楊根)에서 살았다. 정조 19년(1795) 문과에 급제, 이조참의와 대사간을 역임하고 사은부사로 청나라에 갔다가 유관(楡關)에서 죽었다. 다산과 밀접한 관계가 있었다.

여마동(呂馬童) : 중국 한(漢)나라 낭기장(郎騎將)으로 용저(龍且)를 물리쳤고, 항우를 오강(烏江)에서 패망하게 했다. 뒤에 중수후(中水侯)에 봉해졌다.

염파(廉頗) : 중국 전국 시대 조(趙)나라의 양장(良將)으로 진(秦)·연(燕)·위(魏)·제(齊)나라를 쳐서 공을 세우고 신평군(信平君)에 봉해졌다. 인상여(藺相如)와 함께 친해서 진나라가 감히 조나라를 넘보지 못했다.

영무자(甯武子) : 중국 춘추(春秋) 시대 위(衛)의 대부(大夫). 이름은 영유(甯兪), 시호는 무(武), 위(衛)에 벼슬하였다.

예(羿) : 중국 고대 요(堯)임금 때 활을 잘 쏜 사람. 해 10개가 한꺼번에 나타나 농사를 해치자 그 9개를 쏘아 떨어뜨렸다고 한다.

예우(倪迂)→예찬(倪瓚)

예찬(倪瓚) : 중국 원(元)나라 때 무석(無錫) 사람. 자는 원진(元鎭), 자호(自號)는 운림거사(雲林居士) 또는 창랑만사(滄浪漫士) 등이다. 그는 집이 매우 부유하여 사방의 명사(名士)들과 교유하다가, 만년에는 일엽편주로 진택(震澤) 사이를 왕래하였는데, 이로 인해 반적(叛賊) 장사성(張士誠)에게 잡혀가는 화를 피할 수 있었다.

오국진(吳國鎭) : 영조 39(1763)~?. 자는 맹화(孟華), 본관은 동복, 오시수(吳始壽)의 현손이다. 1795년 다산이 금정찰방으로 목재 이삼환(李森煥)을 모시고 성호유서(星湖遺書)를 정리할 때 참여했다.

오대익(吳大益) : 영조 5(1729)~? 자는 경삼(景參), 본관은 동복, 오필운(吳弼運)의 아들. 영조 50년(1774) 증광문과에 급제, 벼슬은 참판에 이르렀다.

오도현(吳道玄) : 중국 당(唐)나라 양적(陽翟) 사람. 자는 도자(道子). 약관에 단청(丹靑)의 묘리를 터득해서 화성(畫聖)이라 불렸다. 내교박사(內敎博士)가 되고, 일찍이 「대동전도(大同殿圖)」 가릉강(嘉陵江) 삼백여리 산수를 하루에 그렸다. 그가 그린 「경운사지옥변상(景雲寺地獄變相)」을 보고 허물을 고치는 일이 가끔 있었다. 또 불상(佛像)을 잘 그렸다.

오릉중자(於陵仲子) : 중국 전국 시대 제(齊)나라의 청렴한 선비 진중자(陳仲子). 철저히 자급자족을 주장했다.

오시수(吳始壽) : 인조 10~숙종 7(1632~1681). 자는 덕이(德而), 호는 수촌(水邨), 본관은 동복, 오정원(吳挺垣)의 아들이다. 효종 7년(1656) 문과에 급제, 전라도 관찰사를 거쳐 우의정에 이르렀다. 1680년 경신대출척으로 유배당했다가 사사(賜死)되었다. 저서로 『수촌집(水村集)』이 있다.

완적(阮籍) : 중국 진(晉)나라 사람. 자는 사종(嗣宗). 죽림칠현(竹林七賢)의 하나. 술을 좋아하고 예법을 무시했다. 저술로 「달생론(達生論)」「대인선생전(大人先生傳)」이 있다.

완평(完平)→이원익(李元翼)

왕길(王吉): 중국 한(漢)나라 낭야(琅邪) 사람. 자는 자양(子陽)인데 창읍왕의 중위(中尉)로 있을 때 왕이 사냥하기를 좋아해 말을 타고 전국을 돌아다니자 사냥을 그만두고 학문에 힘쓰라는 뜻으로 충고했다.

왕세정(王世貞): 중국 명(明)나라 때 사람. 자는 원미(元美), 호는 봉주(鳳洲) · 엄주산인(弇州山人). 가정 때 진사에 급제, 형부상서를 지냈다. 이반룡(李攀龍)과 더불어 당시의 문맹(文盟)을 주도했다. 저서로 『엄산당별집(弇山堂別集)』『고불고록(觚不觚錄)』『엄주산인사부고(弇州山人四部稿)』『독서후(讀書後)』『왕씨서원(王氏書苑)』『화원(畫苑)』등이 있다.

왕숙(王肅): 중국 삼국 시대 위(魏)나라 사람. 자는 자옹(子雍), 시호는 경(景). 『논어』『상서(尙書)』『시경』『좌전』, 삼례(三禮)와『공자가어(孔子家語)』를 주석하였다.『성증론(聖證論)』을 지었다.

왕전(王翦): 중국 진(秦)나라 빈양(頻陽) 사람. 진시황의 장수로 조(趙) · 연(燕) 등의 나라를 평정하고, 또 60만 대군으로 초(楚)나라를 평정했다.

왕필(王弼): 중국 삼국 때 위(魏)나라 산양(山陽) 사람. 자는 보사(輔嗣)로 상서랑(尙書郞)을 지냈다. 『역경』에 주를 낼 때 상수(象數)를 배제하고 의리를 말했다.

요신(堯臣)→권기(權變)

용백고(龍伯高)→용술(龍述)

용술(龍述): 중국 후한(後漢) 경조(京兆) 사람. 자는 백고(伯高)이다. 벼슬은 영릉태수(零陵太守)를 지냈다. 마원(馬援)이 형의 아들을 경계하는 편지에, 용백고는 넉넉하고 두텁고 주밀하고 신중하되 삼가며 검소하여 내가 아끼고 무겁게 여기는 바이니 너희들은 본받으라고 했다. 이 편지를 본 광무제가 용술을 영릉태수로 발탁했다.

우담(愚潭)→정시한(丁時翰)

우륵(于勒): 신라 때 악사(樂師)로 본래 대가야국 사람이다. 가실왕의 뜻을 받들어 가얏고(伽倻琴)를 만들고 12곡을 지었으며, 진흥왕 12년(551) 신라에 투항 충주 대문산(大門山) 기슭의 금휴포(琴休浦)와 그 위 탄금대가 그가 가얏고를 타던 곳이라 한다.

우맹(優孟): 중국 춘추(春秋) 시대 초(楚)나라 음악인(音樂人)으로 키가 8척(尺)이며 말이 많았다. 언젠가 말과 웃음으로 장왕(莊王)을 풍자하여 충고하자 재상 손숙오(孫叔敖)가 그의 어짊을 알고 잘 대우했다. 손숙오가 죽고 그 아들은 가난해서 나무를 짊어지고 우맹을 만났고 그 뒤 우맹이 장왕에게 말해서 침구(寢丘)에 봉해졌다.

우승유(牛僧孺): 중국 당(唐)나라 사람으로 자는 사암(思黯)이다. 진사에 급제하여 어사중승(御史中丞)과 동평장사(同平章事)에 이르렀으며 기장군공(奇章郡公)에 봉해졌다. 무종 때 순주장사(循州長史)로 좌천되었다가 선종 때 태자소사(太子少師)로 돌아와서 죽었다. 시호는 문간(文簡)이며 저서로『유괴록(幽怪錄)』이 있다.

우좨주(禹祭酒)→우탁(禹倬)

우탁(禹倬): 원종 4~충혜왕 복위 3(1263~1342). 자는 천장(天章) · 탁보(卓甫), 호는 역동(易東), 시호는 문희(文僖), 본관은 단양, 우천규(禹天珪)의 아들이다. 문과에 급제, 벼슬은 성균좨주(成均祭酒)를 지냈다. 경사(經史)와 역학(易學)에 밝았다.

우통(尤侗) : 중국 청(淸)나라 장주(長洲) 사람. 자는 동인(同人)·전성(展成), 호는 회암(悔菴)·간재(艮齋)·서당노인(西堂老人). 벼슬은 시강(侍講)을 지냈다. 시를 잘 지었다. 저서로는 『서당잡조(西堂雜俎)』 『간재잡기(艮齋雜記)』 등이 있다.

우화(虞龢) : 중국 진(陳)나라 여요(餘姚) 사람. 젊었을 때 학문을 좋아했다. 집이 가난해 지붕이 새자 이불을 펴서 책을 덮어 젖지 않도록 하고 그는 크게 젖었다. 중서랑(中書郞)과 정위(廷尉)를 지냈다.

운선잡기(雲仙雜記) : 중국 당(唐)나라 풍지(馮贄)가 편찬 저술했는데 10권이다. 고금 일사(逸事)와 연호를 뒤섞어 실었는데 더러 잘못된 것이 있다.

원결(元結) : 중국 당(唐)나라 사람. 자는 차산(次山)으로 진사에 급제하여 수부원외랑(水部員外郞)을 거쳐 만년에 도주자사(道州刺史)가 되어 요역을 면제하고 유망(流亡)을 거두었다. 『원자십편(元子十篇)』을 짓고 처음 호를 의간자(猗玕子)라 하고, 낭사(浪士)·만랑(漫郞)이라 일컫다가 췌수(贅叟)로 고쳤다. 저서로 『차산집(次山集)』이 있고, 또 심천운(沈千運)·왕계우(王季友) 등 7명의 시를 엮어 『협중집(篋中集)』을 만들었다.

원공(猿公) : 중국 전국 시대 월(越)나라의 전설적인 사람. 구야자(歐冶子)가 구천(句踐)을 위해 명검을 만들어 바치자 이를 시험하기 위해 검술에 뛰어난 처녀를 불렀는데 그녀가 '원공'이라 스스로 일컫는 한 노인을 만나 같이 시험했다 한다.

원굉도(袁宏道) : 중국 명(明)나라 때 시인으로 자는 중랑(中郞). 형 종도(宗道), 아우 중도(中道)와 더불어 삼원(三袁)이라 불렸다. 저서로 『원중랑집(袁中郞集)』이 있다.

원도주(元道州)→원결(元結)

원량(元亮)→도잠(陶潛)

원례(元禮)→이응(李膺)

원앙(袁盎) : 중국 한(漢)나라 초(楚) 사람. 자는 사(絲). 문제 때 중랑(中郞)을 지내고 농서도위(隴西都尉)와 오상(吳相)을 역임했다. 원앙은 본디 조조(晁錯)와 사이가 좋지 않았는데 경제 때 조조가 오왕의 재물을 받았다는 죄를 씌워 서인(庶人)이 되었으며 뒤에 양왕(梁王)에게 죽었다.

원천강(袁天綱) : 중국 당(唐)나라 때 성도(成都) 사람. 풍수지리와 점술에 밝았다. 화산령(火山令)을 지냈으며 저서로 『육임과(六壬課)』 『오행상서(五行相書)』가 있는데, 후세 사람이 거짓으로 그의 이름을 의탁했다고도 일컫는다.

원호(元豪) : 중종 28∼선조 25(1533∼1592). 자는 중영(仲英), 시호는 충장(忠壯), 본관은 원주, 원송수(元松壽)의 아들이다. 명종 22년(1567) 무과에 급제, 경원부사로 있을 때 이탕개(尼湯介)의 침입을 물리치고, 임진왜란 때 강원도 조방장으로 여주의 신륵사에서 왜병을 크게 무찔렀다. 김화에서 적의 복병을 만나 전사했다.

위공(魏公)→한기(韓琦)

위곽(衛霍)→위청(衛靑)·곽거병(霍去病)

위모(魏謩) : 중국 당(唐)나라 때 위징(魏徵)의 5세손. 자는 신지(申之)로 진사에 급제하여 이부상서와 검교상서우복야를 지냈다. 저서로『위씨수략(魏氏手略)』
과 문집(文集)이 있다.
　위상(魏相) : 중국 한(漢)나라 때 승상
으로 선제(宣帝)를 도와 중흥시켰다.
　위상(魏尙) : 중국 한(漢)나라 때 사람.
자는 문중(文仲)으로 태사(太史)가 되었
으며 새소리에 밝았다.
　위오(蔿敖)→손숙오(孫叔敖)
　위청(衛靑) : 중국 한(漢)나라 때 하동
(河東) 평양(平陽) 사람으로 자는 중경(仲
卿)이며 대장군을 지냈다. 비첩의 소생이
었다.
　유성룡(柳成龍) : 중종 37~선조 40(15
42~1607). 자는 이현(而見), 호는 서애(西
厓), 시호는 문충(文忠), 본관은 풍산으로
유중영(柳仲郢)의 아들이다. 이황의 문인
으로 명종 21년(1566) 문과에 급제, 벼슬
은 영의정을 지냈다. 1592년 임진왜란이
일어나자 도체찰사로 군무를 총괄, 이순
신과 권률을 등용, 임란을 극복하는 데 힘
썼다. 1604년 호성공신 2등으로 다시 풍
원부원군에 봉해졌다. 도학·문장·덕행
·글씨로 이름을 떨쳤고, 안동의 호계서
원(虎溪書院)·병산서원(屛山書院)에 제
향되고, 저서로는『서애집』『징비록(懲毖
錄)』등이 있다.
　유안(劉安) : 중국 한(漢)나라 때 회남
왕(淮南王)의 성명이다. 고금의 치란(治
亂)·흥망·길흉화복과 괴이한 일들을
다루어놓은 『회남자(淮南子)』를 저술했
다.
　유양잡조(酉陽雜俎) : 중국 당(唐)나라
단성식(段成式)이 편찬 저술한 기괴이담
록(奇怪異談錄)이다. 본집 20권, 속집 10
권이다.
　유인원(劉仁願) : 중국 당(唐)나라 장수
로 백제를 평정하고 비를 세운 인물이다.
　유창(劉蒼) : 중국 후한(後漢) 광무제의
제8자로 동평왕(東平王)에 봉해졌다. 젊
어서는 경서를 좋아했으며, 수염이 아름
다웠다. 명제 때 표기장군에 임명되었다
가 몇년 만에 물러났다.
　유칠분(柳七墳) : 미상.
　유형원(柳馨遠) : 광해군 14~현종 14
(1622~1673). 자는 덕부(德夫), 호는 반계
(磻溪), 본관은 문화, 유흠(柳欽)의 아들로
서울 출신이다. 1653년 부안(扶安)에 정
착, 학문에 몰두 실학(實學)을 학문으로
정착시켰다. 많은 저술이 있으나 특히
『반계수록(磻溪隨錄)』은 우리 나라 역사
상 명저로 손꼽힌다.
　육가(陸賈) : 중국 한(漢)나라 고조(高
祖)를 도와 통일에 힘썼다. 벼슬은 대중대
부(大中大夫)를 지냈으며, 저서로『신어
(新語)』가 있다.
　육구연(陸九淵) : 중국 송(宋)나라 때
학자. 호는 상산(象山)이며, 주자와 논변
(論辯)하여 이학(理學)이 주(朱)·육(陸)
양파로 나뉘었다.『상산집(象山集)』이 있
다.
　육상선(陸象先) : 중국 당(唐)나라 사
람. 자는 숭현(崇賢), 본성명은 육경초(陸
景初)인데 예종이 상선이란 이름을 하사
했다. 과거에 급제하여 동중서문하평장
사(同中書門下平章事)에 이르렀다. 현종
을 보호한 공으로 연국공(兗國公)에 봉해
졌다가 혁파당해 검남안찰사(劍南按察
使)로 나갔다. 정치를 할 때 인서(仁恕)를
숭상했다. 그는 늘 "天下本無事 庸人擾之
爲煩耳"라고 말했다. 태자소보(太子少保)
에 이르렀다. 시호는 문정(文貞).
　육생(陸生)→육가(陸賈)

육아(六兒)→정학초(丁學樵)
육우(陸羽) : 중국 당(唐)나라 때 은사(隱士)로 평소에 차(茶)를 좋아해『다경』 3권을 지어 다신(茶神)이라는 칭호를 얻었다.
육유(陸游) : 중국 송(宋)나라 때 사람. 자는 무관(務觀), 자호는 방옹(放翁)으로 보장각대제(寶章閣待制)를 지냈다. 시에 뛰어나서 검남 일파(劍南一派)를 이루었다. 저서로『입촉기(入蜀記)』『남당서(南唐書)』『위남문집(渭南文集)』『방옹사(放翁詞)』등이 있다.
육전(陸佃) : 중국 송(宋)나라 산음(山陰) 사람. 자는 농사(農師)로 왕안석(王安石)에게 경전을 배웠으나 신법(新法)을 찬성하지 않았다. 진사에 급제하여 상서 우승(尙書右丞)과 박주지현(亳州知縣)을 지내다 파직당했다. 저서로『비아(埤雅)』『춘추후전(春秋後傳)』『갈관자주(鶡冠子註)』『도산집(陶山集)』등이 있다.
윤규범(尹奎範) : 영조 28~순조 21(1752~1821). 자는 이서(彛敍), 호는 남고(南皐), 원래 이름은 지범(持範)인데, 1801년에 규범이라 고쳤다. 본관은 해남으로 정조 1년(1777) 증광문과에 급제, 병조참의를 지냈다. 시를 잘 지었다.
윤노규(尹魯奎) : 자는 문거(文擧)
윤덕희(尹德熙) : 숙종 11~영조 52(1685~1776). 화가로 자는 경백(敬伯), 호는 낙서(駱西)·연포(蓮圃)·연옹(蓮翁), 본관은 해남(海南), 두서(斗緖)의 아들. 벼슬은 도사(都事)에 이르렀고, 아버지 두서와 함께 쌍절(雙絶)이라 일컬어졌다.
윤선도(尹善道) : 선조 20~현종 12(1587~1671). 자는 약이(約而), 호는 고산(孤山)·해옹(海翁), 시호는 충헌(忠憲), 본관

은 해남(海南), 윤유심(尹惟深)의 아들로 유기(惟幾)에게 입양되었다. 인조 6년(1628) 별시문과에 장권급제, 벼슬은 예조참의와 동부승지를 지냈다. 정치적으로는 불우하여 20여 년 동안 귀양살이를 했으나 국문학사상 정철(鄭澈)과 쌍벽을 이루는 시인으로「산중신곡(山中新曲)」「어부사시사(漁夫四時詞)」등 유명한 작품이 많이 있다. 저서로『고산유고(孤山遺稿)』 6권 등이 있다.
윤영희(尹永僖) : 영조 37~순조 28(1761~1828). 자는 외심(畏心), 호는 송옹(淞翁), 본관은 파평, 윤항진(尹恒鎭)의 아들, 정조 10년(1786) 별시문과에 급제, 정언(正言)을 지냈다. 다산의 친구이다.「윤면채뢰(尹冕采誄)」참조.
윤이서(尹彛敍)→윤규범(尹奎範)
윤정기(尹廷琦) : 순조 14~고종 16(1814~1879). 자는 경림(景林), 호는 방산(舫山), 본관은 해남, 윤영희(尹榮喜)의 아들로 다산 정약용의 외손자. 외할아버지에게 공부하고 학문에만 정진했다. 저서로『역전익속(易傳翼續)』『시경강의속집(詩經講義續集)』(11권 6책)『방산유고(舫山遺稿)』『동환록(東寰錄)』『물명고(物名考)』등이 있다.
윤지눌(尹持訥) : 영조 38~순조 15(1762~1815). 자는 무구(无咎), 호는 소고(小皐), 본관은 해남(海南). 1790년 알성문과에 급제 사헌부 지평(持平) 등을 역임했다.
윤필병(尹弼秉) : 영조 6~순조 10(1730~1810). 자는 이중(彛仲), 호는 무호당(無號堂), 본관은 파평(坡平). 영조 43년(1767) 정시문과에 급제, 벼슬은 동지중추부사에 이르렀다.

윤행임(尹行恁) : 영조 38~순조 1(1762~1801). 자는 성보(聖甫), 호는 방시한재(方是閑齋)·석재(碩齋). 순조가 즉위하자 이조판서에 승진되었다가 신유박해(辛酉迫害)로 신지도(薪智島)에 유배되었다가 풀려났으며 후에 김조순(金祖淳)의 상소로 투옥, 참형을 당했다.

의돈(猗頓) : 중국 춘추 시대 노(魯)나라의 큰 부자.

의순(意恂) : 정조 10~고종 3(1786~1866). 중으로 호는 초의(艸衣), 성은 장(張), 자는 중부(中孚), 본관은 나주. 15세 때 남평 운흥사(雲興寺)에서 중이 되었다. 다산에게 시문을 배웠으며, 김정희(金正喜) 등과 친교, 해남 두륜산에 일지암(一枝菴)을 짓고 40년 동안 지관(止觀)을 닦았다. 저서로『동다송(東茶頌)』『일지암유고』 등이 있다.

의엄(義嚴) : 조선 선조 25년(1592) 여주(驪州)에 있는 파사성(婆娑城)을 수축(修築)한 승병장이다.

이가환(李家煥) : 영조 18~순조 1(1742~1801). 자는 정조(廷藻), 호는 금대(錦帶)·정헌(貞軒), 본관은 여주, 이용휴(李用休)의 아들. 정조 1년(1777) 문과에 급제, 형조판서를 지냈다. 정조로부터 '정학사(貞學士)'라고 호칭될 만큼 대학자였다.『대전통편(大典通編)』 편찬에 참여하고『규장전운옥편(奎章全韻玉篇)』을 교정하였으며, 수학과 천문학의 대가였다. 다산도 그가 만권서를 간직하고 있다고 했는데, 1801년 신유사옥에 천주교인으로 몰려 죽었다. 저서로『금대관집(錦帶館集)』 10책이 있다.

이강회(李綱會) : 정조 13(1789)~?. 자는 굉보(紘父), 본관은 경주, 이기준(李基俊)의 아들. 다산의 18제자 가운데 한 사람이다. 서울 사람인데 강진에 가서 9년 동안 다산에게 글을 배웠다.『논어고금주(論語古今注)』를 저술할 때 윤동(尹峒)과 함께 도운 인물이다.

이격(李格) : 영조 24~순조 3(1748~1803). 자는 천로(天老), 호는 만오(晩悟), 본관은 경주로 경상우도 병마절도사를 지냈다.

이광(李廣) : 중국 한(漢)나라 때 성기(成紀) 사람. 무제 때 북평태수(北平太守)였는데 활을 잘 쏘아 흉노들이 두려워해서 비장군(飛將軍)이라 불렀다. 흉노와 70여 차례 싸웠으나 봉후(封侯)되지 못했다. 뒤에 목매어 자살했다.

이광교(李廣敎) : 영조 32(1756)~? 자는 문달(文達). 본관은 한산, 전 승지 이수일(李秀逸)의 손자.

이광사(李匡師) : 숙종 31~정조 1(1705~1777). 서예가·학자로 자는 도보(道甫), 호는 원교(圓嶠)·수북(壽北), 본관은 전주. 원교체(圓嶠體)라는 독특한 필체를 이룩했다.

이광정(李光庭) : 명종 7~인조 5(1552~1627). 자는 덕휘(德輝), 호는 해고(海皐)·눌옹(訥翁), 본관은 연안, 이주(李澍)의 아들이다. 선조 23년(1590) 문과에 급제, 이조·공조·형조의 판서와 개성부 유수를 지냈다. 선조 때 청백리에 뽑혔으며 연원군(延原君)과 부원군에 봉해졌다. 저서로『눌옹문집』이 있다.

이기양(李基讓) : 영조 20~순조 2(1744~1802). 문신. 자는 사흥(士興), 호는 복암(茯菴), 본관은 광주(廣州). 1795년 정시문과에 급제, 1798년 의주부윤이 되었다. 1801년 예조참판을 지냈고, 신유박해로 단천에 유배되었다가 죽었다. 다산의 「복암묘지명」이 있다.

이담로(李聃老) : 인조 5~숙종 27(1627~1701). 자는 연년(延年), 호는 백운동은(白雲洞隱), 본관은 원주, 이빈(李彬)의 아들. 한때 유명한 석학과 교유했다. 좌승지에 추증되었다. 문집이 있었다.

이덕휘(李德輝) : 영조 35~순조 28(1759~1828). 자는 윤경(潤卿), 본관은 원주, 이현박(李顯樸)의 아들로 다산이 강진에 귀양 살 때 교유했으며, 아들 시헌(時憲)을 다산으로 보내 공부하도록 했다.

이등유정(伊藤維禎) : 일본의 학자로 이또오 유떼이. 호는 인재(仁齋:진사이)로 『맹자』에 대한 연구가 많았다. 저서로 『맹자고의(孟子古義)』『어맹자의(語孟子義)』『중용발휘(中庸發揮)』 등이 있으며 관영(寬永) 2년(1625) 79세로 죽었다.

이루(離婁)→이주(離朱)

이릉(李陵) : 중국 한(漢)나라 때 사람. 자는 소경(少卿)으로 활을 잘 쏘았다. 흉노와 싸우다가 힘이 다하여 항복했다. 임금이 이 소식을 듣고 이릉의 가족을 다 죽였다. 선우가 그 딸을 주고 우교왕(右校王)을 삼아서 20여 년 살다가 죽었다.

이만원(李滿元) : 효종 2~숙종 34(1651~1708). 자는 백춘(伯春), 호는 이우당(二憂堂), 본관은 연안, 이형(李泂)의 아들. 숙종 4년(1678) 문과에 급제, 평안도관찰사와 이조참판을 역임했다. 연릉군(延陵君)에 봉해지고 정조 20년(1796) 청백리에 뽑혔다.

이명환(李鳴煥) : 영조 49~순조 9(1773~1809). 자는 패겸(佩謙), 호는 겸재(謙齋), 본관은 여주, 이병휴(李秉休)의 아들, 목재 이삼환(李森煥)의 아우. 1795년 다산이 금정찰방으로 목재 이삼환(李森煥)을 모시고 성호유서(星湖遺書)를 정리할 때 참여했다. 정조 22년(1798) 생원시에 합격하고, 저술로 『벽이연원록(闢異淵源錄)』이 있다.

이목(李牧) : 중국 전국 시대 조(趙)나라의 장군. 흉노를 대파하여 흉노가 10여 년 동안 침범하지 못했고 또 진(秦)나라 군사를 대파하여 무안군(武安君)에 봉해졌다. 진나라에서 그를 겁내어 조나라의 총신 곽개(郭開)에게 뇌물을 주어 이목이 모반하려 한다고 하여 조왕이 그를 죽이고 얼마 지나지 않아 진나라는 조나라를 멸망시켰다.

이민구(李敏求) : 선조 22~현종 11(1589~1670). 자는 자시(子時), 호는 동주(東洲)·관해(觀海), 본관은 전주로 이수광(李睟光)의 아들이다. 광해군 4년(1612) 문과에 장원, 이조참판에 이르렀고, 인조 14년(1636) 병자호란 때 강도검찰부사로 책임을 다하지 못해 아산에 유배, 영변으로 이배되었다가 1649년 풀려났다. 문장이 뛰어나고 사부(詞賦)에 능했다. 저서로 『동주집』『독사수필(讀史隨筆)』 등이 있다.

이반룡(李攀龍) : 중국 명(明)나라 역성(歷城) 사람. 자는 우린(于鱗), 호는 창명(滄溟)으로 어려서는 집이 가난했으며 조금 자라서 시가를 즐겼다. 진사에 급제하여 하남안찰사(河南按察使)를 지냈다. 그를 좋아하는 자는 일대의 종장(宗匠)으로 여겼다. 사진(謝榛) 등과 오자(五子)라 하고, 또 후칠자(後七子)라고도 일컬었다. 저서로 『고금시산(古今詩刪)』『이창명집(李滄溟集)』이 있다.

이벽(李檗) : 영조 30~정조 10(1754~

1786). 자는 덕조(德操), 호는 광암(曠菴)으로 천주교 연구자. 다산 큰형의 처남으로 그의 아버지 이보만(李溥萬)이 아들의 천주교 신앙에 반대하여 목을 매어 죽자 배교하고 병사했다.

이병정(李秉鼎) : 영조 7(1742)~? 자는 이중(彛仲), 본관은 전주(全州), 창수(昌壽)의 아들. 영조 42년(1766) 정시문과에 급제, 이조·병조 판서와 평안 감사 등을 역임했다.

이삼환(李森煥) : 영조 5~순조 13(1729~1813). 자는 자목(子木), 호는 목재(木齋)·소미(少眉), 성호(星湖) 이익(李瀷)의 종손으로 성호의 학문 가운데 예학(禮學)을 이어받아 큰 이름이 있던 학자로서 그때 예산(禮山)에서 살았다. 저서로『소미산방장서(少眉山房藏書)』3책이 남아 있고『백가의(百家衣)』1책 등이 있다.

이색(李穡) : 충숙왕 15~태조 5(1328~1396). 여말 삼은(三隱)의 한 사람으로 자는 영숙(穎叔), 호는 목은(牧隱), 시호는 문정(文靖), 본관은 한산으로 이곡(李穀)의 아들이다. 이제현(李齊賢)의 문인으로 충목왕 4년(1348) 원나라에 가서 국자감의 생원이 되어 성리학을 연구했다. 1353년 향시와 정동행성의 향시에 1등으로 합격, 서장관이 되어 원나라에 가서 1354년 회시에 1등, 전시에 2등으로 합격, 귀국하여 벼슬은 판문하부사에 이르렀다. 1367년 대사성이 되어 김구용(金九容)·정몽주·이숭인 등을 학관으로 채용, 성리학 발전에 기여했다. 1373년 한산군(韓山君), 조선 태조 4년(1395) 한산백(韓山伯)에 봉해지고 이듬해 여강(驪江)으로 가다가 죽었다. 문하에 권근·김종직·변계량 등을 배출해 조선 성리학의 주류를 이루게 했다. 저서로『목은시고』『목은문고』가 있다.

이서구(李書九) : 영조 30~순조 25(1754~1825). 자는 낙서(洛瑞), 호는 척재(惕齋)·강산(薑山)·석모산인(席帽山人). 정조 19년(1795) 천주교도를 옹호한다는 죄로 영해(寧海)에 유배당했고, 형조 판서를 거쳐 판중추부사(判中樞府事)에 이르렀다. 특히 한시사대가(漢詩四大家)로 유명하다. 시호는 문간(文簡).

이서우(李瑞雨) : 인조 11~숙종 35(1633~1709). 자는 윤보(潤甫), 호는 송곡(松谷), 본관은 우계(羽溪)로 이경항(李慶恒)의 아들이다. 현종 1년(1660) 문과에 급제, 벼슬은 공조참판을 지냈다. 시문에 뛰어나고 글씨를 잘 썼다.

이수일(李秀逸) : 숙종 31~정조 3(1705~1779). 자는 자준(子俊), 호는 구호(龜湖), 본관은 한산, 이성(李成)의 아들이다. 영조 16년(1740) 문과에 급제, 승지를 지냈다. 1762년 장령으로 삼남 지방에 흉년이 들자 8조의 황정책(荒政策)을 올렸다.

이순풍(李淳風) : 중국 당(唐)나라 때 옹(雍) 사람. 어려서부터 온갖 책에 통했다. 정관 초기에 장사랑으로 혼천의(渾天儀)를 만들고 태사령(太史令)을 지냈다. 길흉의 점을 잘 쳤으며, 저서로『전장문물지(典章文物志)』『기사점(己巳占)』등이 있다.

이시진(李時珍) : 중국 명(明)나라 때 학자. 자는 동벽(東璧). 박물학과 의학에 조예가 깊어『본초강목(本草綱目)』이라는 유명한 의서를 남겼는데, 이는 식물을 중심으로 하는 1800여종 약재의 집해(集解)·변의(辨疑)·정오(正誤)를 강목(綱目)으로 나누어 서술한 책이다.

이시헌(李時憲) : 순조 3~철종 11(1803~1860). 자는 숙도(叔度), 호는 자이당(自怡堂), 본관은 원주, 이덕휘(李德輝)의 아들, 생부는 석휘(錫輝). 다산이 강진에 귀양 살 때 다산에 가서 공부했다. 여러 번 학행으로 천거받았다. 문집으로『자이선생집(自怡先生集)』이 있다.

이아(爾雅) : 13경의 하나로 중국 고대의 경전에 나오는 물명(物名)을 주해한 책. 천문·지리·음악·기재(器材)·초목·조수(鳥獸) 등의 낱말을 해석했다. 작자는 주공(周公)이라 전해 왔으나 오늘날에는 이를 부정하고 있다. 주대(周代)에서 한대(漢代)까지의 여러 학자가 여러 경서의 전주(箋註)를 채록한 것이다. 작자 및 제작 연대 미상으로 3권이다.

이여송(李如松) : 중국 명(明)나라 때 장수로 성량(成梁)의 큰아들. 자는 자무(子茂)로 영원백(寧遠伯)을 물려받았다. 임진왜란 때 구원병의 장수로 평양 전투에 승리하고 요동총병(遼東總兵)을 제수받았다. 청나라가 명을 침략하자 이에 맞서 싸우다 죽었다. 시호는 충렬(忠烈)이다.

이여홍(李汝弘)→이재의(李載毅)

이우성(李虞成)→이재위(李載威)

이원익(李元翼) : 명종 2~인조 12(1547~1634). 문신으로 자는 공려(公勵), 호는 오리(梧里), 본관은 전주. 1569년 별시 문과에 급제, 벼슬은 영의정에 이르렀다. 서민적 인품으로서 '오리정승'이란 이름으로 많은 일화가 전한다. 시호는 문충(文忠).

이유석(李儒錫) : 영조 36(1760)~?. 자는 여앙(汝昻), 본관은 함평, 이일운(李日運)의 아들이다. 1795년 다산이 금정찰방으로 목재 이삼환(李森煥)을 모시고 성호유서(星湖遺書)를 정리할 때 참여했다.

이유수(李儒修) : 영조 34~순조 22(1758~1822). 자는 주신(周臣), 호는 금리(錦里), 본관은 함평. 1783년 증광별시에 급제, 1820년 영해부사가 되었다. 다산에게 친구간에 의리를 배반하지 않은 사람으로 꼽혔다.

이윤(伊尹) : 중국 고대 은(殷)나라 탕왕(湯王) 때 현신(賢臣). 이윤은 처음에 은나라를 세운 탕에게 기용되고 싶었으나 방법이 없었다. 그래서 유신씨(有莘氏)의 딸이 탕에게 시집 갈 때 솥과 도마를 가지고 따라가서 맛있는 음식으로 탕을 기쁘게 하여 그 인연으로 발탁되었다.

이응(李膺) : 중국 후한(後漢) 양성(襄城) 사람. 자는 원례(元禮)로 환제 때 사예교위(司隸校尉)를 지냈는데 선비로 그와 면접한 자를 등용문에 올랐다고 일렀다. 뒤에 두무(竇武)와 환관들을 죽이려 꾀하다 이루지 못하고 죽음을 당했다.

이의준(李義駿) : 영조 14~정조 22(1738~1798). 자는 중명(仲命). 영조 49년(1773) 문과에 급제, 벼슬은 대사간 등을 지냈다. 정조 20년(1796)『존주휘편(尊周彙編)』을 편수하고, 1798년 황해도 관찰사로 재직 중에 병사했다.

이익(李瀷) : 숙종 7~영조 39(1681~1763). 자는 자신(子新), 호는 성호(星湖), 본관은 여주, 이하진(李夏鎭)의 아들이다. 숙종 31년(1705) 증광시에 합격했으나 성명을 기록한 양식이 맞지 않아 회시에 응시 못하고 이후 학문 연구에만 몰두 근기실학(近畿實學)의 발원(發源)을 이루었다. 저서로는『성호선생문집』『성호선생속

집』・『질서(疾書)』・『성호사설(星湖僿說)』・『곽우록(藿憂錄)』・『백언해(百諺解)』 등이 있다.

이일운(李日運) : 영조 12(1736)~?. 자는 유회(幼晦), 본관은 함평, 이사언(李師言)의 아들이다. 정조 4년(1780) 문과에 급제, 승지를 지냈다.

이자성(李自成) : 중국 명(明)나라 때 미지(米脂) 사람. 숭정 말기에 서안(西安)에서 왕을 칭하고 연호를 대순(大順)이라 했다. 북경(北京)을 함락시키자 장렬제(莊烈帝)는 자살했다. 오삼계(吳三桂)가 군사를 끌고 입관(入關)하자 서쪽으로 달아났으며 청(淸)나라 군사가 추격하자 구궁산(九宮山)으로 도망쳤다가 자살했다.

이자의(李諮議) : 미상.

이재(彛齋) → 조맹견(趙孟堅)

이재위(李載威) : 영조 21~순조 26(1745~1826). 자는 우성(虞成), 호는 시헌(枾軒), 본관은 여주, 이하진(李夏鎭)의 현손으로 철환(嚞煥)의 아들. 다산이 금정찰방으로 가서 목재 이삼환(李森煥)을 모시고 성호유서(星湖遺書)를 정리할 때 참여했다.

이재의(李載毅) : 영조 48~헌종 5(1772~1839). 자는 여홍(汝弘), 호는 문산(文山)・약암(約菴), 본관은 전주, 이응오(李應五)의 아들이다. 순조 1년(1801) 생원시에 합격하고 경서를 깊이 연구했다. 다산과 경서에 대한 토론을 편지로 주고받은 것이 여러 편 있다. 저서로『문산집(文山集)』이 있다.

이정암(李廷馣) : 중종 36~선조 33(1541~1600). 자는 중훈(仲薰), 호는 사류재(四留齋)・퇴우당(退憂堂)・월당(月塘), 시호는 충목(忠穆), 본관은 경주(慶州), 이탕(李宕)의 아들이다. 명종 16년(1561) 문과에 급제, 벼슬은 전라도・충청도・황해도 관찰사를 지냈다.

이정운(李鼎運) : 영조 19~정조 24(1743~1800). 익운(益運)의 형. 자는 공저(公著), 호는 오사(五沙), 본관은 연안, 이징대(李徵大)의 아들. 영조 45년(1769) 문과에 급제, 벼슬은 판서에 이르렀으며 남인(南人)의 대가.

이종민(李宗閔) : 중국 당(唐)나라 사람. 자는 손지(損之). 진사에 급제, 동평장사(同平章事)를 지내고 유주사마(柳州司馬)로 강등되어 죽었다. 사당(私黨)을 끌어모으기를 일삼다가 끝내 이것 때문에 패했다.

이주(離朱) : 중국 고대에 눈이 밝았던 사람으로 그는 100보 밖에서도 가을철 짐승의 털끝을 살필 수 있었다고 한다.

이주신(李周臣) → 이유수(李儒修)

이중식(李重植) : 미상.

이지란(李之蘭) : 충혜왕 1~태종 2(1331~1402). 자는 식형(式馨), 본성은 퉁(佟), 본명은 쿠룬투란티무르(古倫豆蘭帖木兒), 본관은 청해로 여진 아라부카(阿羅不花)의 아들. 조선 개국공신으로 청해군(青海君)에 봉해지고 좌찬성을 지냈다. 시호는 양렬(襄烈)이다.

이필(李泌) : 중국 당(唐)나라 때 사람. 자는 장원(長源)으로 초주(楚州)・항주(杭州)의 자사를 역임하고 업후(鄴侯)에 봉해졌다.

이하진(李夏鎭) : 인조 6~숙종 8(1628~1682). 자는 하경(夏卿), 호는 매산(梅山)・육우당(六寓堂), 본관은 여주, 이지안(李志安)의 아들이며 이익(李瀷)의 아버지. 현종 7년(1666) 문과에 급제, 벼슬은 대사헌·대사간에 이르렀다. 숙종 6년(1680) 경신대출척이 일어나자 대사간으로 소를 올렸으나 이 상소에 진노한 임금이 진주목사로 좌천시켰다가 운산으로 유배시켰는데 배소에서 죽었다. 저서로 『육우당유고(六寓堂遺稿)』『천금물전(千金勿傳)』이 필사본으로 전하고 있다.

이학규(李學逵) : 영조 46~순조 35(1770~1835). 자는 성수(惺叟), 호는 낙하생(洛下生)으로, 18세 때 이미 『규장전운(奎章全韻)』 등의 수교(讎校)를 맡아 박학한 학자로 이름났다. 신유사옥이 일어나자 다산과 같이 24년(1801~1824) 간이나 경상도 김해 땅에서 귀양살이를 했다. 유배지에서도 서울을 매개로 해서 다산과 소식을 주고받은 것 같다. 다산의 영향을 많이 받았다. 저술로는 『명물고(名物考)』 『영남악부(嶺南樂府)』『문의당고(文猗堂稿)』등이 있다.

이헌길(李獻吉) : 자는 몽수(夢叟)·몽수(蒙叟), 호는 완산(完山), 본관은 전주, 덕천군(德泉君) 후생(厚生)의 후손. 이철환(李嘉煥) 문하에서 수학, 의학 방면에 정진하여 두진(痘疹) 치료법을 개발했고 『마진기방(痲疹奇方)』을 저술했다.

이황(李滉) : 연산군 7~선조 3(1501~1570). 초명은 서홍(瑞鴻), 자는 경호(景浩), 초자는 계호(季浩), 호는 퇴계(退溪)·도옹(陶翁)·퇴도(退陶)·청량산인(淸凉山人), 시호는 문순(文純), 본관은 진보로 이식(李埴)의 아들이다. 예안(禮安) 출신으로 중종 29년(1534) 문과에 급제, 양관 대제학을 지냈다. 주자학을 집대성한 유학자로 이이(李珥)와 쌍벽을 이루었으며 영남학파의 종장이다. 저서로 『퇴계전서(退溪全書)』가 있다.

ㅈ

자고(子羔)→고시(高柴)

자공(子貢) : 중국 춘추(春秋) 시대 공자의 제자로 성명은 단목사(端木賜)이며 자가 자공이다.

자상(子桑)→자상호(子桑戶)

자상호(子桑戶) : 중국 춘추(春秋) 시대 사람으로, 세 사람의 벗과 서로 막역하게 마음을 터놓고 지낸 것으로 유명하다.

자옹(子雍)→왕숙(王肅)

장량(張良) : 중국 한(漢)나라 때 사람. 자는 자방(子房)으로 그 선조는 한(韓)나라 사람인데 진(秦)이 한을 멸하자 장량은 자객을 구해 진왕을 찔러죽여 한나라의 원수를 갚고자 박랑사(博浪沙)에서 진시황을 저격했다가 실패, 성명을 고쳐 도망쳤다. 한(漢) 고조가 군사를 일으키자 장량은 모책을 내어 항우(項羽)를 멸망시키고 천하를 평정시켰다. 고조가 즉위하자 유후(留侯)에 봉해지고 시호는 문성(文成)이다. 만년에는 신선 벽곡지술을 배워 공명을 온전히 지켰다.

장보고(張保皐) : ?~문성왕 8(846). 신라 말기의 호족으로 큰 상인이다. 장보고(張寶高)라고도 했다. 본명은 궁복(弓福)·궁파(弓巴)로 '활 잘 쏘는 사람'이라는 뜻이다. 완도에 청해진(淸海鎭)을 건설하여 청해진 대사가 되어 바다를 통한 교역활동을 활발히 했다.

장사(長沙)→가의(賈誼)

장선(張先) : 중국 송(宋)나라 오정(烏程) 사람. 자는 자야(子野)로 진사에 급제, 벼슬은 도관낭중(都官郞中)에 이르렀다.

사(詞)에 뛰어나 유운(柳惲)과 같이 이름 났다. 그때 당시는 '장삼영(張三影)'이라 일컬었다.

장자(莊子) : 중국 전국(戰國) 시대의 사상가 장자(莊子:이름은 周)가 지은 책으로 『노자』와 더불어 도가(道家)의 대표적인 저술이다. 내편 7권, 외편 15권, 잡편 11권으로 되어 있다. 내편은 장자의 근본사상을 기술했고, 외편·잡편은 내편의 뜻을 부연 설명했다. 일설에는 그의 문하생의 위작(僞作)이라고도 한다.

장재(張載) : 중국 송(宋)나라 때 학자로 자는 자후(子厚). 횡거선생(橫渠先生)이라고 부른다. 시호는 명(明). 저서로는 『정몽(正蒙)』『서명(西銘)』『역설(易說)』 등이 있다.

장주(莊周) → 장자(莊子)

장천용(張天慵) : 다산이 곡산부사로 있을 때 황해도 곡산에 살던 방외인(方外人)으로 퉁소를 잘 불었고 산수 그림을 잘 그렸다. 원래는 천용(天用)이었으나 황해도 관찰사였던 이의준(李義駿)이 '천용(天慵)'이라고 고쳐 주었다. 다산이 전(傳)을 지었다.

장탕(張湯) : 중국 한(漢)나라 무제(武帝) 때 율령(律令)을 만들었고 벼슬은 어사대부(御史大夫)를 지냈다. 옥사(獄事)를 처리할 때는 법조문을 매우 각박하게 적용했다.

장헌충(張獻忠) : 중국 명나라 때 연안위(延安衛) 사람. 이자성(李自成)과 같이 무창(武昌)에 웅거하여 반란을 일으켜 성도(成都)를 함락하고 대서국왕(大西國王)이라 칭하고 연호를 대순(大順)이라 했다. 살육을 함부로 했고, 황호(黃虎)라 불렸다. 뒤에 청나라 숙왕(肅王) 호격(豪格)이 쏴죽였다고 하고 또는 패전하여 자살했다고도 한다.

장형(張衡) : 중국 후한(後漢) 서악(西鄂) 사람. 자는 평자(平子)로 오경에 통달하고 육예에 익숙했다. 「이경부(二京賦)」를 지어 풍간(諷諫)하고, 혼천의(渾天儀)를 만들고 『영헌산망론(靈憲算罔論)』을 저술했다. 벼슬은 상서(尙書)에 이르렀으며, 저술로는 『주역훈고(周易訓詁)』가 있다.

장후(張侯) : 중국 춘추(春秋) 시대 진(晉)나라 대부(大夫)로 해장(解張)이다. 노나라 성공(成公) 때 진나라가 제(齊)나라와 안(鞍)에서 싸울 때 제나라 군사를 물리쳤다.

적생조래(荻生徂徠) : 일본의 성리학자(性理學者)로 이름은 쌍송(雙松), 호가 소라이(徂徠) 오규(荻生)는 성이다. 중국 명나라 이우린(李于麟)을 좋아하였으며 저서로는 『안자고(晏子考)』『관자고(管子考)』『논어징(論語徵)』 등이 있다. 향보(享保) 13년(1728) 63세로 죽었다.

전겸익(錢謙益) : 중국 청(淸)나라의 상숙(常熟) 사람으로 정치가·문인. 자는 수지(受之), 호는 목재(牧齋). 벼슬은 예부시랑에 이르렀다. 시부(詩賦)에 뛰어나 강좌삼가(江左三家)로 불렸고, 저서로는 『초학집(初學集)』『유학집(有學集)』 등이 있다.

전기(錢起) : 중국 당(唐)나라 오흥(吳興) 사람. 자는 중문(仲文)으로 시를 잘 지었으며 대력10재자(大曆十才子)의 한 사람으로 벼슬은 고공낭중(考功郎中)을 지냈다. 저서로 『전중문집(錢仲文集)』이 있다.

정건(鄭虔) : 중국 당(唐)나라 형양(滎

陽) 사람. 자는 약재(弱齋)로 광문관 박사(廣文館博士)가 되었다. 산수를 잘 그렸고 지리에 밝아 천보군방록(天寶軍防錄)을 만들었다. 당시에는 정광문(鄭廣文)이라 불렀다.

정관(丁寬) : 중국 한(漢)나라 양(梁) 사람. 자는 자양(子襄)으로 전하(田何)를 좇아 『주역(周易)』을 배웠다. 배움이 이루어지자 동쪽으로 돌아가 낙양(雒陽)에 이르러 다시 주왕손(周王孫)에게 고의(古義)를 배웠다. 이 때 전하가 "『주역』이 동쪽으로 가버렸다"고 했다 한다. 저서로 『역설삼만언(易說三萬言)』이 있다.

정몽주(鄭夢周) : 충숙왕 복위 6~공양왕 4(1337~1392). 초명은 몽란(夢蘭)·몽룡(夢龍), 자는 달가(達可), 호는 포은(圃隱), 시호는 문충(文忠), 본관은 연일, 정운관(鄭云瓘)의 아들이다. 영천(永川) 출신으로 공민왕 9년(1360) 문과에 장원, 1388년 예문관 대제학·문하찬성사에 오르고 1390년 우문관대제학·익양군 충의백(右文館大提學益陽郡忠義伯)이 되었다. 1392년 선죽교(善竹橋)에서 이방원의 문객 조영규(趙英珪) 등에게 격살당했다. 성리학에 뛰어나 동방이학(東方理學)의 시조로 추앙되었으며, 시문에 능하여 시조 「단심가(丹心歌)」 외에 많은 한시가 있고 서화에도 뛰어났다. 고려 삼은(三隱)의 한 사람으로 우리 나라 '충신'의 대표이다.

정범조(丁範祖) : 경종 3~순조 1(1723~1801). 자는 법정(法正), 호는 해좌(海左), 지녕(志寧)의 아들. 영조 39(1763) 증광문과에 갑과로 급제, 정조 23년(1799) 예문관 제학을 지냈으며 시호는 문헌(文憲).

정시한(丁時翰) : 인조 3~숙종 33(16 25~1707). 자는 군익(君翊), 호는 우담(愚潭), 본관은 나주, 정언황(丁彦璜)의 아들이다. 원주 법천(法泉)에 낙향하여 벼슬길을 멀리하고 이현일(李玄逸) 등과 교유하며 학문에 정진했다. 유일(遺逸)로 천거되어 사헌부 집의, 성균 사업의 벼슬이 내렸으나 사양했다. 숙종 16년(1690) 만언소(萬言疏)로 6조의 상소를 올리기도 했다. 저서로 『우담집』이 있고 『산중일기(山中日記)』『사칠리기변(四七理氣辨)』『변무록(辨誣錄)』 등이 있다.

정약전(丁若銓) : 영조 34~순조 16(17 58~1816). 자는 천전(天全), 호는 손암(巽菴)·연경재(硏經齋)·현산(玆山), 본관은 나주, 정재원(丁載遠)의 아들이며 다산의 둘째형이다. 정조 14년(1790) 문과에 급제 병조좌랑을 지냈다. 순조 1년(1801) 신유사옥에 걸려 신지도에 유배되었다가 다시 흑산도(黑山島)로 옮겨졌다. 여기에서 복성재(復性齋)를 지어 섬의 청소년들을 가르치다가 귀양지에서 죽었다. 저서로 『현산어보(玆山魚譜)』가 전하고 『송정사의(松政私議)』『논어난(論語難)』『동역(東易)』 등이 있다고 하나 없어졌다. 정조 22년(1798) 임금의 명령으로 한치응(韓致應) 등과 『영남인물고(嶺南人物考)』 편찬에 참여하기도 했다.

정약현(丁若鉉) : 영조 27~순조 21(17 51~1821). 자는 태현(台玄), 본관은 나주, 정재원(丁載遠)의 큰아들로 다산의 맏형이다. 정조 19년(1795) 진사시에 합격했다.

정약황(丁若鐄) : 정조 9~순조 29(17 85~1829). 자는 규황(奎黃), 본관은 나주, 정재원(丁載遠)의 아들로 다산의 아우이다.

정재운(丁載運) : 영조 15~순조 16(1739~1816). 자는 영회(永會), 호는 치와(癡窩), 지해(志諧)의 둘째아들로 지설(志說)에게 입양되었다. 영조 50년(1774) 진사에 장원으로 뽑혔으며, 벼슬은 옥천군수(沃川郡守)를 지냈다. 고종 때 내부협판에 추증되었다.

정재원(丁載遠) : 영조 6~정조 16(1730~1792). 자는 기백(器伯), 정지해(丁志諧)의 아들로 다산의 아버지. 영조 38년(1762) 생원시에 합격, 음보(蔭補)로 목사(牧使)에 이르렀다.

정재진(丁載進) : 영조 16~순조 12(1740~1812). 자는 진오(晉吾), 호는 망와(忘窩), 지해(志諧)의 셋째아들로 다산의 계부(季父)이다.

정철조(鄭喆祚) : 영조 6~정조 5(1730~1781). 자는 성백(誠伯)·중길(仲吉), 호는 석치(石癡), 본관은 해주이다. 영조 50년(1774) 문과에 급제, 벼슬은 정언을 지냈다. 죽석과 산수를 잘 그렸고 벼룻돌을 깎는 벽이 있었는데, 패도(佩刀)만을 가지고 순식간에 깎아냈다.

정첨윤(鄭詹尹) : 중국 전국(戰國) 시대 초(楚) 사람. 태복(太卜)이 되었으나 굴원(屈原)이 쫓겨나자 3년 동안 다시 볼 수 없었다.

정학연(丁學淵) : 정조 7~철종 10(1783~1859) 아명은 학가(學稼)·무장(武牂), 자는 치수(穉修), 호는 유산(酉山). 다산의 맏아들로 시문(詩文)에 능했으며 의술에도 밝았고 감역(監役) 벼슬을 지냈다. 저서로『종축회통(種畜會通)』8권 3책이 필사본으로 전하고 있다.

정학유(丁學游) : 정조 10~철종 6(1786~1855) 아명은 학포(學圃)·문장(文牂), 자는 치구(穉求). 다산(茶山)의 둘째아들로「농가월령가(農家月令歌)」의 저자로 알려져 있다. 편서로『시명다식(詩名多識)』4권 2책이 있다.

정학초(丁學樵) : 정조 15~순조 7(1791~1807). 자는 어옹(漁翁), 아이 때 이름은 봉륙(封六), 약전(若銓)의 아들로 17세의 나이로 일찍 죽었다. 다산의「형자 학초 묘지명(兄子學樵墓誌銘)」이 있다.

정현(鄭玄) : 중국 후한(後漢) 때 고밀(高密) 사람으로 경학가(經學家). 자는 강성(康成). 마융(馬融)을 섬겼으며,『모시(毛詩)』와 삼례(三禮) 등에 주를 냈다.

정협(鄭俠) : 중국 송(宋)나라 복청(福淸) 사람. 자는 개부(介夫)로 진사에 급제하였다. 왕안석(王安石)에게 신법(新法)이 백성에게 해로움을 자주 편지로 말했으나 답장이 없었다. 신종(神宗) 때 오래 가뭄이 들자 유민도(流民圖)를 그려 바쳐 청묘신법(靑苗新法)을 폐지토록 하고 왕안석도 떠나게 했다. 나중에 고향으로 돌아와 일불거사(一拂居士)라 스스로 불렀으며, 마을 사람들은 그 집을 '정공방(鄭公坊)'이라 했다. 저서로『서당집(西塘集)』이 있다.

제기(齊己) : 중국 당(唐)나라 때 중으로 자호를 형악사문(衡嶽沙門)이라 했다. 시 읊기를 좋아해 정곡(鄭谷)과 수창(酬唱)한 것을 모아『백련집(白蓮集)』을 만들었다. 정곡이 언젠가 제기의「조매(早梅)」시의 '수지개(數枝開)'를 '일지개(一枝開)'로 고치자 제기가 절을 했다 하여 정곡을 '일자사(一字師)'라고 불렀다.

조맹견(趙孟堅) : 중국 송(宋)나라 종실로 해염(海鹽) 사람. 자는 자고(子固), 호는 이재거사(彛齋居士)로 진사에 급제하여 한림학사 승지(翰林學士承旨)를 지냈다. 박식하였고 그림과 시문에 뛰어났다. 송나라가 망하자 수주(秀州)에 은거했다. 조맹부(趙孟頫)의 종형이기도 하다. 저서로 『매보(梅譜)』『이재문편(彜齋文編)』이 있다.

조왕경(竈王經) : 불교의 경전으로 부엌을 맡은 신의 공덕을 일컬었다.

조익현(曺翊鉉) : 영조 13~정조 24(1737~1800). 자는 태서(台瑞), 본관은 창녕, 조수옥(曺粹玉)의 아들. 정조 1년(1777) 진사에 3등으로 합격했다. 화순(和順)에 살았는데 다산 아버지가 화순현감으로 있을 때, 다산이 독서하며 시를 주고받은 바 있다.

주아부(周亞夫) : 중국 한(漢)나라 때 주발(周勃)의 아들로 조후(條侯)에 봉해졌다. 문제 때 흉노가 크게 쳐들어오자 아부는 장군이 되어 세류(細柳)에 주둔하고 문제가 몸소 군사를 위로하자 흉노는 들어오지 못했다. 뒤에 승상이 되었으나 아들의 죄에 연루되어 감옥에 갇혀 5일 동안 먹지 않고 피를 토하고 죽었다.

주이준(朱彞尊) : 중국 청(淸)나라 사람. 자는 석창(錫鬯), 호는 죽타(竹垞)·해방(䤫舫)으로, 금석문(金石文)을 수집하여 『명사(明史)』를 찬수할 때 그의 의론에 많이 따랐다. 고증학(考證學)에 뛰어났고 고문(古文)을 잘했다. 시는 왕사진(王士禛)과 더불어 남북 양대가라 일컬었다. 저서로 『포서정전집(曝書亭全集)』이 있다.

주팽만(朱泙漫) : 중국 주(周)나라 사람. 지리익(支離益)에게 많은 돈을 쓰며 용을 잡는 기술을 배워 3년 만에 기술을 이루었으나 그 기술을 써먹을 데가 없었다.

주휘(朱暉) : 중국 후한(後漢) 남양 완(宛) 사람. 자는 문계(文季)로 기절(氣節)이 있었다. 벼슬은 임회태수(臨淮太守)와 상서령(尙書令)을 지냈다. 화제(和帝)가 즉위하여 두헌(竇憲)이 흉노를 정벌하려 하자 주휘는 상소하여 충고했다.

중부(仲父)→정재운(丁載運)
중심(仲深)→구준(丘濬)

지둔(支遁) : 중국 동진(東晉)의 중으로 진류(陳留) 사람. 자는 도림(道林)으로 세상에선 지공(支公) 또는 임공(林公)이라 일컫는다. 속성은 관(關)이다. 여항산(餘杭山)에 숨어 살면서 도를 닦다가 25세에 불교에 들어가고 오(吳)로 들어가 지산사(支山寺)를 세웠다. 초서와 예서를 잘 썼으며, 저서로 『즉심유현론(卽心遊玄論)』『성불변지론(聖不辨知論)』이 있다.

진계유(陳繼儒) : 중국 명(明)나라 화정(華亭) 사람. 자는 중순(仲醇), 호는 미공(眉公)·미공(糜公)이다. 곤산(崑山) 남쪽에 은거하여 저술에 몰두하고 시문에 뛰어났다. 글씨도 잘 써 소식·미불의 체를 얻고 그림도 잘 그렸다. 저서로 『미공전집(眉公全集)』이 있다.

진린(陳璘) : 중국 명(明)나라 장군으로 옹원(翁源) 사람. 자는 조작(朝爵)이다. 1597년 정유재란 때 도독어왜총병관(都督禦倭總兵官)이 되어 절강(浙江)의 전함 500척을 이끌고 1598년 7월 고금도(古今島)에서 이순신의 군대와 합세했다. 11월에 노량해전(露梁海戰)에 참가했다.

진심(陳諶) : 중국 후한(後漢) 사람. 자는 계방(季方)으로 형 진기(陳紀)와 더불어 덕행이 높았다.

진여(陳餘) : 중국 진(秦)나라 대량(大梁) 사람. 유술(儒術)을 좋아하고 장이(張

耳)와 문경(刎頸)의 사귐을 이루었다. 진승(陳勝)이 군사를 일으키자 장이와 진여가 진(陳)나라 무신으로 조왕(趙王)을 세우고 같이 섬겼다. 조왕이 진여로 대신 왕을 삼았다. 뒤에 장이는 한(漢)나라에 항복해 한신(韓信)과 함께 조나라를 정형(井陘)에서 격파하고 진여를 지수(泜水) 위에서 목베었다.

진이도(陳履道) : 미상.

진재(眞齋)→한용간(韓用幹)

진중자(陳仲子)→오릉중자(於陵仲子)

진평(陳平) : 중국 한(漢)나라 때 사람으로 한 무제가 진평에게 재상의 임무를 물었을 때 "재상이란 천자를 도와 음양을 다스리고 사시(四時)를 순하게 한다."고 대답했다. 또 진평이 벼슬하기 전에 향리의 사제(社祭)에서 제육을 골고루 나누어 주며, 내가 천하의 재상이 되어도 이 고기 나누는 것처럼 국가를 공평히 다스리겠다고 한 고사가 있다.

ㅊ

창공(倉公)→순우의(淳于意)

창읍왕(昌邑王) : 중국 한(漢)나라 무제(武帝)의 손자로 창읍왕에 봉해졌다.

창힐(倉頡) : 중국 고대 황제(黃帝) 때 좌사(左史)로 눈이 넷이다. 새와 짐승의 자취를 보고 그 모양을 본떠 문자를 만들어 결승지정(結繩之政)을 대신했다.

채릉(蔡陵) : 미상.

채제공(蔡濟恭) : 숙종 46~정조 23(1720~1799). 자는 백규(伯規), 호는 번암(樊巖), 시호는 문숙(文肅), 본관은 평강, 채응일(蔡膺一)의 아들이다. 영조 19년(1743) 문과에 급제, 벼슬은 영의정을 지냈다. 순조 1년(1801) 관작을 추탈당했다가 1823년 신원(伸寃)되었다. 저서로는 『번암집(樊巖集)』이 있다.

채침(蔡沈) : 중국 송(宋)나라 때 사람. 자는 중묵(仲默), 채원정(蔡元定)의 아들이다. 젊어서 주자에게 사사(師事)하고 아버지의 학문을 이어받아 『서경집전(書經集傳)』을 완성했다. 효자로도 유명했으며, 나중에 구봉(九峯)에 은거해서 '구봉선생'이라 일컬었다. 시호는 문정(文正).

채홍리(蔡弘履) : 영조 13~순조 6(1737~1806). 자는 사술(士述), 호는 기천(岐川), 본관은 평강, 채의공(蔡義恭)의 아들이다. 영조 42년(1766) 문과에 급제, 형조·공조의 판서를 지냈다. 채제공 등 남인 집권 세력에 비판적이었다.

척계광(戚繼光) : 중국 명(明)나라 정원(定遠) 사람. 자는 원경(元敬), 시호는 무의(武毅). 독서를 좋아하여 경사(經史)의 큰 뜻을 통했으며, 벼슬은 태자태보(太子太保)에까지 이르렀다. 저서로는 『기효신서(紀效新書)』『연병실기(練兵實記)』『장자심검(長子心鈐)』『이융요략(蒞戎要略)』『무비신서(武備新書)』『지지당집(止止堂集)』이 있다.

초의선사(草衣禪師)→의순(意恂)

최경회(崔慶會) : 중종 27~선조 26(1532~1593). 자는 선우(善遇), 호는 삼계(三溪)·일휴당(日休堂), 시호는 충의(忠毅), 본관은 해주, 최천부(崔天符)의 아들로 능주(陵州) 출신이다. 선조 즉위년(1567) 문과에 급제, 영해군수 등을 지냈다. 1592년 임진왜란이 일어나자 의병을 모집하여 의병장으로 활약하고, 1593년 경상우병사에 임명되어 충청병사 황진(黃進), 창의사 김천일(金千鎰) 등과 진주성을 사수하다가 9일 만에 성이 함락되자 남강에 투신 자살했다.

최북(崔北) : 숙종 38(1712)~?. 자는 칠칠(七七)·성기(聖器)·유용(有用), 호는 삼기재(三奇齋)·호생관(毫生館)·성재(星齋)·기암(箕菴)·거기재(居其齋), 본관은 무주이다. 산수화에 뛰어나 '최산수'로 불렸다. 한쪽 눈이 멀어 반안경을 쓰고 그림을 그렸다. 시에도 뛰어났으며, 49세로 서울에서 죽었다고도 한다.

축목(祝牧)→독목자(犢牧子)

ㅌ

태재순(太宰純) : 일본의 명유(名儒)로 다자이 쥰. 호는 춘대(春臺:순다이). 저서로『율려통고(律呂通考)』『시서고전(詩書古傳)』『논어고훈정문(論語古訓正文)』『논어고훈외전(論語古訓外傳)』『육경약설(六經略說)』등이 있고 연형(延亨) 4년(1747) 68세로 죽었다. 다산의「발태재순논어고훈외전(跋太宰純論語古訓外傳)」이란 글이 있다.

택리지(擇里志) : 청화산인(青華山人) 이중환(李重煥:1690~1756)이 지은 인문지리서로 1책이다. 크게 네 부문으로 나뉘어 기술되었는데 ① 사민총론(四民總論) ② 팔도총론(八道總論) ③ 복거총론(卜居總論) ④ 총론(總論)이다. 이 저서는 우리 나라 인문지리서의 대표적인 저술이다. 1714년에 지었다는 설이 있으나 확실치 않다.

ㅍ

팽조(彭祖) : 중국 상고 시대 전욱(顓頊)의 현손(玄孫)으로 성은 전(錢), 이름은 갱(鏗). 도인행기술(導引行氣術)을 잘했다. 요(堯)임금 때 대팽(大彭)에 봉하였으며 은(殷)나라 말기에 이미 767세였으나 노쇠하지 않았다. 이 밖에도 여러 가지 설이 있으며 오래 사는 사람의 대명사로도 쓰인다.

포희(庖犧) : 중국 고대의 제왕으로 복희(伏羲)로도 부른다. 성은 풍(風)씨. 백성에게 밭을 갈고 고기 잡고 가축을 기르는 법을 가르쳤다. 처음으로 팔괘(八卦)를 그려 서계(書契:文字)를 만들었다. 재위는 150년.

표옹(豹翁)→강세황(姜世晃)

풍부(馮婦) : 중국 춘추(春秋) 시대 진(晉)나라 사람으로 호랑이를 잘 잡았다. 행실을 고쳤는데 호랑이를 쫓는 무리와 만났다. 호랑이는 험준한 산을 등지고 있어 감히 잡을 수 없었는데 풍부가 옷소매를 걷어붙이고 수레에서 내리니 사람들이 모두 기뻐했다. 그러나 그가 선비 행세를 하자 웃어댔다.

ㅎ

하후영(夏侯嬰) : 중국 한(漢)나라 패(沛) 사람. 한 고조와 서로 가까워 고조가 패공(沛公)이 되자 태복(太僕)을 삼았다. 항우(項羽)를 뒤쫓아 촉(蜀)으로 들어가 삼진(三秦)을 진정시키는 공을 세웠다. 여음후(汝陰侯)에 봉해지고 시호는 문(文)이다. 등공(滕公)으로도 불렸다.

한기(韓琦) : 중국 송(宋)나라 때 명신으로 자는 치규(稚圭). 사도(司徒)·시중(侍中)을 지내고 위국공(魏國公)에 봉해졌다.

한만유(韓晚裕) : 영조 22~순조 12(17

46~1812). 자는 여성(汝成), 본관은 청주, 한광회(韓光會)의 아들이다. 영조 49년(1773) 문과에 급제, 벼슬은 한성판윤과 이조판서를 지냈다.

한서(漢書) : 중국 전한(前漢)의 고조(高祖)에서 왕망(王莽)까지 229년 동안의 역사를 기록한 역사서로 반표(班彪)가 저술하기 시작한 것을 후한(後漢)의 반고(班固)가 대성하고 누이동생 반소(班昭)가 보수했다. 기전체(紀傳體)로 12제기(帝紀), 8표(表), 10지(志), 70열전(列傳)으로 구성되고 모두 120권이다.

한신(韓信) : 중국 한(漢)나라 때 회음(淮陰) 사람. 포의로 있을 때는 가난해서 끼니를 잇지 못하여 빨래꾼 노파가 불쌍히 여겼다. 처음에는 항량(項梁)을 따르다가 항량이 패하여 항우에게 있었으나 항우가 쓰지 않자 도망쳐 한(漢)나라로 와서 치속도위(治粟都尉)가 되었다. 뒤에 대장이 되어 한이 천하를 통일하는 데 큰 공을 세워 장량·소하와 더불어 삼걸(三傑)로 일컬었다. 초왕(楚王)에 봉해졌고 모반한다는 고발을 받고 잡혀 회음후(淮陰侯)로 강등되었고 뒤에 다시 장락궁(長樂宮)에서 잡혀 처형당했다.

한안국(韓安國) : 중국 한(漢)나라 사람. 자는 장유(長孺). 무제 때 어사대부를 지냈다. 큰 지략이 많았으며 충후(忠厚)했으나 재리(財利)를 좋아했다. 그러나 청렴한 선비를 추천하여 선비들이 이로써 존경했다. 뒤에 흉노들이 크게 쳐들어올 때 재관장군(材官將軍)으로 어양(漁陽)에 주둔하여 군둔(軍屯)을 없애자고 요청했다가 흉노에게 패했고, 우북평(右北平)으로 옮겨 주둔토록 명령하자 뜻을 잃고 좋아하지 않다가 피를 토하고 죽었다.

한용간(韓用幹) : 정조 7~순조 29(1783~1829). 자는 위경(衛卿), 호는 진재(眞齋)·수목청화관(水木淸華觀), 본관은 청주, 한공유(韓公裕)의 아들. 순조 28년(1828) 문과에 급제하여 정언(正言)을 지냈다. 문인화가로 심사정(沈師正)의 화풍을 따랐다.

한유(韓愈) : 중국 당(唐)나라 때 창려(昌黎) 사람. 자는 퇴지(退之)로 당송팔대가(唐宋八大家)의 한 사람. 고문(古文)의 대가이며 중국 근세 문장의 조(祖)로 유명하다. 시문집으로 『창려선생집(昌黎先生集)』이 있다. 한자(韓子)로도 불린다.

한치응(韓致應) : 영조 36~순조 24(1760~1824). 자는 혜보(徯甫), 호는 부산(䎱山), 본관은 청주, 한광적(韓光迪)의 아들이다. 정조 8년(1784) 문과에 장원급제했다. 벼슬은 병조판서와 한성판윤에 이르렀다. 시문에 뛰어나고 다산과 죽란시사(竹欄詩社)를 조직하기도 했다. 저서로 『부산집(䎱山集)』이 있다.

한혜보(韓徯甫)→한치응(韓致應)
해거도위(海居都尉)→홍현주(洪顯周)
해장(解張)→장후(張侯)
허씨(許氏)→허적(許積)

허유(許由) : 중국 삼대 요(堯)임금 때의 고사(高士). 요임금이 천하를 그에게 물려주려 하였으나 거절하고 기산(箕山)에 들어가 숨어 살았다.

허적(許積) : 광해군 2~숙종 6(1610~1680). 자는 여차(汝車), 호는 묵재(默齋)·휴옹(休翁), 본관은 양천, 허간(許僴)의 아들이다. 인조 15년(1637) 문과에 급제, 벼슬은 영의정을 지냈다. 숙종 4년(1678) 상평통보(常平通寶)를 주조 사용케 했다. 1680년 서자 허견(許堅)의 역모사건에 연좌되어 사사(賜死)되었다.

허후(許厚) : 선조 21~현종 2(1588~1661). 자는 중경(重卿), 호는 관설(觀雪)·돈계(遯溪)·일휴(逸休), 본관은 양천, 허량(許亮)의 아들, 허목(許穆)의 4촌형, 장현광(張顯光)의 문인이다. 벼슬은 현령을 거쳐 장악원정(掌樂院正)을 지냈다. 글씨를 잘 썼고, 저서로『돈계집』이 있다.

헌원미명(軒轅彌明) : 중국 당(唐)나라 때 도사로 도호는 형산도사(衡山道士)이다.

혜장(惠藏) : 영조 48~순조 11(1772~1811). 중으로 호는 연파(蓮波)·아암(兒菴), 속성은 김(金), 초명은 팔득(八得), 자는 무진(無盡, 부질없음). 두륜산 대둔사(大芚寺 : 大興寺)에서 중이 되고 30세에 대둔사의 강석(講席)을 맡았다.『주역(周易)』에 밝았으며, 1805년에 다산과 만나 교유를 시작했다. 다산이 그의「아암장공탑명(兒菴藏公塔銘)」을 지었다.

호(虎)→소 목공(召穆公)

홍일보(洪日輔) : 다산 부인 홍씨의 친척인 듯하다.

홍현주(洪顯周) : 자는 세숙(世叔), 호는 해거재(海居齋)·약헌(約軒), 본관은 풍산, 홍인모(洪仁謨)의 아들이다. 정조의 둘째딸 숙선옹주(淑善翁主)와 결혼하여 영명위(永明尉)에 봉해졌다. 홍석주(洪奭周)의 아우이며 문장이 뛰어나 당대에 명성을 떨쳤다. 저서로『해거시집』이 있다. 그 형과 함께 다산과 교유했다.

홍화보(洪和輔) : 영조 2~정조 15(1726~1791). 자는 경협(景協), 본관은 풍산(豐山). 영조 47년(1771) 훈련초관으로 국자시(國子試)에 1등을 했다. 정조 15년(1791) 황해도 병마절도사로서 황주(黃州)에서 죽었는데, 다산의 장인이다.

화엄경(華嚴經) : 불경의 하나로 원명은『대방광불화엄경(大方廣佛華嚴經)』이다. 대승불교의 최고 경전이다.

화타(華佗) : 중국 후한(後漢) 초(譙) 사람. 일명 부(旉), 자는 원화(元化), 방약(方藥)과 침구(鍼灸)에 정통해 조조(曹操)가 불러들여 곁에 있도록 했다. 조조는 두풍(頭風)으로 고통을 받았는데 발작될 때마다 화타가 침을 놓으면 곧 나았다. 화타는 본디 선비로서 의사가 된 것을 항상 후회하고 집으로 돌아가 오지 않자 조조가 성내 잡으라 옥에 가두고 고문해 죽였다. 화타가 죽을 때 의서 1권을 내어 옥리에게 주며 "이는 사람을 살릴 수 있는 책"이라고 했으나 옥리가 법에 걸릴까 두려워 받지 않자 즉시 불살라버렸다 한다.

황기천(黃基天) : 영조 36(1760)~?. 자는 희도(羲圖), 본관은 창원, 황인조(黃仁照)의 아들로 인영(仁煐)에게 입양했다. 정조 16년(1792) 문과에 급제했다.

황정견(黃庭堅) : 중국 송(宋)나라 때 서자. 자는 노직(魯直), 호는 부옹(涪翁)·산곡도인(山谷道人). 진사에 급제, 저작랑(著作郞)·기거사인(起居舍人)·지악주(知鄂州)·지태평주(知太平州) 등을 역임했다. 사시(私諡)는 문절선생(文節先生)이다. 시에 뛰어나서 세상에서 소황(蘇黃)이라 불렀고 행서·초서를 잘 썼으며 해서는 일가를 이루었다. 저서로『산곡내외집(山谷內外集)』등이 있다.

황제(黃帝) : 중국 고대 전설적인 제왕의 이름. 성은 공손씨(公孫氏)로 헌원(軒轅)의 언덕에서 태어났으므로 헌원씨라고도 한다. 유웅씨(有熊氏)로도 부른다. 탁록(涿鹿)의 들에서 포악한 치우(蚩尤

를 잡아 죽였다. 재위 100년.

황진(黃進) : 명종 5~선조 26(1550~1593). 자는 명보(明甫), 시호는 무민(武愍), 본관은 장수, 황윤공(黃允恭)의 아들이다. 선조 5년(1572) 무과에 급제하여 선전관으로 임명되고, 1592년 임진왜란이 일어나자 익산군수로 충청도 조방장을 겸하고 또 1593년 충청도 병마절도사가 되었고, 6월 적의 대군이 진주를 공략하자 창의사 김천일(金千鎰), 병마절도사 최경회(崔慶會)와 함께 진주성에 들어가 9일 동안 싸우다가 장렬히 전사했다.

황패(黃霸) : 중국 한(漢)나라 때 양하(陽夏) 사람. 자는 차공(次公), 시호는 정(定). 벼슬은 승상(丞相)에 이르렀는데 한나라 때 치민(治民)의 관리 중 첫째로 꼽힌다.

회음(淮陰)→한신(韓信)

후예(后羿)→예(羿)

효령대군(孝寧大君) : 태조 5~성종 17(1396~1486). 태종의 둘째아들로 이름은 보(補·補). 자는 선숙(善叔), 호는 연강(蓮江), 시호는 정효(靖孝), 본관은 전주로 초명은 호(祜)이다. 태종 7년(1407) 효령군에, 1412년 효령대군으로 봉해졌다. 불교를 숭상하고 선가(禪家)에 적을 두고 많은 불사(佛事)를 주관하는 등 불교의 보호와 진흥에 크게 공헌했다.『반야바라밀다심경(般若波羅蜜多心經)』을 언해하고『원각경(圓覺經)』을 수교(讐校)했다.

희문(希文)→범중엄(范仲淹)

힐리(頡利) : 중국 당(唐)나라 때 돌궐족 왕. 성은 아사나씨(阿史那氏), 이름은 돌벌(咄苾). 해마다 당나라에 침입하여 괴롭혔다. 나중에 당나라 장군 이정(李靖)이 토벌하고 장보상(張寶相)에게 잡혀 귀순했다. 우위대장군을 받았다.

현실총서 19

茶山詩精選 상

검인 생략

2001년 3월 25일 초판 발행
2002년 11월 25일 2쇄 발행

저 자　丁　　若　　鏞
편역자　朴錫武 · 丁海廉
발행자　丁　　海　　廉
발행처　現　代　實　學　社

서울시 마포구 공덕동 404번지 풍림빌딩 515호
　　　　　　　　　　　전화　703-9815
등록번호　1990. 4. 16　제12-386호
　　　　　　　　　제책 경일제책

ⓒ 朴錫武 · 丁海廉　　　　　값 15,000원
ISBN 89-86926-21-0

현실총서 목록

현실총서 1   정가 5,500원
韓龍雲散文選集   한용운 저／정해렴 편역   *초판 1991년／420면
제1부 조선불교유신론／제2부 불교정신과 그 개혁운동 : 내가 믿는 불교, 석가의 정신 외 9편／제3부 민족정기와 독립정신 : 조선독립에 대한 感想의 개요 외 13편／제4부 사회와 인생 : 고통과 쾌락, 自我를 해탈하라 외 11편／제5부 人生歷程 : 나는 왜 중이 되었나, 북대륙의 하룻밤 외 8편／제6부 사회교화와 方便 : 정선강의 채근담(抄), 『黑風』에서, 『薄命』에서／연보.
   *원전을 대조하여 『한용운전집』에서 누락된 문장을 보충했다. '정본'으로 인용할 수 있다.

현실총서 2   정가 13,000원
譯註 茶山 孟子要義   정약용 저／이지형 역주   *초판 1994년／611면
『孟子』 7편(①양혜왕 ②공손추 ③등문공 ④이루 ⑤만장 ⑥고자 ⑦진심) 260장 가운데 난해하고 주석에 문제가 많은 150장을 다산이 선정하여 이에 대해 '근대적'인 새로운 해석을 해놓은 게 『맹자요의』다. 이것을 번역 주석했으며, 매장마다 해설했다.
   *原文을 校註하여 읽기 편하게 하고 『여유당전서』에 누락된 부분을 보충했다.

현실총서 3   정가 10,000원
申采浩 歷史論說集   신채호 저／정해렴 편역   *초판 1995년／466면
제1부 단재사학의 출발 : 讀史新論, 조선상고사 총론／제2부 고대사 연구 : 전후 三韓考, 조선 역사상 1천년래 대사건 외 6편／제3부 역사논설 : 조선민족의 전성시대, 舊書刊行論 외 4편／제4부 사회와 혁명 : 일본의 큰 충노 세 사람, 조선혁명선언 외 14편／제5부 문학과 소설 : 天喜堂詩話, 용과 용의 대격전 외 2편／연보.
   *원전을 대조하여 잘못을 바로잡고 현대 표기로 고쳤다. '정본'으로 인용할 수 있다.

현실총서 4   정가 15,000원
茶山論說選集   정약용 저／박석무·정해렴 편역   *초판 1996년／556면
제1부 論·說 : 토지제도 개혁의 방향(田論), 신기술 도입에 대하여(技藝論), 풍수신앙의 허구성, 종두법에 대하여(種痘說), 화성의 성곽제도(城說) 외 24편／제2부 議·箚子·啓 : 호적제도에 대하여(戶籍議), 군포제도의 개혁(身布議), 화폐제도의 개혁, 경기암행어사 보고서 외 9편／제3부 대책·책문 : 문체개혁책, 인재 등용책 외 5편／제4부 疏 : 과거제도 개혁에 대하여 1·2, 사직 상소를 하려 하니 눈물이 앞을 가려 외 2편／제5부 原·辨 : 목민관이란 무엇인가 외 10편／다산논설선집 原文(校註本), 연보, 인명·지명·서명 해설 등.
   *原文을 校註하여 싣고, 자세한 색인이 붙어 있다.

현실총서 5　　　＊1998년 우수학술도서 선정　　　정가 15,000원
茶山文學選集　정약용 저／박석무・정해렴 편역　＊초판 1996년／582면
제1부 序・敍 : 목민심서 서, 흠흠신서 서, 방례초본 서 외 18편／제2부 記 : 서석산에 노닐다, 여유당기, 곡산 북쪽의 산수 외 25편／제3부 題・跋 : 정경달의 난중일기, 조선지도를 보고 나서, 택리지를 읽고 나서 외 19편／제4부 遺事・行狀・묘지명・傳 : 번암 채제공의 모습, 나의 삶 나의 길 외 7편／제5부 贈言・家誡 : 문장이란 어떤 물건인가 외 7편／제6부 書 : 두 아들에게 부치노라 1・2・3, 公厚 金履載에게 보낸다 1・2 외 9편／제7부 파리를 조문한다, 강진의 환경과 풍속 외 4편／다산문학선집 原文(校註本), 인명・지명・서명 해설 등
　＊원문을 校註하여 싣고, 자세한 색인이 붙어 있다.

현실총서 6　　　　　　　　　　　　　　　　　　정가 12,000원
安自山 國學論選集　안확 저／최원식・정해렴 편역＊초판 1996년／486면
제1부 문학사론 : 朝鮮文學史／제2부 文學論 : 조선 문학의 기원, 조선 문학의 변천, 고구려의 문학 외 2편／제3부 詩歌論 : 處容考, 時調詩學 외 2편／제4부 역사・음악・미술사론 기타 : 조선사의 개관, 조선 武藝考, 조선음악사, 조선미술사요, 조선문명사(抄), 언문의 기원과 그 가치／자산 안확 선생 연보와 색인이 붙어 있다.
　＊자산 '국학'의 정수를 현대 독자들이 쉽게 읽을 수 있도록 했다.

현실총서 7　　　　　　　　　　　　　　　　　　정가 12,000원
湖岩史論史話選集　문일평 저／정해렴 편역　＊초판 1996년／450면
제1부 호암의 사론과 역사 탐구 : 史眼으로 본 조선, 담배고, 茶故事 외 5편／제2부 외교가와 역사산책 : 한미관계 50년사(抄), 史外異聞(抄) 외／제3부 예술가와 혁명가 : 역사상에 나타난 예술의 성직(抄), 역사상의 奇人(抄)／제4부 조선의 山水 : 조선의 名山 巨刹, 조선의 名瀑, 동해유기(抄) 외／제5부 역사만필 : 銷夏隨筆, 나의 半生 외 1편／부록 哭湖岩(洪命憙), 연보, 색인 등.
　＊발표 원전과 일일이 대조하여 기왕의 오류를 교정했다.

현실총서 8　　　　　　　　　　　　　　　　　　정가 13,000원
洪起文朝鮮文化論選集　홍기문 저／김영복・정해렴 편역＊초판 1997／431면
제1부 조선문화론 : 朝鮮文化叢話／제2부 조선 역사론 : 역사학의 연구, 3・1운동의 민족사적 의의 외 4편／제3부 국어학과 국문학 : 정음발달사(抄), 박연암의 예술과 사상 외 5편／제4부 서문・서평・기행 기타 : 국어연구의 苦行記, 아들로서 본 아버지(洪命憙), 故園紀行 외 6편／부록 정음발달사 서(金瑢俊), 연보, 색인 등.
　＊홍기문이 1947년 北行할 때까지의 저술과 논문, 논설문 등을 정리했다.

현실총서 9　　　*문화공보부 우수 도서　　　　　　　정가 15,000원
金台俊 文學史論選集　김태준 저／정해렴 편역　　*초판 1997년／553면
제1부 增補 朝鮮小說史／제2부 조선문학사론 : 조선문학의 특질, 조선문학의 역사성 외 4편／제3부 조선역사론 : 기자조선변, 진정한 정다산 연구의 길 외 4편／제4부 가요론 : 시조론, 별곡의 연구, 조선 민요의 개념 외 1편／부록 연보, 색인 등.
*발표 원전과 대조하여 바로잡고, 인용 원문을 번역하여 현대 독자들이 읽을 수 있게 했다.

현실총서 10　　　　　　　　　　　　　　　　　　정가 13,000원
성호사설精選(상)　성호 이익 저／정해렴 편역　　*초판 1998년／455면
역사인물지(文) 제1부 한국의 역사인물지 : 단군과 기자, 안시성주 양만춘, 임꺽정과 張吉山, 역관 홍순원 외 73편／제2부 중국과 일본의 역사인물지 : 관중과 포숙, 제갈량의 남방 정벌, 곽박과 이순풍 외 46편／제3부 시가와 문학 : 언어와 문장, 우리 나라 시의 도습, 박연폭포 시 외 55편／부록:인명·서명 해설, 색인.
*『성호사설』3007항목에서 538항목을 추려낸 첫째권이다.

현실총서 11　　　　　　　　　　　　　　　　　　정가 13,000원
성호사설精選(중)　성호 이익 저／정해렴 편역　　*초판 1998년／463면
역사평론과 역사교훈(史) 제1부 역사 평론과 史實 : 사료에 나타난 성공과 실패, 지나간 역사의 성공과 실패, 역사는 기술하기 어렵다 외 34편／제2부 역사 용어의 고증과 평가 : 건주위 정벌, 과거법과 천거법의 합치, 균전제, 상평법 외 55편／제3부 역사·인문 지리지 : 단군과 기자의 영토, 백두정간, 울릉도 외 32편／제4부 역사의 교훈 : 간관의 직책, 쓸데없는 관직의 혁파 외 32편／부록:인명·서명 해설, 색인.

현실총서 12　　　　　　　　　　　　　　　　　　정가 13,000원
성호사설精選(하)　성호 이익 저／정해렴 편역　　*초판 1998년／415면
역사산책과 교양(哲) 제1부 성현의 교훈과 학문 : 시를 배워야 하는 뜻은, 백성 없는 임금은 없다 외 35편／제2부 인격 수양과 산업 : 독서하는 마음, 선비의 역할 외 34편／제3부 사물의 어원 탐구 : 18반 무예, 언문, 조선의 방언 외 62편／제4부 풍속과 역법 : 경상도 풍속, 사치하는 풍속 외 27편／제5부 문장과 서평 : 서적을 공경하고 아끼자, 정상기의 농포문답, 삼국지연의 외 22편／부록 인명·서명 해설, 색인.

현실총서 13　　　*2000년 우수학술도서 선정　　　　정가 15,000원
역주 欽欽新書 1　정약용 저／박석무·정해렴 역주　*초판 1999년／422면
제1편 經史要義 : 경서와 사서의 중요한 뜻 1~3 ; 의살(義殺)은 복수하지 못한다, 아들이 아버지의 원수를 갚다, 형제가 죽기를 다투다 외 127항목／제2편 批詳雋抄 : 뛰어난 題詞와 牒報 1~5 ; 장일괴의 자살에 대한 판사, 양청의 뱃사공에 대한 비어(批語) 외 66항목／제3편 擬律差例 : 법률 적용이 틀린 사례 1·2 ; 주범·종범의 구분, 고의 과실의 판단, 웃어른에 대한 범죄 외 92항목／부록 인명·서명 해설, 색인.

현실총서 14　　　*2000년 우수학술도서 선정　　　　　정가 15,000원
역주 **欽欽新書** 2 정약용 저／박석무·정해렴 역주 *초판 1999년／375면
제3편 擬律差例(속) : 법률 적용이 틀린 사례 3·4 ; 부모나 남편을 죽인 가장 큰 재앙과 사고, 억세고 포악하고 잔인한 범죄 외 91항목／제4편 祥刑追議 : 형벌을 신중하게 적용하기 위해 덧붙인 논의 1~8 ; 주범과 종범의 구별, 자살과 타살의 구분, 고의냐 실수냐의 분별 등 80항목／부록 인명·서명 해설, 색인.

현실총서 15　　　*2000년 우수학술도서 선정　　　　　정가 15,000원
역주 **欽欽新書** 3 정약용 저／박석무·정해렴 역주 *초판 1999년／397면
제4편 祥刑追議(속) : 형벌을 신중하게 적용하기 위해 덧붙인 논의 9~15 ; 다른 사물로 핑계대다, 원수 갚음에 대한 용서, 인정과 도리에 대한 용서, 부부 사이의 죽임, 종과 주인의 관계, 오래된 시체의 검험 등 70항목／제5편 剪跋蕪詞 : 촛불을 밝히고 형사 사건을 심리하다 1~3 ; 수안군 김일택 형사 사건, 서울 함봉련 형사 사건을 철저히 심리한 회계(回啓) 등 17항목／부록 인명·서명 해설, 색인.

현실총서 16　　　*2000년 우수학술도서 선정　　　　　정가 15,000원
欽欽新書·原文 정약용 저／박석무·정해렴 교주 *초판 1999년／418면
經史要義 1~3, 批詳雋抄 1~5, 擬律差例 1~4, 祥刑追議 1~15, 剪跋蕪詞 1~3 등 총 5편 549항목의 원문을 현대 독자들이 조금이나마 쉽게 읽을 수 있도록 띄어쓰기를 하고 현대적인 체제로 편집 교주했다. 필사본과 대조하여 교주하는 과정에서 광무본과 신조선사본(활자본)에 빠져 있던 2개 항목을 새로 발굴 보충한 '정본'이다.
*부록으로『흠흠신서』에 나오는 이두(吏讀)를 해석해 놓았다.

현실총서 17　　　　　　　　　　　　　　　　　　정가 15,000원
지봉유설精選　이수광 저／ 정해렴 역주　　　*초판 2000년／563면
제1부 天文／제2부 時令／제3부 災異／제4부 地理／제5부 諸國／제6부 君道／제7부 兵政／제8부 官職／제9부 儒道／제10부 經書／제11부 文字／제12부 文章／제13부 人物／제14부 性行／제15부 身形／제16부 語言／제17부 人事／제19부 技藝~제25부 禽蟲 등 25부 154장 799항목으로 '정선'되어 쉽게 번역되었다.
*본문에 나온 인명·서명을 해설하고 자세한 색인을 붙였다.

현실총서 18　　　　　　　　　　　　　　　　　　정가 15,000원
松都人物志　김택영 저／김승룡 편역주　　　*초판 2000년／483면
제1부 고려 인물지 : 정몽주 외 64명의 전기(傳記)／제2부 조선 인물지 : 서경덕·한석봉 등 100명의 전기／제3부 역사 인물지 : 박지원·황현·안중근 등 36명의 전기
*창강 김택영이『숭양기구전』『창강고』『소호당집』등에서 송도 인물과 역사 인물을 입전(立傳)한 266명의 전기를 편집 번역한 우리 나라 초유의 전기 문학이다.
*송도인물지에 등장하는 역사 인물(한국·중국 등) 650여 명을 해설 부록으로 실었다.

현실총서 19   정가 15,000원
茶山詩精選 1 정약용 저／박석무·정해렴 편역주 *초판 2001년／416면
제1부 진주 기생의 칼춤 등 32편 50수／제2부 굶주린 백성 등 29편 79수／제3부 농가의 여름 노래 등 29편 82수／제4부 장기의 귀양살이 등 34편 107수(총 125편 318수)
*다산 정약용 시 연보와 인명·서명 해설을 수록했다.

현실총서 20   정가 15,000원
茶山詩精選 2 정약용 저／박석무·정해렴 편역주 *초판 2001년／430면
제5부 율정의 이별 등 33편 133수／제6부 전간기사(田間紀事) 등 23편 85수／제7부 귀전시집(歸田詩集) 충주기행 등 8편 91수／제8부 가을 달밤에 배띄우다 등 28편 114수(총 92편 423수)
*인명·서명 해설과 찾아보기를 수록했다.

현실총서 21   정가 15,000원
我邦疆域考   정약용 저／정해렴 역주   *초판 2001년／516면(근간)
권1 조선고·사군총고·낙랑고·현도고／권2 임둔고·진번고·낙랑별고·대방고／권3 삼한총고·마한고·진한고·변진고／권4 변진별고·옥저고／권5 예맥고·예맥별고·말갈고／권6 발해고／권7 졸본고·국내고·환도고·위례고／권8 한성고·팔도연혁총서 상／권9 팔도연혁총서 하·패수변·백산보／권10 발해속고·홍석주의 발해세가／권11 북로연혁／권12 서북로연혁·구련성고／아방강역고 발문
*인명·서명 해설을 수록하고 색인을 자세히 뽑았다.

현실총서 22   정가 15,000원
아름다운 우리말을 찾아서   이응백 저   *초판 2001년／392면(근간)
제1부 말과 글의 명심보감, 우리말의 현주소, 가정에서 쓰이는 말, 편지·공문에 쓰이는 말／제2부 속담 에세이／제3부 숨어 있는 고운 우리말, 두시언해에 깃든 되살릴 말들, 사전에서 잠자는 쓸 만한 말 1·2
*시인·소설가·수필가 등 문필가들이 이용하기 편리하도록 어휘 찾아보기를 실었다.

나의 어머니, 조선의 어머니 이건창·김만중·이이·이황 등 33인 지음／ 박석무 편역·해설   *초판 1998년／265면／정가 8,000원
큰손가락이 가장 소중하다(숙인 파평 윤씨)·이건창／글짓는 것이 부인의 일은 아니다(정경부인 달성 서씨)·홍석주/과부의 자식이란 말을 뼈에 새겨라(정경부인 해평 윤씨)·김만중／밤마다 달을 향해 기도하오니(사임당 신씨)·이이／몸을 올바르게 지니고 행실을 삼가라(정부인 춘천 박씨)·이황 등 조선의 어머니 33인의 전기로 모두 아들이 썼다.